南京市中华中学教育探索与实践丛书

编委会

南京市中华中学教育探索与实践丛书

都市寄宿高中的“四自”教育实践研究

DUSHI JISU GAOZHONG DE
SI ZI JIAOYU SHIJIAN YANJIU

主编◎周立新　张海宁

中国科学技术大学出版社

内容简介

本书包含谋划与设计、行动与实践、成果与影响三个部分。“谋划与设计”部分从理论和制度建设层面，介绍了针对都市寄宿制高中特点的以“自我教育、自行管理、自主学习、自信成长”为核心的“四自”教育德育体系，涵盖了“四自”教育指导下学生管理、校本课程研发、校园文化建设等方面内容；“行动与实践”部分汇集了一大批经过实践检验，具有很强操作性的德育案例，总结了实践经验；“成果与影响”部分收录了“四自”教育实施过程中学校获得的荣誉、媒体的报道、学生的成绩，体现了“四自”教育在都市寄宿制高中实践的现实意义。本书是目前国内都市寄宿制高中德育体系建设实践的前沿成果，可供同类中学的教师在工作中参考使用，也可作为师范院校师生的教学资料，并可为高校、科研院所的相关研究提供基于实践的参考材料。

图书在版编目(CIP)数据

都市寄宿高中的“四自”教育实践研究/周立新，张海宁主编. —合肥：中国科学技术大学出版社，2020.4
(南京市中华中学教育探索与实践丛书)
ISBN 978-7-312-04819-7

Ⅰ. 都…　Ⅱ. ①周…　②张…　Ⅲ. 高中—教育研究　Ⅳ. G632.0

中国版本图书馆 CIP 数据核字(2019)第 266846 号

出版　中国科学技术大学出版社
安徽省合肥市金寨路 96 号，230026
http://press.ustc.edu.cn
https://zgkxjsdxcbs.tmall.com
印刷　合肥市宏基印刷有限公司
发行　中国科学技术大学出版社
经销　全国新华书店
开本　880 mm×1230 mm　1/32
印张　11.25
字数　335 千
版次　2020 年 4 月第 1 版
印次　2020 年 4 月第 1 次印刷
定价　45.00 元

序 言

走近南京市中华中学高中部的大门，一眼便能看到一本打开的“书”。在它上面，镌刻着“用爱温暖人”五个大字。这本“书”，似乎正无言地诉说着“中华人”默默践行的一种精神。120 年的岁月沧桑中，一代代中华中学的教师们用“爱”浸润着每一个走进中华校园的孩子，留下了许许多多生动的“爱”的故事，孕育了丰硕的“爱”的果实，如今这份“爱”又增添了属于这个时代的全新内涵。

2011 年夏天，一百多岁的中华中学面临全新的挑战，学校高中部从繁华的城南搬迁至河西新城。搬迁之后的中华中学要办一所怎样的高中？朝着什么方向发展？这些问题困扰着所有人。经过八年的艰难开创和辛勤耕耘，中华中学打造的“家园式都市寄宿制”品牌赢得了社会广泛好评，成为南京高中公办寄宿制第一品牌。

学校有 70%左右的学生选择了住校。学生离开父母，住到了学校。在生活上，他们有学校的万般呵护。但在精神上，学校又要塑造怎样的人呢？在我看来，中华中学要培养的学生，不是“考试机器”，而是完完整整的社会人。因此，伴随着寄宿制品牌打造的过程，学校也开创了一条“四自”教育的德育之路，将“四自”教育不断渗透到学校教育的方方面面，带给中华学子受益终生的“养分”。

“四自”教育包含了四个方面，即“自我教育、自行管理、自主学习、自信成长”。具体地说，“自我教育”要求在教育者的启发和引导下，学生对自己的品德表现进行自我认识、自我监督、自我克制和自我改正。“自行管理”要做到在德育处、班主任和任课教师的正确指导下，让学生参与学校、班级管理，指导学生成为各项管理中的主人，使之具有强烈的自主管理意识，逐步形成良好的自主管理能力。“自主学习”要求学生按照学习规律和自身情况，确定学习目标，制订学习计划，选择学习方法，主动参与、优化并监控学习过程，提高学习效果，真正实现由被动地接受知识变为主动地学习和探究知识，为以后的持续学习奠定良好的基础。“自信成长”要做到创设各种活动体验舞台和评价激励机制，帮助学生树立“相信自己行”的信念，为美好人生奠基。

简而言之，“四自”教育的本质就是充分尊重学生的个性，把教育的主动权还给学生。

这个时代是尊重个性差异、呼唤独立精神的时代。教育者对学生最大的爱就是尊重学生的独立人格，帮助学生塑造自己独立的精神家园。然而，事实却是在目前独生子女成为家庭中心的特殊环境下，他们往往受到父母、其他长辈过分的保护，孩子自身的内在成长需求被忽视，独立自主的精神家园日益荒芜。如果走入高中的学生，还离不开父母的荫庇，他们的羽毛何时才能丰满？未来的蓝天上又怎能见到他们独立翱翔的英姿？

在寄宿制背景下，“四自”教育最契合中华中学学子。在“四自”教育的浸润下，学校通过“晨跑、课间操自主管理”“诚信考场”“晚自习自主管理”“零手机班级管理”等多种形式，结合不同年级学生的成长规律和心理特点，适时对学生的品德及行为习惯进行督查、纠错，与学校的制度教育形成内外合力，从而形成了行之有效的管理方式。学生参与管理的过程，也是选择教育、受到启发的过程。在不断探索“四自”教育的路上，中华中学已经为越来越多的孩子插上自立的双翅，让他们起飞于中华中学，展翼于社会。

中华中学的“四自”教育德育创新举措凝聚了教育者的智慧，更传承了“敬德修业方自励，博物明理能用世”的学校精神。中华中学的德育工作者们用高远的目光，捕捉到时代对教育的要求，也用博大的胸怀，包容了性格各异的个体。他们是教育的榜样，更是“爱”的施予者，展现了新时代教育者的风度。

在中华中学建校120年之际，我们总结以往德育工作中的经验和亮点，集结成书。一个个或感人、或幽默、或睿智的教育瞬间汇聚成巨大的宝库，将源源不断地为中华中学的“四自”之路提供能量。在此基础上，我们还希望继续深入探索，在“四自”教育的理论、思路、举措等方面广泛征集意见，促进其未来的提升。所有“中华人”将继续传承120年的“爱”，温暖每一个走进中华校园的孩子！

毕泳慈

2019年9月

目 录

序言 …………………………………………………………………………（ⅰ）

第一部分 谋划与设计

一个校长的教育情怀——中华中学的德育创新之路 …………（3）
《基于都市寄宿制高中背景下“四自”教育的实践与研究》五年行动规划 …………………………………………………………（8）
寻美青春——基于都市寄宿制背景，开展“四自”德育教育的活动实践 ……………………………………………………（14）
基于寄宿制高中背景下学生“自主生活”的设计与实践之路 …（19）
基于都市寄宿制高中背景下学生干部建设之路 ………………（27）
传承、引领、合作、创新 ——中华中学班主任团队建设之路 …（35）
交给一把“钥匙” 实现三个飞跃——中华中学倡导学生“自主学习”的实践之路 ………………………………………（40）
“心育”特色品牌促进学生自主发展 …………………………（46）

第二部分 行动与实践

寄宿制高中班级管理过程中“四自”教育的实践研究 …………（57）

让班会成为“四自”教育的主阵地 …………………………………… (62)
沟通凝聚共识　协作形成合力——高三目标教育的实施策略及思考 …………………………………………………………………… (68)
在班级管理中落实“四自”教育 ………………………………………… (76)
激励、唤醒、鼓舞——浅谈中华中学“四自”教育模式 ………… (81)
你明明可以更好——情感激励在帮助学生自信成长中的实践体会 …………………………………………………………………… (86)
自行管理　化茧成蝶 …………………………………………………… (91)
无为与有为的平衡 ……………………………………………………… (94)
“四自”教育，塑造更全面的“自我” …………………………………… (97)
我在家校沟通方面的一些小心得 …………………………………… (103)
手心的蔷薇——与学生进行心灵的对话 ………………………… (107)
浅谈中华中学“四自”教育 ……………………………………………… (111)
刚柔并济，在磨合中共同成长 ………………………………………… (115)
合作式班级文化的学生自主建设——记中华中学2018级高一(13)班班级建设 ……………………………………………………… (118)
高中生学习中的自我管理能力的培养——浅谈自习课上的高效学习之路 ………………………………………………………………… (122)
努力做自己　接受“遗憾美” …………………………………………… (127)
“批评教育”也要慢慢来 ………………………………………………… (130)
一张违纪通知单 ………………………………………………………… (134)
我的青春遇见你 ………………………………………………………… (138)
关爱让学生成长 ………………………………………………………… (144)
“摆渡人” ………………………………………………………………… (146)
对症下药，因材施教 …………………………………………………… (150)
在挫折中成长 …………………………………………………………… (154)
换座风波 ………………………………………………………………… (158)

关注每一个孩子背后的家庭——利用家校合力解决学生问题 …… (162)
教育共情,用爱温暖人 …… (166)
学生需要我,这是我的使命! …… (170)
“四自”教育下住校生的成长 …… (177)
孩子,你能行!——记一名住校生在自我管理中的成长 …… (179)
等待花开——“一瓣心香”教育故事 …… (182)
一张通报批评的背后 …… (192)
晨练——一个“问题生”的转变 …… (195)
化茧成蝶 …… (197)
走过去,你就能走下去 …… (199)
摆脱自卑 重拾自信 …… (201)
品牌寄宿制学校的管理——关注特殊学生的自信成长 …… (204)
宽严相济、恩威并施 …… (206)
悉心插柳,有意栽花——引导学生“自行管理”,促使学生“自信成长” …… (210)
自行管理之守护健康 …… (213)
“四自”教育下的寝室生活管理 …… (215)
中华中学班主任与生活老师基本功大赛 …… (219)
中华中学“家长开放日”活动 …… (222)
中华中学“十八岁成人仪式”活动 …… (225)
中华中学住校生生活技能大赛活动 …… (228)
中华中学学生诚信教育 …… (232)
中华中学“零手机”的实施与管理 …… (242)
中华中学青年干部先锋夏令营活动 …… (248)
中华中学体育文化艺术节活动 …… (256)
中华中学国防教育活动 …… (271)

第三部分　成果与影响

近年来学校获奖情况统计(部分) ……………………………… (283)
2014～2018年学生所获市级(一等奖)及以上部分荣誉……… (300)
媒体相关报道 ……………………………………………………… (338)

第一部分
谋划与设计

2011年学校整体搬迁至河西新城，毕泳慈校长结合新校区实际情况，以其敏锐的洞察力，提出了“四自”教育的德育创新理念。在“四自”教育理念的指引下，结合不同年级学生的成长规律和心理特点，学校对学生的学习与生活进行整体谋划与设计，不断进行德育创新。

一个校长的教育情怀

——中华中学的德育创新之路

李　玲

在人杰地灵的古都金陵，有一所美丽的学校，坐落在浩瀚的长江之滨。她就是至今已有120年历史的南京市中华中学。这所由英籍加拿大人马林创办的原“基督中学”，在完成了她民族教育复兴的历史使命后，几易校址，几更校名，参与和见证了中华民族教育的风雨历程。一百多年来，学校始终秉承严谨的办学态度，坚持育人为本，以其先进的理念、雄厚的师资，走在了南京教育战线的前列。2011年学校整体搬迁至河西新城后，毕泳慈校长结合新校区实际情况，以其敏锐的洞察力，提出了“四自”教育的德育创新理念，让中华中学再一次华丽转身，成为南京河西新城教育天空的一颗明星。

一、重塑学生独立的精神家园

> 有一种爱，以培养人能够独立地离开、创造自己的天地为目的，那就是父母对子女的爱。要让他们尽可能早地离开父母的庇护，独立地面对世界，自信地融入社会。
>
> ——毕泳慈

这是一个教育者的理想，然而事实却是，在目前独生子女成为家庭中心的特殊环境下，他们往往受到父母、其他长辈过分的保护，孩子自身的内在成长需求被忽视，独立自主的精神家园在日益荒芜。

如果走入高中的学生还离不开父母的荫庇，他们的羽毛将何时才能丰满？未来的蓝天上又怎能见到他们独立翱翔的英姿？

2011年的夏天给了中华中学一个崭新的机遇，学校整体搬迁至离繁华市中心并不远的河西新城。这一年，是毕泳慈成为中华中学校长的第二年，他对教育现状的深入思考终于有了一个践行的突破口——办一所“家园式都市寄宿制高中”，让孩子尽可能离开父母的呵护，让中华中学来为他们插上自立的双翅，起飞于中华，展翼于社会。

要做到这一点并不容易，但他有信心。和教育打了30多年交道的毕泳慈做过校长、教育局长，育人，是他一生不懈的追求。更何况他还是一位成功的父亲。

从女儿上一年级开始，每天早晨毕泳慈都陪着女儿跑步锻炼，风雨无阻；女儿即便是在最忙碌的迎考阶段，也从不要求她为了写作业而牺牲宝贵的睡眠时间。女儿以优异成绩被清华大学录取，本科、研究生阶段都取得了很好的成绩，这些都和她从小养成的良好习惯、自主能力、健康的身心密不可分。毕泳慈坚信，能教育好自己的女儿就一定能教育好中华中学的孩子。

多年的教育经验也给了毕泳慈在中华中学完成自己教育理想的丰厚底蕴。他完成了理想的第一步，将中华中学成功转型为一所寄宿制高中。学生离开父母，住到了学校，住宿条件是优越的，优越到他们考入名牌大学后还在怀念自己的高中宿舍——五人一间，独立的卫生间、空调，独立的书桌，生活老师彻夜陪伴，校医、司机随时待命。在生活上，学生们被万般地呵护着，但这绝不是毕泳慈仅有的理想。学校有近70%的学生选择了住校，他要让100%的学生从中华起飞，先要从这70%开始，他要用自己的理念，重塑学生独立的精神家园。

二、一个适合中华中学的德育理念

凭着丰富的教育积累以及深入调查，在和大量的师生、家长交流之后，毕泳慈提出了“四自”教育的德育创新之路：“自我教育”即学生以自己已经形成的思想品德为基础，提出一定的奋斗目标，监督自己去实现这些目标，并评价自己实践结果的过程；“自行管理”就是由学生自己做决定，控制自我的行为，实现个人的目标；“自主学习”以学生作为学习的主体，通过学生独立的分析、探索、实践、质疑、创造等方法来实现学习目标；“自信成长”即学生充满信心地去努力实现自己的愿望和理想。“四自”教育以学生的自我教育为起点，以学生的自行管理、自主学习为手段，以全体学生自信成长为目标。

三、修身练能，化茧成蝶

在“四自”教育的理念指引下，毕泳慈带领中华中学通过“晨跑、课间操自主管理”“诚信考场”“晚自习自主管理”“零手机班级管理”等多种形式，结合不同年级学生的成长规律和心理特点，与学校的制度教育形成内外合力，适时对学生的品德及行为习惯进行督查、纠错，形成了行之有效的管理方式，走上了德育创新之路。

（一）日常管理：独立从这里开始

51 名优秀住校生代表组成了中华中学的生活区自主管理委员会。每天早晨，由学生主持的晨跑有序进行，晨跑结束后，主持的学生会对晨跑进行点评。傍晚，由学生管理的浴室秩序井然。晚自习结束后，学生干部们不仅会进行住校生点名，还要认真记录每位同学的晚寝情况。每周，生活区自主管理委员会还要组织内务抽查，检查同学们宿舍的地面、床铺、书桌、洗漱间……每一处细节都不放过。检查结束后，委员会成员当即公布结果，供学生们参考改进。有同学说：“从早晨到夜晚，从日出到日落，在生活区的每个细节上都遍布着我们学生自行管理的足迹。我作为一名中华中学的学生，深深地感觉到了自行管理在校园里开始扎根发芽。”

高一年级的杨亦同学，成绩拔尖，各方面表现都不错，就是动作慢，在寝室长和纪检晚寝部同学两个多星期的轮流提醒督促下，他终于做到了与大家同步。双休回家，杨亦的表现让父母吃惊，从小到大，他们天天唠叨的孩子动作慢的坏习惯，入学才一个月，竟然有了较大的改观。

（二）诚信考试：用信任来滋养心灵

对进入诚信考场的学生，考查的不仅是知识水平，更是道德水平。要成为诚信考场的一员，首先要提出书面申请，并在“诚信考试承诺书”上签名，名单在校园公示。整个考试过程没有教师监考，教师只负责收发试卷。高二年级的丁磊同学在周记中写道：“当诚信考场的申请书放在我们面前时，每个同学眼中都闪烁着激动的光芒。大家争先恐后地报名，在诚信承诺书上郑重地签下自己的名字。这不仅是对学校、对老师的承诺，更是对我们自己品格的承诺。学校将信任交付于我们，而我们，要将诚信传递到灵魂。在诚信考场，我看到，每个同学都全神贯注、奋笔疾书。原先觉得没老师监考怎么可能没有人动一丝一毫的歪念头？可亲历方知，此情此景自有一种神圣感与责任感萦绕心头。”这是学生发自内心深处的觉醒，诚信考场考出了良心、自信心和责任心。

（三）“零手机”管理：抵制诱惑，锻炼意志

手机，对于这个年龄段的学生是一个极大的诱惑，让很多人都情不自禁地“上瘾”。学校规定，所谓“零手机”就是指全班同学不再携带手机到班上，每班配备一部老人机，供有需要时用，家长有事也可将信息发到手机上。通过“零手机”实践，学生达到了自我管理的目的。同学们说：“‘零手机’试点有助于我们很好地抵制诱惑，真正地静下心来学习，也有助于培养我们的责任意识。我们互相监督，互相促进，一起在‘四自’之路上越走越好。”“零手机”试点考验的是学生的自我控制能力，它不是一个强制性的命令，是学生自觉自愿的行

为，学生在一种愉快而自豪的情境中放下了本来很难割舍的手机，这是学生在经过犹豫、不舍到甘愿舍弃的一个破茧的过程，终于有一天，他们变成了美丽的蝴蝶。

四、展翼起飞，天高任翔

转型为寄宿制后的中华中学，插上了“四自”教育的翅膀，学生的独立能力越来越强，成绩也再上台阶。2013 年高考，学校本科上线率进入南京市前五名，高三(2)班钱改今同学摘得南京市理科数学状元的桂冠；高三文科数学取得了南京市总分第二的好成绩；2013 届高考各项指标远远高出当年入学时的排名。2014 年高考，学校本科达线总人数比 2013 年增加 80 余人，达线总人数进入南京市热点学校前三名，推进率和超指标数双双夺得全市热点学校第一名。2018 年的学业水平测试成绩显示，中华中学在未来的高考中将实现人均加分近 4 分，其中一个 49 人的班，48 名同学拿到 4A。同时，学校的健美操、体育舞蹈、民族舞蹈屡获国家级比赛第一名，组建不久的乒乓队、网球队也出手不凡。学校的一位学生在网站上发布了自己制作的南京城市变迁的视频，引发多家媒体关注，被赞为“惊艳之作”。学生自制“无人机”的故事更是有媒体辟专版报道。

走进中华中学，你会看到这样的情形：不论是曙光微露的春夏，还是风清晓寒的秋冬，在空气达标(学校规定污染指数小于一定值才可晨跑)的早晨 6 点 15 分，毕泳慈校长一定会站在操场上等着前来跑步的学生们，他从不发言，只是远远地、默默地站立着。他欣赏这道亮丽的风景，就像当年欣赏自己的孩子跑步一样，他知道那些优秀的品质正在这群孩子们身上形成，他看到他们变得越来越坚强、自信、果敢。他坚信，这些孩子们一定会跑出属于自己的一片崭新的天地。

《基于都市寄宿制高中背景下"四自"教育的实践与研究》五年行动规划

周立新

为深入贯彻落实《中共中央办公厅、国务院办公厅关于深化教育体制机制改革的意见》和《江苏省教育厅关于高品质示范高中建设的意见》(苏教基〔2018〕12 号)等文件精神,促进南京市中华中学优质特色发展,提升办学品质,现制定《〈基于都市寄宿制高中背景下"四自"教育的实践与研究〉五年行动规划(2018～2022 年)》。

一、现状分析

我校高中部于 2011 年整体搬迁至河西新城,迎来了难得的三大发展机遇:(1) 改革的机遇,党的十八大明确提出"立德树人"的教育任务,基础教育改革进入新阶段;(2) 平台的机遇,我校高中部校园硬件设施一流,学校把寄宿制作为特色工程;(3) 创建高品质高中及校庆的机遇,2019 年学校迎来 120 年华诞,建设高品质高中成为新的目标和使命。这些发展机遇也必将引发学校思考三个层面的问题:(1) 在教育优先发展的前提下,教育工作者如何真正将"立德树人""育人为本"落到实处?(2) 改革创新的号角促使我们思考:我校特色化建设工程是什么?学校如何全面而又有个性化地培养学生?(3) 学校全新的发展平台推动我们思考:在打造寄宿制品牌的过程中,学校德育工作的突破口究竟是什么?基于寄宿制校情,学校在认真思考、精心论证、集思广益的基础上,决定将教育的主动权让给学生，走“四自”教育发展特色之路。

搬迁至河西新城八年来，我校德育工作者们紧紧围绕都市寄宿制高中“四自”教育新课题，厘清了“四自”教育的内涵，创建了学校管理网络，丰富了“四自”教育的活动体验，建立健全了一些考评机制，这些探索与行动有效促进了教师的专业发展和学生的健康成长，也取得了良好的教育业绩和社会口碑。家校关系十分融洽，学校被评为“江苏省优秀家长学校”“南京市校务委员会建设先进学校”。近年来，学校是江苏省文明单位、江苏省德育先进学校、南京市文明单位标兵、南京市首批德育基地示范校。“打造家校共育新模式——基于都市寄宿制高中背景下‘家长开放日’活动的构想与实施”“自我教育　自行管理　自主学习　自信成长——都市寄宿制高中学生‘四自’教育德育实践”等项目多次荣获南京市德育创新奖一等奖。目前拥有市级以上荣誉称号的班主任近 90 人，获得市级以上班主任基本功大赛一等奖以上的有 6 人次，其他奖项 10 人次。德育科研水平不断提升，现有省级规划德育课题 1 个，市级“十二五”规划课题“基于都市型寄宿制高中背景下学生‘四自’教育的实践研究”即将结题，班主任在各类刊物或评比中发表论文超过 50 篇，汇编成《都市寄宿高中的“四自”教育实践研究》一书。上述这些都为“四自”教育的进一步推进奠定了良好的基础。

二、建设目标

1. 丰富“四自”教育模式，提升都市寄宿制高中学生教育的针对性。

2. 借“四自”教育平台，创设更多锻炼或活动平台，提升高中生综合素质和交往、表达和自我调解等能力，为学生终身发展奠基。

3. 探索“四自”教育有效途径，努力实现学校管理理念、课程结构、育人方式的变革，促进教师专业成长。

4. 通过“四自”教育，进一步提高都市寄宿制高中含金量，以扩大学校影响力，从而把我校办成南京市寄宿制公办高中教育的第一窗口，在高中办学多样化、特色化追求中占据领先地位。

三、建设途径及举措

1. 进一步加强都市寄宿制高中“四自”教育的实施途径研究。“四自”教育的本质是将教育的主动权还给学生。具体地说，“自我教育”要做到在教育者的启发和引导下，学生对自己的品德表现进行自我认识、自我监督、自我克制和自我改正；“自行管理”要做到在德育处、班主任和任课教师的正确指导下，让学生参与学校、班级管理，指导学生成为各项管理中的主人，使之具有强烈的自主管理意识，逐步形成良好的自主管理能力；“自主学习”要做到学生按照学习规律和自身情况，确定学习目标，制订学习计划，选择学习方法，主动参与、优化并监控学习过程，提高学习效果，真正实现由被动地接受知识变为主动地学习和探究知识，并将此种意识形成一种具有长期性特征的学习品质，为今后持续学习奠定良好的基础；“自信成长”要做到学校、班级创设各种活动体验舞台和评价激励机制，帮助学生树立“相信自己行”的信念，为创立美好人生奠基。全面推行“零手机”制度、诚信考场制度、星级宿舍评比制度、最美中学生评比制度。精心制作《中华中学德育月报》，在每月一期的月报中，内容包括当月德育活动的精彩呈现与点评、“四自”教育经验或亮点的总结与反思、德育理论的学习园地和师生的智慧分享与感悟等。

2. 进一步加强都市寄宿制高中“四自”教育课程的研发。以“四自”教育为方向，根据学生成长的不同阶段，设置不同的核心素养目标，深入实施班风、学风建设提升工程。完善“三年一贯制德育方案”，建立有序列、有层次、有特色的德育系列课程，编写出文本化的指导教材，如《校园生活 ABC》等。利用班会、团队活动课等时间开展教学活动，建立科学的专门电子档案，做到学习有反馈。

3. 进一步加强都市寄宿制高中“四自”教育学生干部队伍的建设。精心架构学生干部队伍管理体系，建立一支在德育处、团委指导下，由学生会、团委、学生自主管理委员会、级委会、班委会、班主任助理等组成的、富有中华中学特色的学生干部队伍，定期召开团代会、学代会，举办暑期学生干部夏令营活动，对全校学生干部进行分层、分级培训，切实提高学生的自主管理能力。

4. 进一步加强都市寄宿制高中“四自”教育学生品牌活动的构建。贴近寄宿制校情，开发学生特色活动，每年高质量开展学生“研学旅行活动”“中华中学住校生技能大赛”“万米接力赛”“家长开放日”“十八岁成人典礼”等活动，让每个活动都给学生留下印记。重视模联社、辩论社等社团建设，以品牌社团带动一般社团，进一步丰富学生的业余生活。

5. 进一步研制学生“四自”教育素质评价体系。以“四自”教育为抓手，进行“中华中学四自之星”的评比，加强过程性评价和多维度评价。同时，将其与学生综合素质评定有机结合，建立具有中华特色的评价操作细则，推动“四自”教育的深入。

6. 进一步打造适应“四自”教育更高水平的班主任队伍。充分发挥德育中心组的骨干引领作用，组建由学校德育工作管理层、市德育学带、市德育青优、省市班主任基本功大赛一等奖获得者组成的中华中学德育中心组。拓宽德育培训渠道和方式，建立“见习班主任”制度，重视“师徒结对”的指导力。特别要投入更大的精力开展好“品牌班主任”的评选，确定好评选维度：班主任任职时间（占比 20%）、工作实绩（占比 60%）、科研水平（占比 20%），根据考核结果，设置“金牌班主任”“银牌班主任”“普通班主任”三个通道。定期开设“育群讲坛”，让德育名师们纷纷走上讲坛，分享工作智慧，助推青年教师快速成长。隔年举行的“班主任生活老师基本功大赛”，以赛促训、以赛促学，提升班主任技能。

四、建设保障与实施进程

（一）建设保障

1. 组织保障。成立项目五年行动计划领导小组，校长担任组长，校党委副书记兼纪委书记担任副组长，德育处、团委相关中层干部为成员，谋划和协调项目有序推进。同时，聘请专家和骨干力量，成立高品质示范高中建设专业指导小组和考核小组，确保各项活动顺利开展。

2. 政策保障。建立经费保障机制，确保校本课程的研发、学生品牌活动的开展、班主任队伍的建设、外聘专家的指导、师生的专项培训以及激励机制的建立等。

3. 制度保障。“四自”教育对学校的管理、教师的理念、班主任的培训、学生的素养、活动的设计、评价的机制都提出了新挑战，学校应当与时俱进，在修改过去一些制度的同时，还应当出台一些新制度。

（二）实施进程

1. 2018～2019 学年第一学期：反思规划阶段。

（1）总结过去八年“四自”教育实践的得失，编写《都市寄宿高中的“四自”教育实践研究》一书。

（2）以申报高品质高中为契机，在梳理之前的探索与行动基础上，给“四自”教育注入新血液、新内容，规划今后五年的行动计划，并聘请专家进行论证。

2. 2018～2021 年：实践研究阶段。

（1）在全面合作的基础上，实行德育中心组内部分工，成立六个项目研究小组，确保实效。

（2）围绕“四自”教育，展开六个方面的实践与研究，这六个方面是:“四自”教育课程的研发,“四自”教育的实施途径,“四自”教育环境下班主任队伍建设,“四自”教育学生干部队伍的打造,“四自”教育品牌活动的构建,“四自”教育素质评价体系的研制。

(3) 围绕“四自”教育的实践与研究,开展好以下活动:一学期两次的项目领导小组碰头会,一学期一次的专家指导会,一学期一次的德育研讨会,一个月一次的德育中心组会议,一个月一次的班主任工作例会,一学期五次的学生干部专项培训会。

(4) 围绕“四自”教育的实践与研究,须确保成果呈现:① 纸质成果:一学期一次的项目组及小组的书面总结,《学生“四自”教育指导手册》,《学校“四自”教育优秀案例汇编》,《学校“四自”教育校本课程》,《学生“四自”教育活动课件、活动资料汇编》,学生“四自”教育相关研究论文。② 活动成果:一年一次的住校生技能大赛,一年一次的班主任生活老师基本功大赛,一年一次的“家长开放日”活动,一年一次的市级德育展示活动,一年一次的专家评审活动。

3. 2022 年:评估升华阶段。

(1) 对照建设目标,总结经验与不足。

(2) 撰写“都市寄宿高中学生“四自”教育的实践研究”项目结题报告,对今后学校的德育工作提出新建议。

(3) 请社会各界专家、家长、学生、教师公平公正地评估项目实施效果。

寻美青春

——基于都市寄宿制背景，开展“四自”德育教育的活动实践

张海宁

自2011年中华中学高中部整体搬迁至河西新城以来，学校致力于打造公办都市寄宿制高中第一品牌。都市寄宿制高中的显著特征，概括起来就是“学习化的生活、生活化的学习”。基于此，如何丰富其内涵呢？我们认为，应当设计和开展系列主题活动，因为活动是德育教育的主要载体。

一、设计原则

学校努力践行“立德树人”的理念，坚持以《中小学德育工作指南》《中共中央国务院关于进一步加强和改进未成年人思想道德建设的若干意见》《中国学生发展核心素养》等文件精神为指导，以加强德育队伍建设和学生思想教育、常规管理为抓手，于2011年起探索都市寄宿制高中学生“四自”教育——“自我教育、自行管理、自主学习、自信成长”的德育实践。通过探索开展“四自”系列德育主题活动的新路径，遵循学生身心发展规律，不断丰富和提升“四自”教育的内涵，完成育人目标，于平实中求创新，于平凡中见真情。

活动设计主要遵循以下原则：

（1）思想性和实践性相统一。

（2）主导性和主体性相统一。

（3）显性教育和隐性教育相统一。

(4) 传承与创新相统一。

二、内容设计

全校范围内开展的活动有:社会主义核心价值观主题教育、高中阶段生涯规划课程、家长开放日、万米接力、体育文化节、科技文化艺术节、读书节、感恩教育(为老师点赞、教育好故事)、“零手机”管理、诚信考场、志愿者服务等。

高一年段开展的活动有:国防社会实践活动、高中起始年级的价值观主题教育、社团活动、大合唱、住校生技能大赛、生涯规划等。

高二年段开展的活动有:法制教育、辩论赛、年级体育竞赛、研学活动等。

高三年段开展的活动有:走进高三、高考百日誓师、成人仪式、毕业典礼等。

三、实践范例

(一)“零手机”管理

玩手机,对于这个年龄段的学生是一个极大的诱惑,让很多人情不自禁地“上瘾”。所谓“零手机”,就是指全班同学不携带手机到班上,每班配备一部老人机,有需要的同学可以用这部电话进行联系,家长有什么事情也可以将信息发到该手机上。“零手机”的推行有助于帮助学生很好地抵制诱惑,整合碎片时间,从而为自主学习提供更多的时间保障。

(二)诚信教育——设立“诚信考场”

为配合学校每年期中、期末两次重大考试的诚信教育,我们都会建立诚信考场,同学们通过自愿申请,经班级、年级、学校三层审批后，在无人监考的考场参加所有科目考试。全部科目考试结束后，我们还会通过问卷测评、座谈会等形式，了解诚信考场的考生情况，如无违纪，则记入诚信档案。

（三）极具中华中学特色的“家长开放日”

为了进一步拓展教育交流渠道，搭建合作育人平台，创设和谐育人氛围，增强学校和教师主动接受家长和社会监督的意识，提高学校管理的科学性、民主性和开放性，进一步提高办学水平，办人民满意的教育，学校每年都会在春暖花开的季节举行“家长开放日”活动。学校在前期充分调研、征集家长和学生需求的基础上，精心设计活动内容，按照各年段的需求特点，设计不一样的内容，且每年都有所改进，力求让家长感到不虚此行。

每年在活动当天，千余位家长走进校园，感受和谐育人氛围；走进课堂，观摩教学成果；走近专家，汲取教育智慧；走上操场，见证十八岁成人仪式。在以“青春·感恩·责任·成长”为主题的成人仪式上，家长、老师夹道欢迎高三孩子们走上红毯。师长、家长的殷殷教诲、谆谆嘱托都寄托着对同学们深深的祝福和期盼。当家长为孩子别上成人徽章、全家共读一封信时，泪水禁不住滑落脸庞。满载着责任与梦想，同学们面对国旗，郑重许下十八岁成人誓言。这种仪式教育使学生自觉建立成人意识，做好成人的思想准备，培养学生对家庭与社会的责任意识和参与意识，锻炼了学生自强、自立的人格。

“开放日”不仅仅是展示师生风采和教育教学成果的载体，也极大地调动了家长参与学校管理的积极性，进一步完善学校管理，凝结家校情感，激发共创美好未来的热情，增进合作共赢，携手发展。

（四）丰富多彩的社团活动

学校有舞蹈社、乒乓球社、无线电社、《红楼梦》社等 30 余个社团。高一新生一进校，各个高年级社团负责人就开始在学校统一布置下招新，让每位学生都能有机会参与其中，找到适合自己的社团。

在社团中，他们既能充分交流、展示才艺，又有机会代表学校参与各类型竞赛，既开阔自己的眼界，又能为个人和学校赢得荣誉，学生自己也变得越来越自信。如高一合唱团、高二辩论社分别获得过南京市合唱节一等奖和南京市“五四”辩论赛一等奖的好成绩；在全国无线电测向邀请赛暨长三角地区无线电测向和探雷竞赛中，我校派出的刘源、周正阳等七名参赛同学全部获奖，并取得了团体一等奖的好成绩；学校的健美操、体育舞蹈、民族舞蹈屡获国家级比赛冠军；龙舟队获普通高中混合组三连冠的好成绩；华星电视台的冯佛成同学在网站上发布了自己制作的南京城市变迁的视频，引发多家媒体关注，被誉为“惊艳之作”；管烨等同学创作的微电影《嘘，她来了》不仅获得了全国中小学校园电视节目评比二等奖、南京市校园电视节目评比一等奖，还获得第四届中国欧盟青少年电影节最佳中学生影像创作奖；季嘉银同学自己动手制作无人机，拍摄校园微电影，赢得南京市中小学科技创新“星光学子”荣誉称号。

四、成果与反思

这些探索与行动有效促进了教师的专业发展和学生的健康成长，也取得了良好的教育业绩和社会口碑，学校也被评为“江苏省优秀家长学校”“南京市校务委员会建设先进学校”。近年来，学校被评为江苏省文明单位、江苏省德育先进学校、南京市文明单位标兵、南京市首批德育基地示范校。“打造家校共育新模式——基于都市寄宿制高中背景下‘家长开放日’活动的构想与实施”“自我教育　自行管理　自主学习　自信成长——都市寄宿制高中学生‘四自’教育德育实践”等项目多次获南京市德育创新奖一等奖。全国及省市多家媒体对我校的“四自”教育实践、“零手机”管理、“家长开放日”等活动进行过专题报道。

“四自”教育的实施主体是学生，对学生能力有着较高的要求。

我们的学生来自众多的初中，习惯、能力和素养差别较大，所以各项举措的推进过程有时存在一定的困难。一定要注重活动前对学生的培训和辅导，实施过程中对学生的指导和监管，以及最终的评价和考核。

我们注意到不少家长过多地关心学习，只要孩子考出好成绩，什么要求都答应，什么愿望都满足，什么承诺都兑现，他们认为孩子在活动中耗费了大量的时间和精力，影响了学业成绩的提高。在实施“零手机”管理过程中，也曾出现家长瞒着老师让孩子偷偷带手机进课堂的现象，纵容了孩子对诚信的践踏。我们应该知道：家庭教育最重要的任务是筑建人格长城，影响孩子终身发展的因素中，分数并不是最重要的，起着制约作用的是品德、品格，是受人欢迎、尊重，而不仅仅是知识学问，学业知识可以通过课堂学习获得，但是完善的人格却只能在各项德育活动中习得。更为关键的是，在人生这一关键的时间段，通过活动的历练，有利于孩子更进一步认识自己的优势，了解自己的不足，从而为以后的升学和就业积累经验。

苏霍姆林斯基说：“只有能激发学生进行自我教育的教育，才是真正的教育。”“四自”德育实践正是对这种真正教育的有效探索。通过“四自”德育实践能把德育过程还给学生，符合学生道德品质的形成规律，能充分发挥德育过程中学生的主体性，利于对学生思想品德形成过程中生成性和动态性的把握，促进学生品德形成过程中知、情、意、行的统一，从而为德育开辟了新路径。

基于寄宿制高中背景下学生“自主生活”的设计与实践之路

李钟全

2011 年,我校高中部整体搬迁至河西新城,成功转型为一所都市寄宿制高中,这一重大转变,为我校发展迎来了新机遇,也给全校师生带来巨大挑战。基于寄宿制校情,学校在认真思考、精心论证、集思广益的基础上,决定将教育的主动权让给学生,走“四自”教育发展特色之路。

我校住宿生超过全体学生的 70%,他们除了按学校规定和国家法定假日休息以外,其他时间都在学校度过,所有的活动包括衣食住行等都由学校设计并管理,这不仅对学校的管理能力提出了很高的要求,更对学校的育人思路提出了明确的指向,那就是高中三年,学生不仅要收获学业进步,更要在“自主生活”的道路上超越大多数同龄人,从被动遵守各项规定到主动践行良好习惯,适应集体生活,使未来人生道路越走越宽阔。

通过多年的寄宿制管理实践,我校学生明显表现出了较强的生活自理能力和学习管理能力,生活区洁净,住宿环境优雅,教学区学风浓厚,秩序井然。

应该说,“自主生活”教育是我校在新的历史时期和新的教育环境下蔽而新成,是寄宿制办学背景下的新锐呈现,为此,德育处带领全体班主任和生活老师,围绕“自主生活”设计了符合我校学生特点的教育安排,开展了一系列丰富的实践,也取得了一些成果和进步。

一、精准精心设计一日常规，为“自主生活”铺设跑道

尼采说：“每一个不曾起舞的日子，都是对生命的辜负。”住校生的生活应该是简单快乐的，但也更应该是紧张而充实的。在充分考虑都市寄宿制高中学生特点，并保障学生拥有充足睡眠时间的基础上，我们通过不断摸索调整，精准设定了独具特色的“中华中学作息时间表”(见表1)。

表1　中华中学作息时间表

时　　间	内　　容
6:00～6:15	起床、整理内务
6:15～6:30	晨练
6:30～6:55	早餐
6:55～11:45	教学区活动
11:45～12:20	午餐
12:20～12:55	午练
12:55～13:40	午休
13:50～17:45	教学区活动
17:45～18:30	晚餐、洗浴
18:40～21:30(高三 22:00)	教学区晚自习
21:30～21:45(高三 22:10 前)	返回宿舍
21:45～22:00(高三 22:20 前)	晚寝点名
22:00～22:30	宿舍自修
22:30～第二天 6:00	就寝

生活即教育，良好的习惯是“自主生活”的基础。为培养学生养成良好习惯，让“爱锻炼、讲卫生、寝不语”内化为住宿生的自觉行为，并融入其血液，我们围绕文明宿舍创建标准，精心设计了住校生一日常规四大环节(见表2)，并明确要求由生活老师精心指导，每日检查

督促,保证实施效果。

表 2　住校生每日常规要求

内容	每日常规要求	达成效果
晨练	所有住宿生必须按时到操场指定位置,晨练时应穿运动鞋,跑步前系好鞋带,并注意安全。学生在整个跑操过程中,要按照主持人的现场口令执行,晨练结束时,主持人宣布解散方可离开操场	按周评选星级方阵,随时接受校内外检查、观摩
内务	执行《中华中学学生宿舍内务标准》,实行每天早、中、晚"三小扫"、每周周日返校时"一大扫"	纳入班级常规考核,按月评定星级宿舍;随时接受校内外检查、参观
洗浴	文明洗浴重安全,错时洗浴有秩序	每周三校园开放日接受家长监督
晚寝	及时返回宿舍,不在宿舍外逗留;不在楼道哄闹,不串宿;二段自习安静,有效果;就寝后不做任何与休息无关的事	纳入班级常规考核,按月评定星级宿舍;随时接受年级组和家长检查

二、组建住校生自主管理委员会,为"自主生活"加装引擎

为探索保障住校生"自主生活"长效机制,我们实行住校生自主管理的新模式,使学生真正参与到生活区的日常管理中来。学校于2015年3月起组建了住校生自主管理委员会(以下简称"自管会"),精心选拔自管会成员和寝室长,在学生会生活部的领导下,协助生活老师将一日常规各项内容检查落实,以点带面,实现学生"自主生活"能力提升的良好效果。自管会成员每天清晨有序组织晨练、每周两次的内务卫生检查,并负责检查和反馈每日午休和晚寝前最后一段的自习纪律等。他们不仅是管理者,同时也是被管理者;不仅要认真负责地做好检查、督促、反馈工作,更要做好自身内务以及自主学习。

学生自管会的良性运作，离不开德育处和生活老师的不断指导帮助，更依赖于长效监督考核机制。通过学生自管会，更多的学生参与到管理中来，更好地体验到“自主生活”的乐趣，有利于激发学生的学习兴趣、生活情趣，调动学生参与公共事务的积极性、主动性，从而促进学生主体地位的发展，为全员真正实现“自主生活”保驾护航。其岗位设置及职责如表 3 所示。

表 3　自管会岗位设置及职责

机构	岗位	人数	职　　责
住校生自主管理委员会	理事长（男/女）	1 人	负责自管会和本年级住校生管理部的全面工作
	副理事长（男/女）	2 人	负责培训、大型活动和本年级住校生管理部的全面工作
各年级住校生管理部	内务、卫生部部长（男/女）	8 人	协助老师进行浴室的管理，每周周日进行一次宿舍内务大扫除的检查
	纪检、晚寝部部长（男/女）	10 人	负责每日住校生晚寝点名及二段晚寝纪律的检查
	体育、晨练部部长（男/女）	2 人	负责每日住校生晨练的组织、检查
	活动、培训部部长（男/女）	4 人	负责高一住校新生的入住培训，策划组织一年一度的住校生生活技能大赛
宿舍寝室	各寝室室长	1 人	负责寝室的纪律、卫生、内务等日常工作，掌握室员的动态，完成自管会布置的各项工作，为争创优秀寝室而努力奋斗

三、举办年度消防安全演练和住校生生活技能大赛，为"自主生活"插上双翼

（一）生命之翼——消防安全演练

安全重于泰山，生命重于一切。我校每年8月份都会在宿舍和食堂区域组织师生开展火灾、消防疏散自救演练活动，增强师生消防安全意识，提高全校师生的应变能力和自救防范能力。演练内容通常包括：① 火情报警；② 学生遇到火灾时的安全疏散；③ 了解灭火器等消防器材的使用。通过演练，师生熟悉了事故发生时的逃生线路，掌握了逃生要领，学会了使用灭火器。演练中，全员有组织、有秩序，行动迅速，全部在规定时间内安全撤离，充分达到了演练效果。

（二）腾飞之翼——住校生生活技能大赛

自2012年起，每年10月份，即高一新生进校后六周左右，学校本着"赛训一体"的原则，精心组织一年一度的住校生生活技能大赛，为这群刚刚离开家，初步感受到"自主生活"的孩子们搭建习惯养成展示平台，让他们展示自己新学的"绝活"。比赛每年都会吸引包括《南京日报》《扬子晚报》《新华日报》《现代快报》《金陵晚报》等在内的多家媒体的关注，一时间线上线下齐声称赞这群"能干娃"。比赛项目设计上也颇有讲究，既有全员参与，体现"小"家里的"大"合作的宿舍内务比赛，又有高手对决，需要巧手展露真实力的"叠被子""叠校服""洗袜子"比赛，还有关注健康，展示军训成果的战地急救技能现场秀，更有能找回"远去"技艺的趣味体验项目——缝扣子比赛。系列活动的开展，在紧张的学习之余，为学生带来生活知识的培训，既能丰富学生高中生活，更能让寄宿制学校的学生更好地适应集体生活，更快乐地在生活中发现美好。这样的活动实践，受到了学生、家长、社会的一致好评。

四、不断提升管理者技能和素养，为“自主生活”保驾护航

作为学生管理的中坚力量，班主任和生活老师的技能和素养决定了学校德育工作的层次和学生教育的成果。我校作为寄宿制学校，对此要求更高，尤其是生活老师，不但需要高超的管理技能，还需要具备良好的个人素养。

为了更好地提高生活老师的工作技能，我们主要采取以下措施：

1. 定期召开生活老师例会。每周四上午，德育处召开全体生活老师例会，由各位老师汇报上周本楼层学生管理具体情况，针对出现的特殊案例，通过研讨交流，给出相应的解决办法。当然，会议形式是多样的，一般每学期会安排 3～4 次生活区实地考察评比，全体生活区管理人员对每一个楼层的各项常规进行检查打分，评比结果纳入生活老师的绩效考核中，以评促建，确保生活老师时刻保持积极的工作动力和干劲。

2. 用制度保障工作。明确生活老师的职责，规范生活区管理制度，平时进行不定期抽查，确保生活老师时刻牢记工作职责，确保生活区管理制度坚定有效地执行。

3. 明确提出生活教师必须具备的基本能力，具体如下：

(1) 敏锐的观察力。这里的观察力包括观察的广度和深度两个方面。只有在第一时间观察到学生的异常情况，才能用最短的时间处理或者避免学生出现意外情况。要通过学生的表情、动作、语言洞察学生的心灵，及时判断学生是否出现心理问题，以便及时处理。

(2) 预见危险的能力。这里指的是老师能够发现将要出现或者可能会出现的危险，能及时制止一些危险的行为及动作，以避免意外伤害事故的发生。

(3) 较强的记忆力。生活老师要熟记每一个学生的家庭情况、性格特点、个人喜好等，还要记住学生最近一段时间的具体表现和身

体情况等，项目繁多，内容复杂。如果没有较强的记忆能力，很难做到这些。

(4) 熟练驾驭语言的能力。能熟练地驾驭语言，将教育的元素渗透到生活化的语言中，在谈笑间让学生接受教育和引导，把教育生活化。

(5) 极强的耐心和心理承受能力。生活老师要有耐心在一遍又一遍的重复强化中培养学生良好的生活习惯，通过一次又一次的重复练习使学生掌握基本的生活和生存技能。还要给学生犯错误的权利，允许学生犯错误，但要不断纠正学生的错误，强化正确的做法，使其取得进步。

(6) 基本的医学知识。只有具备基本的医学常识才能在学生发生疾病时进行及时和正确的处理，为学生下一步的治疗和康复做好铺垫。对于一些突发的和紧急的疾病或意外伤害如休克、外伤、骨折等，能够在最短的时间里做出正确反应，将危害降低到最低限度。

(7) 快速处理突发事件的应急能力。若遇到突发的学生伤害事故，火灾、地震等灾害事故，要能够冷静、及时、正确地处理受伤学生，并组织学生及时脱离危险。

(8) 旺盛的精力和充沛的体力。

4. 多角度的培训交流。我校每年都会组织一次班主任生活老师外出交流培训，赴省内一些知名学校，实地参观考察兄弟学校的生活区管理，从中找出与自身管理的差异，吸取优点，不断丰富和提高自我。同时，每学期均开展生活老师案例论文写作评比，以此促进生活老师关注工作细节，关注重点学生，提升自己的素养，更好地服务于工作。

5. 举行的“班主任生活老师基本功大赛”。此项比赛将生活老师纳入其中，不但考察生活老师的教育知识储备，也考察生活老师的临场发挥能力，本着“以赛促训、以赛促学”的宗旨，提升生活老师技能。

陶行知先生说:"生活教育是生活所原有,生活所自营,生活所必需的教育。教育的根本意义是生活之变化。生活无时不变,即生活无时不含有教育的意义。"寄宿制的校情,日复一日超长时间的陪伴,让中华中学全体德育人对教育有了崭新的观察视角,让我们的教育更增添了温度,让培养、提升学生"自主生活"能力有了一方新的沃土,中华中学学子的良好品行必将在这里生根发芽,蓬勃生长。

基于都市寄宿制高中背景下学生干部建设之路

刘　青

南京市中华中学于2011年起开始探索都市寄宿制高中学生“自我教育、自行管理、自主学习、自信成长”的“四自”教育理念。其中“自行管理”是指在德育处、团委、班主任和任课老师的正确指导下，让学生参与学校、班级管理，指导学生成为各项管理的主人，使其具有强烈的自主管理意识和良好的自主管理能力。尤其要发挥学生干部在其中的作用。经过几年的探索，我们已经形成一套较为成熟的运行机制。

一、学生干部的架构和产生方式

（一）学生干部的架构

学生干部的架构如图1所示。

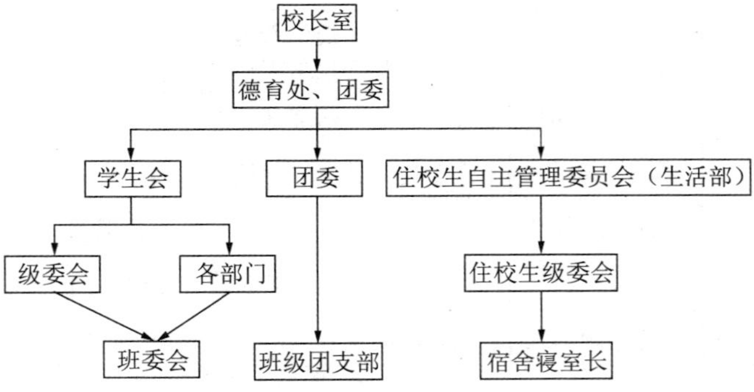

图1　学生干部的架构

（二）岗位设置和岗位职责

岗位设置和岗位职责如表 1 所示。

表 1　岗位设置和岗位职责

机构	岗位	人数	职责
校长室（1 人）	副校长	1 人	分管学校德育处、团委两部门的工作
德育处、团委（3 人）	主任	1 人	分管学生自主管理委员会和本年级级委会
	副主任	1 人	分管住校生自主管理委员会和本年级级委会
	书记	1 人	分管学生会、团委和本年级级委会
学生会（28 人）	主席	1 人	负责学生会和本年级级委会的全面工作
	副主席	2 人	负责学校大型活动和本年级级委会的全面工作
	秘书处	3 人	负责全校团员管理发展等相关工作
	宣传部部长	1 人	负责各项活动的宣传工作
	宣传部副部长	2 人	负责宣传工作、广播站管理等工作
	纪检部部长	1 人	负责执勤班级培训和纪检部全面工作
	纪检部副部长	2 人	负责学校常规检查、结果汇总等工作
	社团部部长	1 人	负责学生社团活动方面的全面工作
	社团部副部长	2 人	组织开展、检查反馈学生社团活动
	生活部部长	1 人	负责住校生管理方面的全面工作和学校膳管会相关工作
	生活部副部长	2 人	协助生活部部长完成相关工作
	体育部部长	1 人	负责学生体育活动方面的全面工作
	体育部副部长	2 人	协助体育部部长完成相关工作
	文艺部部长	1 人	负责学生文艺表演方面的全面工作
	文艺部副部长	2 人	协助文艺部部长完成相关工作

续表

机构	岗位	人数	职责
学生会 （28 人）	学习部部长	1 人	定期召开学习委员会议，了解各班学生学习情况及同学们的要求。及时向教务处反映同学们的学习情况和对教学工作的意见，配合学校解决同学们学习中遇到的实际问题。 定期组织学习常规检查，开展学习竞赛和经验交流，积极宣传学习上成绩进步显著的班级和个人。 完成“历史上的今天”内容删选
	学习部副部长	1 人	协助学习部部长完成相关工作，具体分管某一两项工作
	外联部部长	1 人	负责校际学生活动相关的全面工作
	外联部副部长	1 人	协助外联部部长完成相关工作
团委 （7 人）	书记	1 人	完成校党总支和上级团委布置的各项工作，加强团的组织、思想和制度建设。开设团课、党校，收缴团费，发展团员，组织志愿者等各项团的活动
	组织委员	3 人	负责本年级团员发展、团费收缴、志愿者活动等
	宣传委员	3 人	负责团委、学生会宣传和本年级组宣传工作、党校学习等
各年级级委会 （8 人）	级长	1 人	负责落实、完成本年级学校各项工作和活动，指导各班级班委会开展工作
	年级学习部长	1 人	组织本年级学情调研、开展学习常规检查评比和学法指导讲座
	年级宣传部长	1 人	定期制作学校和本年级宣传展板，开展班级文化墙评比，组织本年级学生参加各项宣传活动评比
	年级体育部长	1 人	组织本年级体锻课，各项大型体育比赛以及各班级之间体育竞技比赛

续表

机构	岗位	人数	职责
各年级级委会（8人）	年级文艺部长	1人	组织本年级学生参加学校各项文艺活动，策划并开展有益身心的年级各项文艺活动
	年级纪检部长	1人	进行年级各项常规检查，并及时督促各班级实行好自主管理
	年级生活、卫生部长（男/女）	2人	协助生活区进行各项常规管理和检查，督促本年级各班级做好卫生工作并进行卫生大扫除检查评比
住校生自主管理委员会（3人）	理事长（男/女）	1人	负责住校生管理委员会和本年级住校生管理部的全面工作
	副理事长（男/女）	2人	负责培训、大型活动和本年级住校生管理部的全面工作
各年级住校生管理部（8人）	内务、卫生部部长（男/女）	2人	协助老师进行浴室的管理，每周进行一次宿舍内务抽查
	纪检、晚寝部部长（男/女）	2人	负责每日住校生晚寝点名及二段晚寝纪律的检查
	体育、晨练部部长（男/女）	2人	负责每日住校生晨练的组织、检查
	活动、培训部部长（男/女）	2人	负责高一住校新生的入住培训，策划组织一年一度的住校生生活技能大赛
班委会（8人）	班长	1人	组织班级重大教育活动，定期召开班委会，了解检查各项工作的开展情况，掌握全班同学的思想、学习、纪律等动态并及时、如实向班主任汇报，努力领导本班全体同学创建优秀班集体
	学习委员	1人	负责掌握全班同学的学习态度和方法等情况，向老师提出教改意见，组织各项学科活动

续表

机构	岗位	人数	职责
班委会（8人）	文艺委员	1人	负责文艺节目的排练工作，组织文艺活动，丰富课余生活等
	体育委员（男/女）	2人	协助体育老师组织好各项体育活动，如两操、晨练、运动会和体锻课
	生活委员	1人	负责班费的收缴、使用和保管，关心同学的生活健康，及时与班主任沟通
	劳动委员	1人	负责组织、安排全班同学的劳动、卫生工作，并对劳动成果做好督查和评定
	纪律委员	1人	负责管理好班级早读、午休、自习课、晚自习期间学生的纪律
班级团支部（1人）	团支部书记	1人	贯彻上级团委、学校党组织和团委的决议，全面负责支部工作，掌握全体同学包括团员和非团员的思想情况并努力做好同学们的思想工作，组织各种团组织生活，为争创优秀团支部积极奋斗
	团支部组织委员	1人	负责团费收缴、新团员的吸收工作，并协助做好组织活动
	团支部宣传委员	1人	负责教室及学校指定的板报工作，布置教室环境，创建班级文化等，做好团的宣传工作，负责组织部分材料的学习
宿舍寝室（1人）	各寝室室长	1人	负责寝室的纪律、卫生、内务等日常工作，掌握室员的动态，完成住校生自主管理委员会布置的各项工作，为争创优秀寝室而努力奋斗

（三）学生班主任助理

为进一步深入推进“四自”教育，为学生的自我教育、自行管理提供更为广阔的可操作性平台，我校自2014年起在非毕业年级实施学生班主任助理工作制度。众所周知，班级是学校进行教育教学工作的基层单位。班主任是班集体的组织者和指导者，是学校实施教育教学工作计划的主要力量，学生班主任助理协助班主任工作，其主要任务是充分发挥“四自”教育理念在班级管理中的主导作用，有效发挥师生沟通的桥梁和纽带作用，协助班主任处理好班级常规琐碎性事务。

二、学生干部的评价机制

作为学生干部的重要组成部分，学生干部考核评价机制是否健全，是否科学、合理，不仅关系到能否正确识别、评价、使用和激励学生干部，从而调动学生干部工作的积极性、主动性和创造性，而且在很大程度上还会影响到学生工作的整体质量和效率水平。

（一）充分发挥民主和集中，明确学生干部考评主体

科学构建考评主体体系，是建立学生干部考评机制的首要问题和基本环节。一般情况下，合理确定学生干部考核主体。(1) 老师，主要是指与学生日常接触较多的老师，例如班主任、任课教师、德育处、校团委等老师，他们与学生的接触较为紧密，因此评价的意见具有较高的可信度。同时，老师通过评价还可以增强管理的权威性，有力促进与学生干部的关系。(2) 学生，普通学生作为学生干部工作的支持者和参与者，可以有较多的机会来了解学生干部的工作素质，比如组织能力、协调能力、应变能力等，可以对学生干部的学习情况、生活品行、日常表现等进行客观、恰当的评价。

（二）构建多维度指标，建立学生干部考评内容

根据学生干部的培养要求和工作实际，一般将学生干部的考核内容分为四个方面：思想品德、工作态度、工作能力和学习成绩。思想品德方面主要有思想道德觉悟水平、集体观念、大局意识等；工作

态度方面主要看对工作任务是否认真负责，按时完成，有没有较强的责任心；工作能力方面主要看活动的策划能力、协调能力、人际沟通能力、工作效果等；学生干部的学习成绩也是需要参考的一个指标，学习成绩一般不能太差，至少要在年级的前50%。而在实际工作中，我们往往也发现一个优秀的学生会干部往往各方面都很出色，学习成绩优异，工作能力也强，工作上的优异表现会使学生干部信心倍增，对学习提出更高的要求和目标，所以合理的评价机制可以促进学生干部发展为品学兼优的学生。

（三）合理运用考核结果，增强学生干部管理的实效性

对学生干部的考评结果，必须正确运用到学生干部的培养和使用上，如果离开了考核结果的正确运用，考评工作就会失去应有的意义。对于那些工作能力强、工作绩效好、学习成绩优异、在学生中威信高的学生干部应该及时给予一定的肯定和表彰，这样有利于激发学生干部的热情和积极性，充分发挥学生干部在学生中的示范榜样作用，发挥他们在学生管理中的正能量。我校在学生干部的考核上建立了比较完备的体系，校级层面的荣誉有：班级优秀学生干部、校"四自"之星、校五四表彰等；市级层面的荣誉有：南京市优秀学生干部、南京市五四先进等。进行这些荣誉考核时，我们会优先考虑品学兼优的学生干部。

三、反思与建议

学生干部的建设是学校一项重要的德育工作，也是学校"四自"教育的重要抓手。学校搬至河西新城后，着力打造都市寄宿制下的学生"四自"教育品牌，在学生干部建设中进行了一系列的探索，也取得了一定的成绩，学生干部在德育工作中的作用日益突出。但同时我们也看到了些许不足：(1) 学生干部经常面临工作和学习的两难

选择，也有不少班主任和家长不支持孩子担任学生干部，认为高中阶段最重要的就是学习，学生干部工作会影响孩子学习；(2) 学生干部队伍差异性较大，不够整齐，学生干部与学生之间的关系有时因处理不当，引起矛盾，要进一步通过具体措施提高学生干部的整体素质；(3) 要不断完善学生干部的考核机制，在充分发扬民主和工作绩效的基础上进一步量化标准，拓宽评价主体，形成正确的导向。

总之，学生干部的建设要在动态的发展中不断完善，要不断掌握国家和学校的思想引领和时代特点，根据实际变化持续加强学生干部队伍建设，以适应新时代的中国特色学生干部的新变化和要求。

传承、引领、合作、创新

——中华中学班主任团队建设之路

郭　楠

班主任是学生精神成长的领路人，是学生全面发展的重要影响者。班主任团队建设对于学校发展具有举足轻重的作用，中华中学的百年发展离不开班主任团队的努力付出。在学校整体办学水平提高的过程中，学校高度重视班主任团队建设工作，在不断实践和探索过程中，形成具有中华中学特色的班主任团队建设经验和模式。学校先后涌现出一批国家、省、市级优秀班主任，在南京市德育工作带头人评比中，我校有四位老师被评为南京市德育工作带头人。学校逐步形成以名特优资深班主任和德育工作带头人为核心的班主任团队，班主任团队建设得到不断优化和提高。

我们深知，一个优秀的团队必须具备崇高的精神情怀、专业的个人素养、合理的人才梯队和科学的评价体系等条件。我们在日常工作中通过专家引领、科研推动、团队研修和自主发展相结合，并建立与之相配套的岗位责任制、科学的评价机制，打造了一支高素质的班主任团队。

一、传承中华中学的博爱精神，引领班主任团队发展

我校创始人马林先生早在20世纪初就提出“用爱温暖人”的办学精神。我们对每一位新入职的老师倡导爱的教育，“用爱温暖人”成为了我校班主任工作的精神情怀。正是班主任对学生充满爱心，

才会用欣赏的眼光去发现学生的闪光点，才会原谅孩子的一时糊涂，才会对学生不抛弃、不放弃，才会让班级充满信任，使家校之间、师生之间、同学之间的关系和睦融洽，从而促进学生全面充分的发展。

二、围绕学生全面发展，推进班主任专业化水平提升

班主任团队专业化水平的提升，核心目的是促进学生全面发展，关键内容是班主任个体专业化的发展。为此，学校构建了德育科研为导向的学习共同体以推进班主任专业化发展。

（一）基于学生发展需求的德育科研导向

教育是帮助学生生命成长的过程，我们根据不同年龄段学生的心智发展和成长规律，从促进学生发展需要的角度，进行自我反思，梳理学生成长的困惑、教育教学中存在的难题，确定课题研究方向。

学校先后申请并立项“基于都市型寄宿制高中背景下学生‘四自’教育的实践研究”等多项省市级德育科研课题。在我们的德育研究中强调三个关注：关注学生全面发展，关注班主任专业化发展，关注德育工作创新发展。在德育工作开展的过程中，寓德育科研工作于学校教育教学的各项工作中，包括班集体建设活动、班级文化建设等，倡导班主任“在工作中研究，在研究中工作，在研究中发展”，从而使我们的德育研究真正研究学生，帮助学生发展。

（二）基于学生发展为目的的同伴互助专业发展模式

我们意识到：班主任的专业发展是一个不断提升的过程，这一过程需要专家引领和教师自主发展，更需要同伴的互助。班主任专业化发展寓于团队整体发展之中。

以学生发展面临的问题和教师自身的特点为基础，结合德育科研课题为导向，学校逐步形成年轻班主任、分层走班德育和“四自”管理等沙龙团队。学校定期开展班主任相关主题沙龙活动，以班级管

理工作的问题为切入点，如手机使用管理、青春期学生情感问题、特长生的管理、特殊学生的心理疏导、班级活动的开展等，沙龙成员就这些问题进行深层次探讨，以同伴互助的形式推进班主任专业化发展，利用教师集体的智慧与经验解决自身困惑，逐渐形成一种民主、平等、和谐的工作和学习氛围，实现德育经验的分享、育人思想的碰撞。

通过同伴互助和专家引领，在实践中反思解决教育教学中的问题，不断地更新理念，逐渐构建自己的带班育人风格，班主任专业化水平有了较大的提高，班主任团队得到长足发展。我校先后荣获“南京市德育示范基地学校”、“南京市师德先进群体”等称号，卢祥林、杨克俊、张艳霞和薛安定等四人被评为南京市德育工作带头人，吴虔、卞姗姗等老师在省、市班主任基本功大赛中均获得一等奖，戴俊等十余人被评为市区青年优秀德育工作者。

三、完善人才梯队建设，推进班主任团队持续发展

德育队伍的健康发展，需要年龄层次、专业化水平结构合理的班主任梯队。学校历来重视班主任梯队的建设，在梯队中有像卢向林、王恒霞、杨克俊、万泉、林庆等十余年奋战在班主任一线经验丰富的老班主任，也有张艳霞、薛安定等年富力强的中青年班主任，还有一大批朝气蓬勃的年轻教师，老中青结合，优势互补。为进一步促进年轻班主任的成长，做好传帮带，学校建立见习班主任制度和青蓝工程制度，助力班主任成长，传承中华中学德育传统。

见习班主任制度主要围绕新入职的教师，通过与师傅共同参与班级管理，适应学校的教育教学，尽快完成从学生到教师的角色转换，培养班主任后备力量。

青蓝工程制度主要是推进新任班主任的专业成长，学校根据工作安排，选择老班主任与其进行师徒结对。通过师傅带徒弟的方式，

推进年轻班主任的专业发展。年轻班主任虚心学习，老班主任能够做到倾囊相授，在学习中互相促进，既有利于年轻班主任快速成长，也能促进老班主任工作理念的更新。

通过施行见习班主任制度和青蓝工程制度，学校营造了相互学习、共同提高的氛围，形成了一支思想素质高、作风扎实、业务精良、老中青结合的育人队伍，全面提高了我校的德育管理水平。

四、构建科学的班主任评价体系，激发班主任创新热情

班主任评价体系是德育队伍健康、稳定发展的重要保障。学校逐步建立以人为本、科学的班主任评价机制。班主任评价体系不仅仅是对班主任专业能力的评定，更是调整和激励班主任专业化发展的重要途径。

所谓以人为本，是指我们评价的出发点为班主任专业的发展和学生终身的发展。因此，我们在班主任评价体系中强调把学生整体发展的水平作为核心的考量指标，反对唯分数论。结合学校“四自”德育方针，全面考核学生的德智体美劳发展，以学生“自我教育、自行管理、自主学习、自信成长”的发展水平作为考核班主任工作绩效的核心内容，以评价引领班主任在工作中关注学生全面发展。

所谓科学性，是指我们的评价体系运用科学的思维方法作为评价的准则。评价内容多元化，涉及班主任专业化发展的各个方面，不仅涵盖班级管理中的常规管理、班级活动、学生发展等方面，更包括班主任工作的隐形内容，即由班主任人格魅力和带班风格所形成的班风、学风，以及班主任发展潜力等诸多方面。评价主体一改以往由学校德育管理部门一家主导的局面，转为以德育处牵头，由家长、学生、年级工作小组、各处室进行综合评价。

德育处根据以上构想，制定了准确、具体、可操作的评价标准，发挥评价的导向、激励、调控和改进功能。在班主任考核评价中，加强

对班主任工作过程性的关注与指导，不断促进班主任专业成长与发展，推动班主任团队建设的科学化、规范化发展。

中华中学班主任团队的成长，是学校整体发展的缩影，也是学校整体发展大背景推动的结果。新时期，学校也将朝着更高品质、更深内涵的方向发展，班主任团队也将在这场新的教育变革中不断创新前行，为中华中学新的发展添砖加瓦。

交给一把"钥匙"　实现三个飞跃

——中华中学倡导学生"自主学习"的实践之路

钱　华

著名语言学家吕叔湘曾说过："老师给学生的最宝贵的礼物，就是给他一把钥匙，他拿了这把钥匙能够自己开箱子、开门，到处去找东西。""教育不能只授人以鱼，一定要授人以渔"是自古至今已经形成共识的真谛，但在高考成为最大利益诉求的基础教育阶段，如何让学生"鱼""渔"兼得，仍然是一个普遍的难题。

"积极倡导'自我教育、自行管理、自主学习、自信成长'，让学生的高考成绩、学习能力、综合素质共同提高，这才是学校的根本责任，才是对学生的最大负责。"这是毕泳慈校长一直以来坚持的"四自"教育理念。

自主学习，是指学生能够在已有知识技能的基础上，不依赖他人而能够运用一定的学习方法，主动、自觉地获取知识、掌握技能、丰富情感、完善人格以及培养良好习惯的学习过程。自主学习的目的在于提高学生在学习中的主观能动性，做到想学、能学、会学。寄宿制学校为学生自主学习提供了广阔的空间和充足的时间，这就更需要学生拥有良好的自主学习习惯。然而，对于刚刚走进寄宿学习生活的学生来说，良好的自主学习习惯也往往是他们所欠缺的。为此，学校坚持以科学方法为先导，以丰富课程为资源，以高效课堂为抓手，在培养学生自主学习能力方面进行了如下实践探索，使学校教学质量逐年提升。

一、课程优化——质与量的共同提高

先进的课程体系是支撑学校教育的核心载体，是学生成长和发展的平台。学校早年提出课程建设的“四力模型”，对上落实学校的价值取向和培养目标，对下指导学校的课程设置和教育行为。课程设置成四个相互关联的类别：一是以提升生命力为主要目标的生命力课程；二是以培养道德力为主要目标的道德力课程；三是以增强认知力为主要目标的认知力课程；四是以激发创造力为主要目标的创造力课程。近年来，在“四力模型”的引领下，我校的课程建设取得了一定的成效，尤其是 2016 年学校申报的课题“普通高中学生批判性思维培养研究”获批为“国家社会科学基金教育学一般课题”以来，学校结合核心素养时代新课改的要求，将学生批判性思维的培养作为优化学校课程体系的落脚点，进一步通过批判性思维课程基地的建设、批判性思维专门课和应用课的开设、批判性思维与学科教学的融合等方式更好地实现国家课程的校本化实施，并加强校本课程的建设，共同提升学校课程的内涵发展和特色发展（见图 1）。

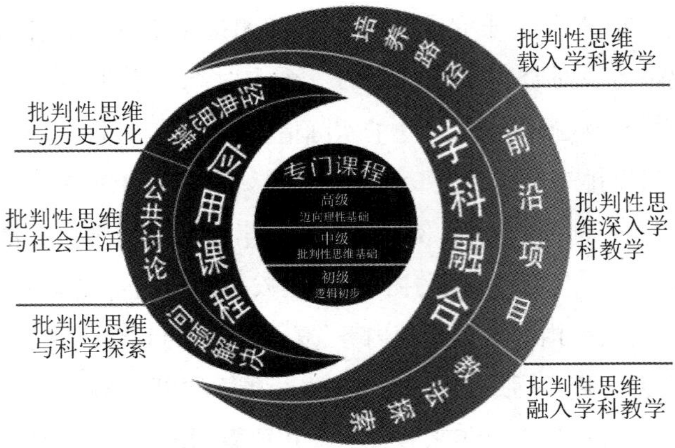

图 1　批判性思维课程体系结构图

由于批判性思维是认知能力和理智美德的整合，同时又是创新思维的先导乃至其本身，专门课、应用课、学科融合的三位一体聚焦批判性思维培养，建立起了学校固有的道德力课程、认知力课程以及创造力课程的深刻联系，进一步优化了我校的课程体系，为学生提供了更多自我反思的空间、自主选择的可能、自我探索的途径，实现了学校课程质与量的共同提高。

二、课时改革——张和弛的辩证统一

许多人都有高中学习如同“炼狱”的记忆，班主任、任课老师和家长“三位一体”集体施加压力，让学生把主要精力放在试题解答和模拟考试上，恨不得三年中的每时每刻都在紧张复习迎考。在寄宿制的中华中学，却有每天至少一节课的“自主自习”。

学校在前几年就将每堂课的时间从四十五分钟压缩到四十分钟，为的是每天上午给学生增加一节自习课，高三年级越往后，增加的自习课越多，除此外还有每天下午的一节体锻课。学校要求上午的自习课雷打不动，不能随意调换课；上午上课的老师不布置作业，所有的自习课，老师不允许上课，只能为学生答疑；学生梳理上午学习的重点知识，不急于完成作业；各年级组巡视检查并对各班级的执行情况进行及时督促。晚自习的三个小时均为学生的自主学习时间，但学校会根据各年级学生的实际情况，给出较为科学的自主学习时间建议安排表，既有整齐划一的安排，如晚读和学科作业上交时间；又有自主选择的灵活，例如每天最后半小时建议学生根据自身的学科强弱，确定提优补短的内容，自主安排。晚自习结束后，学生回到自己的宿舍，内容则是整理内务、复习功课和同学间的相互交流。

“文武之道，一张一弛”，是《礼记・杂记下》里记载孔子论述治国之道的名言，也是千百年来教育实践和智慧的结晶。“面对无法回避的高考升学，许多学校都选择了以‘张’为主，其实‘张’与‘弛’是辨证的统一。"毕泳慈校长对于张弛之道有着自己的理解,他认为简单的"张"最容易,只要耗时间就能做到,但要想提高自主学习的能力,只有在对教学和管理要求更高的张弛结合上下功夫。

三、课堂瘦身——教与学的共同作业

倡导自主学习,最关键的是彻底改变传统应试教育的"满堂灌"方式,提高学习效率,把学生从日复一日繁重的负担中解放出来。学校以"课堂教学年"为抓手,通过以下举措实现教师的"课堂瘦身计划",让学生学得更高效。

所谓"瘦身",无非是把原来臃肿的课堂结构变得简单明了,改变"少慢差费",老师教得累,学生学得苦的状况。为此,学校首先通过专家论证确定了"二主三度"的课堂评价标准,即以学习为主线、以学生为主体,关注学生的参与度、知识的有效度、目标的达成度。提倡少讲多学、精讲多练的课堂教学要求。学校通过推门听课、组内互相听课、评课等方式,通过组织"中华杯"优质课大赛、教师教学基本功大赛等活动,落实以上要求。并通过学生问卷调查、家长开放日家长听课反馈等方式了解教师的课堂教学情况。

其次,学校通过有效控制各科作业量的方式,更好地突出学生学习的主体地位,真正从接受性学习转换为自主性学习。给学生减负,往往意味着给老师增压。过去,使用外面现成的教辅资料,老师只需要就题目解读、批阅,而现在学校大多数学科根据作业量要求必须自行编制作业,要针对学科和本校学生的实际,选好、选准题目,用教师的辛苦换来了学生学习效率的切实提高。

第三,学校通过加强各年级学生的学法指导,努力改进学生的学习方式,充分调动学生学习的积极性、参与的主动性。例如为了高效利用每天的早读和晚读时间,学校组织学生代表体验兄弟学校的早晚读情况,录制视频给全年级学生观看,并优选早晚读组织优秀的班级课代表为全年级课代表进行培训，从早晚读的价值意义、实施流程、内容选择、灵活应对等多个角度进行指导答疑，并结合“习惯养成月”进行早晚读专项常规检查和评比，从而真正发挥了学生在教学中的主体作用，使学生在激励、鼓舞和自主中学习，掌握知识与技能，培养了他们的创新能力和实践能力。

四、氛围营造——知与行的相辅相成

自主学习，就意味着学习的场所不仅仅是课堂，就意味着求教的对象不仅仅是教师。学校积极创造条件，合理引导学生，努力营造自主学习的氛围，让知与行在春雨润物的状态下相辅相成。

在中华中学的校园里，有每天开放的图书馆，有一间 24 小时可以自行借书还书的明理书屋，还有教学区和生活区随时可以触摸的多块电子屏，这是学校为所有学生尤其是住校生打造的“知识阵地”，为的是让集中住宿、远离闹市的学生们同样可以第一时间遨游课本之外的“书海”。同时，学校每年五月份策划的“读书节”活动，也成为引导学生自主学习的平台和载体。

高中生带手机上学已经越来越普遍，部分高中生的自控能力较差，极有可能沉迷于手机而导致学习成绩下滑，而寄宿制学校的这个现实问题尤其突出。为了避免手机等电子产品对学生自主学习带来的负面影响，学校实施了“禁机令”，学校从部分班级的“零手机”试点推广至全校各班级，仅仅只用了一年不到的时间。学校为每个班级配备了只有接打电话功能的“老人机”，由专人保管，并向家长和学生公布手机号码，方便学生和家里联系。2017 年高考中取得总分 404 分的高分考生张嘉羽，高中时就是中华中学的一名住宿生，当时正是“零手机”试点班级的学生。谈及经验时，他就提到学校的“禁手机”举措很有效果，“极大地保证了住宿生在学校的自主学习效率。”

学生自主学习能力的培养促进学校教学质量稳步提升，学校2013年、2014年、2016年、2018年均获得南京市教学质量突出贡献奖，教师也在各类教学竞赛和教育活动中获得一个个突出的奖项。学校正是通过交给学生一把“钥匙”，实现了学生能力、教师专业、学校口碑的三个飞跃。

“心育”特色品牌促进学生自主发展

陶德华

南京市中华中学自创建以来，办学严谨，师资力量雄厚，坚持育人为本，教育教学质量在南京市名列前茅。2011年9月，学校高中部从长乐路老校区(现为初中部)搬迁至河西新城新校区，与新城同发展，教育教学质量不断提高，高考、中考、中招等水平年年攀升，实现了“一年一进步，三年大跨越”的发展。成绩的取得，有主客观多方面的原因，不一一赘述。要特别指出的是，这与学校领导高度重视心理健康教育，不断打造和优化“心育”特色品牌，提升师生身心健康水平，促进学生自主发展的理念以及在此理念引导下采取的一系列行之有效的措施是分不开的。

一、办学“心”理念的引领

20世纪80年代以来，学校坚持和完善“一主两翼三全”的育人模式，即坚持以学生为主体，发扬信息技术和心理健康教育两大办学特色，全方位、全时空、全员化育人的教育模式，培养了一代又一代中华骄子。学校高中部搬迁至河西新城新校区以来，在毕泳慈校长的带领下，学校冷静思考，紧跟时代步伐，深刻领会教育内涵，形成和完善了一系列教育理念，将心理健康教育摆在了更加突出的位置。认真学习落实《中小学心理健康教育指导纲要(2012年修订)》精神，每学期学校工作计划中均含有心理健康教育工作内容，部门工作计划中更是将其详细到每月、每周。每学期开学初，心理咨询室对新生进行心理健康信息问卷调查，并访谈班主任，结合德育处相关信息撰写《特殊学生问题汇总反馈》，做好特殊案例的跟踪回访。每两个月编写《工作简报》，汇报工作进展与反思工作不足。每学期末整理装订面询档案、来访记录、转接记录等日常工作资料，做好心理档案的归档和保密工作。此外，学校还制订了《心理健康教育中心五年规划》，以提高"心育"工作的系统性和前瞻性。

"高中是基础教育的最高阶段，学业竞争激烈；高中是青年成长的重要时期，必须全面发展；高中是学生走向社会的开始，需要真诚帮助；高中是社会关注的焦点，我们以'负责任'为承诺！"基于这样的认识和承诺，在"敬德修业方自励，博物明理能用世"的学校精神引领下，校领导不断完善办学理念。毕校长更加明确地提出了饱含心理健康教育内容的学校培养目标、价值追求和发展思路，这些无不展现以人为本、关爱师生身心健康的思想和学校创始人威廉·爱德华·马林提出的"用爱温暖人"的情怀。具体内容如下：

培养目标：培养身心健康、道德高尚、基础扎实、勇于创新的现代公民。

价值追求：健康比成绩更重要、方法比知识更重要、习惯比能力更重要、教养比分数更重要、过程比结果更重要。

发展思路：一主、二翼、三建、四化。

一主——学生自主发展。

二翼——寄宿制（自主生活）、e 校园（自主学习）。

三建——队伍建设、课程建设、特色建设（艺体教育、数字化校园建设和心理健康教育三大特色建设）。

四化——教育观念的现代化、学校管理的精细化、教育工作的高效化、学生学习过程的最优化。

二、实践“心”行动的见证

20世纪90年代初，中华中学在南京市率先设立学校心理咨询室；2002年，成为南京市首批合格心理咨询室；2007年，被确认为南京市首批学校示范心理咨询室；2012年，在复评中再次被确认为南京市学校示范心理咨询室；2015年，获首批“南京市中小学心理健康教育特色学校”称号；2016年，获第二批“江苏省心理健康教育特色学校”、首批“南京市中小学示范心理健康教育中心(2016～2020年)”称号。2014年被南京市总工会认定为“职工心理健康教育服务中心”，两次获得南京教师志愿者联盟“优秀教师志愿服务项目”称号。陶德华、刘阳等专兼职心理健康教育教师获南京市教师志愿者联盟“优秀教师志愿者”称号。丰富的成果背后，有着心理健康教育软硬件发展的共同支持。

(一) 优化硬件设施，建设一流心育场所

2005年，在学校总占地不足23亩的情况下，仍积极采纳心理咨询室负责人陶德华老师的意见和建议，扩建心理咨询室，占地200多平方米，具有“心语轩”“心情氧吧”“宣泄室”和“畅心阁”等多项功能区，成为南京市同类学校的榜样。在河西新城新校区的建设中，校领导将心理健康教育建设纳入整体建设规划中，专门投资50余万元，建成占地400多平方米，拥有个体咨询室、团体活动室、沙盘活动室、音乐放松室和教师办公室五位一体的多功能心理健康教育中心，内部软硬件设施设备一应俱全。2011年8月，高中部搬迁到新校区后，心理健康教育中心便立即投入使用。2013年，学校又投入数万元资金，将心理健康教育中心的室外走廊进行设计装修，营造室内外温馨的氛围。舒心的服务、优美的环境、放松的空间，受到了老师和同学们的喜爱，主动要求心理咨询的学生和家长络绎不绝。我校取得咨

询资质的老师任学校兼职心理咨询员，每个工作日中午（12:30～13:50）与晚间（17:00～18:40）定时、定人、定点在心理健康教育中心值班，并且根据特殊要求增加开放时间，负责接待来访的学生和家长，为全校师生、家长提供及时有效的心理健康教育支持。

专业、规范的面询工作得到学生和师长的信赖，到心理咨询室主动袒露心声、寻求帮助的来访者越来越多。据不完全统计，近几年来，新校区心理健康教育中心每学年接待来访数量均在320人次以上，特殊时期接近500人次。面询记录、转诊记录完整规范。专业的面询为存在心理困惑的学生提供有效帮助，助其尽快转变不良状态，更好地投入正常的学习和生活中去。

（二）加强组织领导，健全心育网络

我校心育工作已经形成以校长为领导、各部门领导为核心、教师为主力、学生为重点、家长支持为辅助的自上而下的心理健康教育网络。学校心理健康教育工作领导小组由一把手毕泳慈校长任组长，分管领导王圣华副校长任副组长，具体工作由信息中心主任兼心理健康教育中心主任陶德华（2010～2016年江苏省学校心理健康教育名师，南京市第二届“健心”项目奖获得者，南京市优秀教师志愿者，负责的“心与心约”心理辅导教师志愿服务项目2次被评为南京市教师志愿者联盟“优秀教师志愿服务项目”）、专职心理健康教师刘阳和学校团队负责人、各年级组长及获“南京市学校心理健康教育教师”“南京市学校心理咨询员”“国家心理咨询师”资格的老师共同参与。实行咨询员校内督导制度，定期汇总、交流工作，不断提升成员心育工作的素养与能力。分类召开不同班级心育工作协调会，完善与班主任的沟通互动平台，有针对性地开展心育工作。

我校心理健康教育工作体系完整，规章制度健全。心理健康教育中心按学期整理归档面询台账及记录，及时转介特殊学生。除了达到规章上墙等基本要求以外，在实际工作中结合学校都市型寄宿制特点，制订并实施《中华中学严重心理问题学生申报制度》《中华中学学生心理问题预警与应急预案》和《中华中学危机干预操作流程》。恪守心理辅导伦理规范，不断探索心理辅导科学方法，增强心育工作的科学性和严谨性。

（三）培养专兼职教师，打造专业心育团队

学校分别于2012年、2014年、2017年引进心育专职教师，初高中均设有心理健康教育校本课程。我校已具备初高中心理健康教育校本课程教学计划、教学大纲、教案和配套课件，并且能根据学生实际和社会事件的变化，不断更新课堂素材，优化课程结构，提升课程品质。每学期一节公开课，每月参加政治组教研活动，探索在德育背景下的心育工作。近三年，结合我校“基于移动终端的高中课程设计与实施”省级课题研究，探寻心理课与数字媒体的新融合。

我校心育工作不仅重视心育课程建设，更重视心育理念的学科渗透。教研处在教师基本功大赛中，强调教师的综合素养，培养身心和谐的教育工作者。教务处在教学评比过程中，强调遵循学生的求知规律，注重培养思维品质。

截至2019年1月，我校有取得“南京市心理健康教师资格”的教师30多人，取得“南京市学校心理咨询员”资格的教师10多人，取得“劳动部心理咨询师”资格的老师5人。学校在培训及学习资料配备等方面“开绿灯”，尽可能让更多的班主任及其他热心这方面工作的老师参加培训，并提供实践机会。

我校心理健康教育团队严格执行《中小学心理健康教育指导纲要》及《南京市学校心理咨询工作准则》等心理学专业伦理标准。踏实有效的心理健康教育工作，在师生中树立了信誉，获得广泛支持与信任。现已制订《中华中学危机干预操作流程》，专兼职教师均接受过危机干预相关培训。在2015年、2016年我校突发危机事件时，心理健康教育中心高效运作，及时联系热线专家“陶老师”，做好危机干预，将伤害降到最低，工作成效获多方认可。

（四）全面加强心育，不断提高办学品质

近几年来，学校管理、德育和教学等各方面工作中渗透和呈现心育的痕迹与效果更加明显。学校每年都将心理健康教育工作纳入学校工作计划，毕泳慈校长多次在教职工大会、行政会议等场合强调心理健康教育的重要性，领衔主编并出版了《心海导航》等系列校本课程丛书，该校本教材获南京市第二届校本德育课程优秀成果二等奖。毕校长对高三考前心理辅导、心理问题严重的学生情况等亲自过问，坚持参加高中部学生每天早晨6:10开始的晨跑，着力培养学生健康的体魄和坚强的意志品质。面对学校现状和薄弱环节，毕校长带领全校教职工每学年抓住一个突破口进行主题年建设，积极营造“进取、合作、和谐”的工作氛围和人际环境，实现学校管理由他律向自律过渡，逐年提升学校的办学成果和社会美誉度。德育工作会议中，多次邀请学校心理健康教育专家开展讲座，分析高中生的心理状态，并给出德育工作指导。心理健康教育中心和各班主任均有联系及良好合作，及时掌握和反馈有关信息，为班主任提供班级管理、家长沟通等方面的建议，协助班主任、家长共同解决学生在发展过程中的心理行为问题。笔者开设的亲子沟通主题讲座获得家长们的好评。定期在教职工中开展“中华杯·心理健康教育征文”活动，反响热烈。这些都充分体现我校育心于实的工作作风。

心理健康教育中心每学年根据学校教学进度，邀请心理教育专家为家长、学生进行专题心理辅导。同时抓住家长开放日、招生咨询日等宣传工作契机，邀请“陶老师”工作站和南京市网校家长学校的专家到校为学生及家长提供大型面询和讲座服务。

学校将每年的12月定为校心理健康建设节，现已成功举办三届。通过开设市级公开课、班队课展示活动、电影展播、心育小报评比、广播宣传等丰富的教科研及校园文化活动，增强心理健康影响力，传播心育理念，为学生的身心健康成长保驾护航。

（五）用“心”陪伴学子，争创高（中）考佳绩

我校的心理健康教育工作成效丰富，获得师生、家长广泛的认可与支持，对于一些学习与考试焦虑比较严重的学生，我们的专兼职心理教师都能适时给予有效的陪伴与心理疏导，帮助他们度过紧张的考试季，争创佳绩。远的不说，如在2015年陪伴来访者胡某顺利度过高三，考上了南京大学。2016年进行及时有效的团体危机干预，最大限度地降低危机事件对班级的影响，使全班学生顺利升学毕业。2017年有效预警存在较为严重心理问题的周某，挽救了孩子与家庭。2018年做好特殊个案江某的辅导跟踪工作，保证其状态基本稳定，有效避免次生伤害的产生。考前过度紧张，是孩子有自律性和责任心的一种表现，也是影响孩子成绩正常发挥的重要因素。我们从学校心理健康教育实际工作经验出发，积极为家长提供一些考试季亲子沟通和家庭建设的建议。

1. 当孩子特别是平时表现优秀的孩子过度焦虑时，家长可以这样帮助自己的孩子：

（1）与孩子讨论，树立合理期望。过高的目标会造成紧张焦虑，家长可以和孩子一起，根据最近一年来的实际学习情况，讨论一下，重新调整目标，将目标定位在孩子通过努力可以达到的范围内。

（2）给孩子鼓励，提供积极暗示。孩子在考试之前总容易做最坏的打算，此时应当以鼓励为主，和孩子一起找出自己学习中的优势，引导孩子积极的自我暗示：我已经准备得很充分了，一定会有好结果。

（3）给孩子提醒，保持规律作息。有些孩子在考试前习惯熬夜复习。其实，熬夜会导致孩子第二天无精打采、上课无法集中注意力、学习效率低下。这种低效的学习方法，反而会引起孩子的持续焦虑。此时，家长要及时提醒孩子，保持规律的作息，保证学习的质量。

(4) 教孩子放松,缓解焦虑情绪。当孩子处于焦虑情绪中时,家长可以教会孩子放松的方法:端坐、闭眼、全身放松,缓慢地、深深地用鼻子呼吸。先吸气,吸足后屏住,然后缓慢地呼气。吸气的时候,要想到自己喜欢的事物,如蓝蓝的天、树林中清凉的空气等,如此做几分钟,通常就可以解决焦虑情绪的问题。

(5) 帮孩子分析,找到学习症结。一些孩子的紧张可能源自他们实际的学习困难。此时,家长可以和班主任或任课老师取得联系,找到孩子学习的关键问题,对症下药,帮助孩子走出困境。

(6) 带孩子走走,放松紧绷神经。进入初三或者高三之后,孩子长时间处于备考阶段,每天的学习生活都很紧张。家长可以适当地找一些空余时间,带孩子去一些他们喜欢的地方走走,放松一下,也让孩子感受到父母对自己的支持。

(7) 和孩子沟通,正确认识考试。一些孩子会将考试当成人生唯一的出路,不成功,便是重大失败。在这样的认知之下,必然是高度的紧张,因此,家长应该和孩子沟通,正确认识考试。升学考试固然重要,但并不是人生唯一一次选择的机会。

2. 调整心态,共赢未来。很多家长可能会有这样的体验:要考试了,想要和孩子多交流,孩子却嫌烦。那是因为,初三和高三的孩子自我意识增强,他们开始有自己的想法和思考,不喜欢家长的过度干涉。家长应该慢慢地转变为陪伴和引导的角色,相信孩子、尊重孩子,尝试着接纳孩子的特点和不安。

那么怎样成为孩子最好的陪伴呢?孩子要参加重要考试,家长的心情也往往有几分紧张和焦虑。如果家长不能有效地调节自己的情绪,那么你的焦虑和烦躁就会传递给孩子,给孩子造成更大的压力,甚至引发孩子的反感。因此,当家长感到情绪焦虑、压力很大、和孩子沟通不畅时,可以尝试以下几种方法:

淡:到了初三或高三之后,很多家长会特地抽出更多的时间去陪伴孩子,更多地关注孩子,甚至有一些家长,会将所有生活的重心和关注点都放在孩子的身上。其实,这是家长自己情绪紧张的一种表现。家长也需要淡定地面对考试,不要因为考试而刻意改变自己的生活习惯。

略:考试将近,家长更要明确,考试是孩子成长的必经之路,自己不可能代替孩子去成长。家长要相信孩子,适当地学会忽略,不过度卷入孩子的抉择,给孩子一些空间,也给自己一些空间。

慢:家长的焦虑和压力通常会通过日常的沟通传递给孩子。和孩子沟通时,家长将语速刻意放慢一些,语调柔和一些。这样有助于家长平静情绪,并将平和的状态传递给孩子。

静:有些家长在临近考试前会不断地唠叨考试的重要性,一听到有关升学考试的消息就过度反应,其实这都是对焦虑和压力的强化,造成恶性循环。假如你发现自己已经被焦虑包围,就要控制自己,在这种情绪消除之前保持沉默。沉默能缓和气氛,能让自己慢慢冷静下来。

愿家长和孩子共同平稳度过考试季,取得理想的成绩。

第二部分 行动与实践

九年来，全体中华中学人以校园为阵地，以活动为载体，用自身的教育教学行动积极践行着“四自”教育的理念。

寄宿制高中班级管理过程中“四自”教育的实践研究

杨克俊

我校是寄宿制高中学校，住校生占学生总人数一半以上。高中生的独立意识逐渐增强，更加追求自主。然而，他们的心理状态与自制能力并不够成熟，自我管理能力还有待提高。在班级管理过程中，要引导学生正确认识自我、悦纳自己；学会情绪调适，学会理性接纳他人的合理意见，学会掌握人际交往的艺术，增强他们的自控能力和处事能力，从而为其今后进入大学、步入社会打下坚实的基础。下面本人就在班级常规管理和逐步推进“四自”教育实践过程中的体会，谈一些思考后的粗浅想法。

一、弹性班规，尝试自行管理

班级管理要合理分工：团支部主要负责组织活动，关注全班同学的思想动态和班级文化建设；班长和班级助理，共同负责班级常规纪律管理；学习委员负责联系任课教师、学科课代表和学习小组长，负责全班同学的学习管理。在班规制订过程中，由班长带领，组织班级助理，认真学习《南京市中小学生守则》，研究学校德育处关于学生一日常规的相关规定，以年级组“一日常规”为基础，初步制订班级规定；涉及卫生、学习和活动方面的规定，分别由劳动委员、学习委员和团支部书记把关，做第一次修改；再由班主任征求任课教师和家长意见，做第二次修改；两次修改后，在班会课上公布，由全班学生讨论，表达看法或建议，进行第三次修改；最后，张贴在班级墙上公示一段时间，得到大家认可后再执行。执行期间有不足之处，可以继续修改，但在修改前必须按原规定执行。

班规建立后，学生应该严格执行。但在班规中也有部分弹性内容，如早自习到班时间，可以相差 5 分钟，住校生比年级组规定时间早 5 分钟到班，走读生可以选择到班时间。这样，早自习时间与年级组规定的 30 分钟保持一致，来迟的同学自觉根据到班时间，完成 30 分钟的早读任务；晚自习到班，由于住校生要洗澡、吃饭，而走读生只要吃饭，因此，住校生和非住校生到班时间可以不一样。走读生里有喜爱运动的学生，每天都要抽出时间运动，到班时间就不能和一般走读生一样标准，运动利于健康，应该鼓励，但要求放学后运动不超过半小时，毕竟每天有跑操、早操、体育课或体锻课，这些足以保证高中生有阳光运动 1 小时，达到健身的目的。另外，运动时间过长，学生没有足够时间吃饭，晚自习也容易疲劳，晚自习效果会不好。

效果与反思：在班集体管理建设过程中，为激发学生关心集体的热情，让每一位学生积极表达自己的看法和建议，这样利用学生集体智慧制订班规，便于学生自行管理。很明显，班规有弹性，既尊重了学生的个性差异，也利用了家长、教师群体的合力，体现了民主精神，培养了全班同学的自我管理能力，有效地增强了班集体凝聚力。

二、良好习惯，强化自主学习

我国著名教育家叶圣陶先生认为：教育就是好习惯的培养。苏联教育学家苏霍姆林斯基就曾把儿童比作一块大理石，他说，“要把这块大理石塑造成一座雕像需要六位雕塑家，其中最重要的两位雕塑家就是家庭和孩子所在集体”。因此，班主任要与家长沟通好、协作好，共同促进学生养成良好习惯。

在高中阶段，学生感觉自己长大了，有了更强的独立意识。但是，他们的自控能力并没有都随之增强，仍有不少学生还没有养成良好的生活习惯和学习习惯，如在手机管理和使用方面不能自律。为此，学校与学生、家长沟通，取得一致意见后，全面推行“零手机”管理（每个班级和住校生的生活区都有免费使用的公用手机），无特殊情况，学生不允许带手机到校。这样，既改掉了部分学生玩手机的习惯，使学生上课更加投入、专注，也不会出现手机在课堂发出声音、影响教师上课的情况，杜绝了学生用手机计算数学题、看小说、上网聊天、查作业答案等现象，同时也避免了家长为阻止学生玩手机爆发的“战争”，避免了教师因没收学生手机可能涉嫌侵犯学生的隐私权、人格权和财产权的情况，促使学生自我约束、自我控制，养成良好的学习习惯、思维习惯、生活习惯、饮食习惯、卫生习惯等，这些好习惯有助于学生健康成长，也利于强化学生自主学习能力。

效果与反思：优秀是一种习惯！学生必须学会抵制诱惑，克服不良习惯！学校、学生和家长共同管理手机的方式体现了民主、平等意识，帮助学生改掉了不良习惯；学生间也能互相管理、互相监督，养成良好行为习惯；使学生的学习更加静心、净心和精心，真正学会自主学习。

三、健康心理，实现自我教育

高中生的学习压力大，尤其在面临小高考和高考时，不少学生容易出现身体和心理健康问题，如焦虑和怯场等心理问题，导致其不能正常发挥学业水平，从而留下不同程度的遗憾。因此，在关注学生身体健康的同时，班主任、任课教师和心理咨询室教师除对学生进行个体心理辅导外，还有必要利用主题班会课时间，对学生进行集体心理健康教育。

如小高考前，心理辅导员沙同学给大家带来了一节主题班会课“小高考考前心理”。课前，沙同学调研了同学们关于小高考的目标以及对学科老师的评价和教学建议。课上展示收集资料显示：同学们对小高考都有冲A的计划和目标，对于决胜小高考有信心；大部分同学对学科老师表示支持和认可。还有部分同学反映出对小高考的焦虑，主要原因是成绩不理想、基础薄弱、怯考等情况。沙同学针对班级现状，意识到同学们不仅需要认真严谨的学习态度和科学的学习方法，还需要合理规划和高效利用时间，这些都是制胜小高考的关键。为此，他首先为大家介绍了两套时间管理方法——“四象限时间表”和“番茄工作法”，并说明了艾宾浩斯遗忘曲线记忆法；接着，沙同学又使用了心理暗示作用法，使大家放松心情，愉快学习；之后，沙同学还邀请了在小四门测验中摘得班级文、理科桂冠的两位同学为大家分享学习经验，罗同学介绍了政治和历史学习经验，周同学与大家分享的是化学和地理的复习方法；最后，班会课在关于缓解疲劳的趣味视频中结束。

效果与反思：沙同学精心准备班会课，他在调查研究的基础上发现问题，经过反复思考，查阅了大量的心理学方面的资料，探究解决问题的方法和途径；同时，他还认真对比、研究了多次全班同学的小高考模考成绩，在征求任课教师和课代表、学习委员意见的前提下，请了罗同学和周同学跟大家分享奋战小高考的成功经验。这节主题班会课生动而又实用，不仅使全班同学体验了心理健康教育，提高了考前心理调适能力，还锻炼了班会课主持人、发言人的组织能力和语言表达能力，实现了学生群体的自我教育。

四、确立目标，促进自信成长

人的潜能是无限的！目标能给人以新的希望和积极向上的动力，促使学生积极进取，坚持为之努力！只有挑战自我，发挥出自己内在的无限潜能，才可能离理想越来越近。因此，目标的确立应放在首位。阿里巴巴集团董事局主席马云在《2018年，新的一年，新的目标，新的方向！》中形象地举例说：人骑上自行车，两脚使劲踩1小时只能跑10公里左右；人开上汽车，一脚轻踏油门1小时能够跑100公里左右；人坐上动车，闭上眼睛1小时也能跑300公里；人登上飞机，吃着美味1小时居然能跑1000公里！人还是那个人，平台不一样，载体不一样，结果就不一样！这里给我们的启示是目标的确立非常重要。

班主任在每学期开学初最应该做的事情之一，就是与家长和学生进行深入的沟通和交流，家校携手，帮助学生根据自己的兴趣爱好和个性特点，形成正确的职业观念和职业选择倾向，做好职业生涯规划，确定学生自己理想中的大学，培养其服务社会的责任感，提高学生的核心素养。如此，每一位学生就都有了适合自己未来美好生活的憧憬，而且利于班集体形成勤奋、踏实、严谨的学风。通过明确的目标引领，激发学生学习潜力，使学生在目标达成的过程中，渐臻自我教育这一佳境。

效果与反思：人有多大目标，就有多大收获！有了远大目标的人才会不懈努力，锲而不舍，不断拼搏，咬紧牙关，不断地超越自己，去掌握具有关键竞争力的技能，在竞争激烈的现实生活中收获更大的成功！在此过程还能培养学生的做事态度和学习品质，从而促进学生自信成长。

总之，在寄宿制高中班级常规管理过程中，逐步推进“四自”教育，可以引导学生正确认识自我，逐步学会“自行管理、自主学习、自我教育”，从而达到“自信成长”的境界，为学生今后进入大学、步入社会打下坚实的基础。

[注：本文系南京市教育科学“十二五”规划立项课题“基于都市型寄宿制高中背景下学生‘四自’教育的实践研究”(课题编号：L/2015/005)的阶段性研究成果。]

让班会成为“四自”教育的主阵地

卢向林

党的十八大、十九大都提出了教育的根本任务是立德树人，强调学校教育应当全面贯彻党的教育方针、深化课程改革，培养能够担当中华民族复兴大任的接班人。普通高中教育立德树人的重要任务应该是培育学生核心素养，为学生将来成为现代化建设有用人才打好基础。高中班级管理应当围绕学生核心素养的提升，强化学生公民意识教育、培养学生学习能力、生活能力，提高学生适应未来社会发展需要的基本品质。利用班会主阵地开展“自我教育、自行管理、自主学习、自信成长”主题教育活动，助力学生健康成长。

从一般教育理论层次上来说，教育的核心目标就是激发学生的内在潜能，使其各方面得到最充分的发展，让每个学生都成为自己命运的建筑师。

一、帮助学生认识“四自”教育的时代意义

成长是学生的本能，学生发展三大核心素养及其六个方面与“四自”教育的目标是一致的。文化基础、社会参与是自主发展的必要条件，是路径与目标的关系。高中生实现自主发展，需要一定的文化基础和社会参与活动，文化基础与社会参与又离不开学生的“自我教育、自行管理、自主学习和自信成长”，在立德树人的时代背景下，“四自”教育正是学生核心素养培育的具体内容。蔡元培先生说：“教育

是帮助被教育的人给他能发展自己的能力，完成他的人格，于人类文化上能尽一分子的责任，不是把被教育的人造成一种特别器具。”

（一）“自我教育”对于高中生公民意识的作用

高中生即将成年，行为规范主要由他律转化为自律。对高中生开展德育工作有效的方式当是“自我教育”，就是在学校、班主任及其他任课老师的引导下，充分发挥高中生思想品德的自觉性、积极性、反思性，把学校教育要求转化为自己自觉努力的目标。主要包括自我认识、自我监督和自我反思，自己的行为、思想是否符合高中生自主发展的要求，善于肯定并坚持自己正确的思想言行，勇于否定并改正自己错误的思想言行。

高中生即将成年，高中阶段是其人生观、价值观形成的关键时期，公民意识是高中生必须具备的基本意识。高中阶段，在学生进入高等教育之前加强高中生公民意识教育是非常必要的。高中生要明确个人与国家的关系，自觉履行宪法和法律规定的义务，积极主动地行使宪法和法律规定的权利。主动参与社会活动，主动承担社会责任。高中生是建设有中国特色社会主义的重要力量，加强高中生“自我教育”意识的培养，用法律规定的权利与义务的标准衡量自己的言行，主动进行“自我教育”。这是高中生适应未来社会发展的需要，也是高中生健康成长的需要。

（二）“自行管理”对于高中生健康生活的作用

中心城市的普通高中住校生并不多，基本上都是放学回家，他们的许多生活事务是父母代劳的，放学以后主要是文化课学习。但是对于住校的学生来说，个人事务需要自己管理。高中班级集体事务已经可以进行自主管理，班主任应该充分授权班级组织，激励学生自觉并创造性地管理班级事务，充分发挥学生的管理潜能。“自行管理”重视以人为本，发挥集体和个体在生活中的管理才能，符合时代的要求。

高一年级第一学期的班会课应该注重序列化的自行管理教育，主要是在学生中开展生存教育、生活教育、生命教育。帮助学生认识学校集体生活中个人与集体、个人与他人之间关系的处理意义；认识校园生活安全常识的意义；认识校园生活环保的意义。对学生开展生活教育，帮助学生掌握生活常识，养成良好的作息、就餐、就寝、个人卫生等生活习惯，认识自行管理个人生活、集体生活的意义。对学生开展生命价值教育，要求学生树立正确的人生观，选择正确的人生道路，尊重生命、珍爱生命，健康地发展生命，实现生命的意义和价值。

（三）“自主学习”对于高中生建设国家的作用

立德树人对于高中生学科学习而言，主要是发展自己学科核心素养，陶冶自己适应未来社会发展需要的基本学习品格，这也是高中生担当振兴中华民族历史重任的基本能力。掌握学科知识、形成学科素养是高中生为现代化做贡献的必备条件。学科核心素养的形成需要学生主动学习、素养取向学习，需要改变传统的分数学习的理念和方式。高一的第一学期，班主任应该组织学生转变初中学习方式，主动适应高中学科数量显著增加和学科深度、广度明显提高的学习，自主学习对于三年的高中生活意义重大。学生是素养形成、发展的主体，高中生的自我阅读、探究、实践等学习方式是非常有效的，高中生需要改变死记硬背、机械重复的传统学习方式，主动参与、乐于探究、勤于动手、读取信息。自己探索适合自己获取新知识的能力、分析和解决问题的能力以及交流与合作的能力。叶圣陶说：“能不能把古来的传统变一变，让学生处于主动的地位呢？”假如想着重培养学生自己动手改的能力，教师只给学生引导和指点，该怎么改让学生自己去考虑、去决定，学生不就处于主动地位了吗？养成自己改的能力对学生而言是终身受益的。

（四）“自信成长”对于高中生自主发展的作用

萧伯纳说：“有自信心的人，可以化渺小为伟大，化平庸为神奇。”

我们的教育是为了塑造学生具有自立、自强、自尊、自信的品质，促进学生健康自主发展，为民族振兴和国家兴旺服务。“自信成长”是建立在“自我教育、自行管理、自主学习”的基础上的，所以高中三年必须每学年安排一个月的班会课开展高中生“自信成长”教育活动。步入高中生活，学生会遇到这样那样的困难，尤其是住校生，他们离开父母，独立生活，需要自信，班主任要培养学生对自信重要性的认识。帮助学生对自己有信心，相信自己的实力和潜力。自立、自强、自尊、自信地度过三年的高中生活，为实现人生价值奠定坚实的基础。高尔基曾说:“只有满怀自信的人，才能在任何地方都怀有自信，沉浸在生活中，并认识自己的意志。”

二、指导学生开展丰富多彩的“四自”教育活动

帮助学生认识“四自”教育的价值，这只是高中生学校生活的思想、意识、理念得到扶正，更重要的是指导学生开展“四自”教育的实践活动，帮助学生形成、发展自己的核心素养和适应社会生活的品格。班会势必成为“四自”教育的主阵地。

（一）分享“自我教育”经验，助力道德境界提升

“自我教育”的具体指导，应该需要大约半个学期的班会课时间，需要班主任根据班级学生实际情况确定序列化的班会主题，如“我们怎样自我监督”“我们怎样自我控制”“我们怎样自我调节”“我们怎样自我反思”等。每次班会课由学生轮流主持，要求围绕主题分享自己的经验和做法，每次班会课前 20 分钟可做经验分享，后 15 分钟学生自我解剖，最后 5 分钟总结布置下一次班会课主题发言的内容和人员。“自我教育”中最重要的是自我认识。正确认识自己并不容易，能否正确认识自己直接关系到“自我教育”的内容、方式、效果。人怎样认识自己，就会怎样要求自己，就会按自己认定的角色去生活。正

确自我认识是正确的“自我教育”的前提。因为有什么样的自我认识，就会推动自己怎样行动；有什么样的自我认识就会对自己提出相匹配的要求。定期利用班会课开展班级学生自我鉴定活动，促使学生清楚自己品德、学习、生活行为中存在的优点和缺点以及今后努力的方向。学生“自我教育”需要班主任发挥引导作用，需要学生自己主动、真诚、坦荡，这不仅能提升学生的道德境界，更重要的是将对学生的终身“自我教育”产生深远影响。

（二）分享“自行管理”经验，培养生活自理能力

班级自主管理需要每学期安排多节班会课分享与总结。开学初制订班级集体事务管理岗位要求，让学生自主选择并调剂，值得注意的是每个成员都是管理者，同时也是被管理者。期中考试以后，总结自主性班级管理的得失，同时轮岗换位，主要是学习管理、生活管理、行政管理岗位轮岗。学期结束对班级自主管理情况进行分析、总结，评比自主管理优秀学生和优秀岗位。生活自主管理主要分为个人宿舍衣物整理、文明就餐以及班级个人课桌书籍及学习用品整理。每学期开展三节班会课，请“自行管理”有方的同学现场示范讲解，同时要求问题突出的学生限期整改，并安排同伴互助、引导，共同进步。

（三）分享“自主学习”经验，提升学科核心素养

按照高考方案要求，分享学科学习经验，主要办法是高一第一学期依据中考成绩，请语数外理化学科成绩优异的同学分享自己的学习步骤及注意事项，期中考试以后分享政史地和生物及语数外学科协调发展的经验，同时把班级学生按照学科成绩及同学之间的自主选择，分成不同的学习小组，开展小组之间学习竞赛，讨论核心素养取向的学科学习方法的选择路径。班级定期开展学习小组组长管理学科学习经验的分享和交流，帮助大家取长补短。

班主任强化学法指导就是帮助学生会学、善学，让学生掌握怎样学习才会耗时少、效果好。要在学生学习的适应性、选择性、竞争性、

合作性、参与性等几个方面引导学生做出适合自己的明确路径选择，鼓励学生根据自己的素质和兴趣发展自己的特长。允许学生有选择学习内容、学习方式、学习方法的权利，鼓励学生发展自己的优势和特长。

（四）分享“自信成长”经验，助力实现人生价值

每学期都要安排四节班会课，让一些具有特别、特殊、优异特长的学生分享他们自己的优势，重点保障学生科学地、正确地、全面地、发展地认识自己。让学生把自己体验与同伴评价结合起来，正确看待自己的优点和缺点，相信自己能克服缺点。要通过主题班会序列化的主题活动，培养学生“自信成长”。如“自强不息的高中生活意义”，激励学生有一种奋发图强、战斗不息的精神；“自立是现代社会需要的优秀品质”，让那些离开父母独自生活的住校生探讨自立是多么重要的生活方式；“我们怎样自尊”，结合“中国梦”的伟大构想，让学生交流民族自豪感、民族振兴需要的本领，提升学生发展自己核心素养的动力，引导学生用正确的标准建立自尊，内心深处有一种超出物质利益的浩然气节。

托尔斯泰说：“自信是生命的动力。”爱尔兰诗人叶芝说：“教育不是注满一桶水，而是点燃一把火。”班级是学生“四自”教育的实践场所，班会是“四自”教育的主阵地，学生是“四自”教育的实现主体，班主任是学生“四自”教育的引导者。我们要让学生体验、认识到自省、自励、自控是学生健康成长必备的心理素质；注意力、意志力和抗挫力是学生健康成长必备的能力。

沟通凝聚共识　协作形成合力

——高三目标教育的实施策略及思考

戴　俊

高中学业阶段，按照埃里克森的人格发展理论，学生处于青春期的自我同一性与角色混乱的冲突时期，教育者对学生发展阶段的清晰认识、准确定位和有效规划，对学生的成长具有极为重要的意义。高中的各阶段有不同的功能和定位，高一阶段是承上启下，适应和调整状态；高二阶段是磨炼提升，应对和总结阶段性检测；高三阶段是总结收获，拼搏和冲刺梦想。从阶段发展特征来看，高三阶段的目标教育工作就显得尤为重要。

一、高三目标教育的现状及意义

高三阶段的目标教育因其具有重大意义，一直是高三班主任工作的重点，也是难点。“重”在班级、家庭和学生个人都重视且会去尽力做好这项工作，“难”在工作的实效取得较为困难。因此，我们在重视高三目标教育的同时，更应关注方式方法的优化与提升。

（一）高三目标教育的现状

高三目标教育一般以班级教育为主，学校及家庭配合班级教育，帮助学生确定奋斗目标，借以激励学生状态，更好地契合高三的节奏。就目前而言，高三目标教育存在以下问题：

1. 目标教育缺乏系统性。德育工作虽然重视“偶发”的教育契机,但常态化的德育工作才是我们最主要的任务。高三目标教育也是如此,在现阶段的目标教育中,缺乏系统化的设计与思考,班主任或学生“临时起意”的目标设定更为普遍,以诸多活动为载体的目标教育缺乏连贯性和实效性。

2. 缺乏创新性与吸引性。高三目标教育可以采用多种形式,多年的德育实践为班主任开展目标教育活动提供了多种实践范式的参考。而目标教育的“精神本质”——强调对理想和人生的追求具有相对稳定性,不会因时代的改变而改变,但承载精神的主体——90后、00后在网络信息化时代的审美和评价标准已经发生了重大的改变,传统形式很难再吸引学生的眼球,对高三目标教育的实效也会产生负面的影响。

3. 目标教育实效转化的有限性。开展目标教育的关键在于真正提升学生在高三阶段的状态,以诸多活动为载体开展的德育教育让学生感触感动之余,最为重要的是落实到行动中,并谋求行动的持久性和延续性。而目标教育实效转化的有限性,一直是本项工作最大的短板。

(二) 高三目标教育的意义

高三目标教育的有效开展,对提升学生在高三阶段的状态,具有显著的效果:对取得教育教学实效,提升班级整体凝聚力和氛围,具有重要的现实意义;对促进高三阶段的家校合作,推进班级任课教师内部的有效协作,也具有长远的积极影响。更为重要的是,这种目标意识的建立与达成,有益于学生长远的人生规划,为未来更好地适应社会提供了一种经验范式,让学生有信心去面对今后的人生挑战。

二、取得高三目标教育实效的几点影响因素

高三目标教育实效的提升依赖班主任有效开展工作,充分利用多方面资源,多载体、多维度地开展目标教育,提升教育实效。因此,需要关注以下几个影响因素:

1. 关注资料的搜集与整理，增强教育的说服力。班主任应提升学生对目标教育中所涉及的大学及专业的选择、高招政策的解读、人生情怀与现实生活的矛盾冲突的调节等问题的认识，以便应对学生日趋个性化的需要。

2. 充分利用家长资源，班家协力。目标教育以班级教育为主阵地，但也要重视家庭教育的配合，“主攻”与“侧翼”相结合，并且在班级教育中邀请和接纳家长参与，以便更充分地利用家长资源，取得更好的教育效果。

3. 活动形式的多样化、系列化和实效化。目标教育活动应该采取多样化的活动形式，如主题班会、个别谈话、软硬件相结合的氛围营造计划等，并且推动活动的系列化开展，增强活动的系统性和实效性。

4. 注重学生的长远发展，提升“等待”的耐心。学生教育是一个长期反复的过程，高三的目标教育也是如此。在此特殊阶段的目标教育活动应该以更加长远的眼光去关注和看待学生，坦然接受学生在过程中的摇摆不定，提升“静待花开”的耐心和信心。

三、高三目标教育的实施策略

高三目标教育应以实效为关注重点，侧重形式内容的多样化、系统化，充分利用各种资源，形成教育合力。可以采取以下活动形式：

（一）个体目标辅导

在高三目标教育的前期，以学生个体目标辅导为主，以谈话为主要辅导形式，提前搜集相应的目标资料，摸底学生高二以来的整体状态，并与家长提前沟通，了解学生志向，圈定学生的目标范围。具体工作可以分为以下几个步骤：

1. 前期工作准备。目标相关资料的搜集与整理，了解学生发展的基本动态。与家长沟通学生可能的理想目标，根据学生的综合情况提前预设好学生的目标范围。

2. 定位预设目标的范围。根据往年情况,在参考上届高三学生制订的目标基础上,根据本届学生整体及班级学生个体的基本情况,适当放宽追求目标的标准,基本确定学生的目标范围。

3. 与学生谈话确定目标。以前期准备工作为基础,按照核算方法,考虑地域、专业特色、学生自身意愿等诸多方面的因素,帮助学生确定自己的高考目标及专业方向。

4. 在教室宣传栏和家长会上公示学生目标,并以此作为对学生动态发展情况的参照和评价。

(二)群体目标教育:关于"目标"的主题班会"三步曲"

主题班会是实施班级德育和开展班级活动的重要形式,主题班会的开展具有良好的导向作用,是对学生教育的有效方式,可以引领班级的集体舆论,形成良好的班风,激发学生成就动机,促进学生全面发展。在高三目标教育的实施过程中,系列化的主题班会是推进德育教育、实现德育目标、提升德育实效的重要载体。在实施高三目标教育的过程中,可以开展以下系列化的主题班会:

1. 第一阶段:"沟通凝聚共识"主题班会的召开。第一阶段班会流程如表1所示。

表1 第一阶段班会流程

班会流程	具体环节	设计意图及实践思考
班主任导入	① 介绍本次班会流程 ② 从听、穿、吃、玩四方面谈家长与学生成长环境的差别,并设计相互竞猜的小活动	本环节设计了一个"两代人"的"时代"知识相互竞答,从听、穿、吃、玩等四个角度谈谈各自的时代特征,推进两代人的相互了解和认同,以便学生对家长的世界有所了解,也让家长去发现孩子那"之前未曾了解"新的世界

续表

班会流程	具体环节	设计意图及实践思考
家长发言	① 谈自己小时候的成长环境和社会氛围 ② 谈自己的理想和对孩子的期望	本环节设计了一位家长代表的发言,班会之前与该家长进行了充分的沟通,发言主要谈该家长自己的成长历程以及对孩子成长的看法,情真意切,发言得到了其他家长和学生的热烈回应
学生发言	① 介绍学生所玩、所想、所感 ② 从学生角度谈谈家庭矛盾产生的原因 ③ 从学生角度谈自己对于学习的认识和规划	本环节设计了一位学生代表的发言,由于这位学生即将离校去日本留学,故发言极为大胆和真实,身穿洛丽塔的制服和厚底松糕鞋,真实地告诉所有在座的家长和老师这代人关于学习生活各方面的真实想法,让所有成年人耳目一新
班主任总结	① 总结提升前面家长和学生的发言 ② 从班主任角度提出学生和家长在高三冲刺过程中所要注意的问题	本环节设计了班主任的总结,建立在家长和学生发言的基础上,提出“敞开心扉沟通,善待身边所有人”的倡议,携手面对即将来临的高三生活

学生发言稿部分节选:“现在孩子的特性:娱乐精神。他们并不会认为用自己的丑照做表情包是非常让人羞愤欲绝的事情,反而会认为是有趣的、喜闻乐见的事情。并且,比起上一代人,他们更具有随意性的自嘲精神,对于精神需求有着更高要求,他们愿意为自己喜欢的作家花钱,为自己喜欢的东西购买周边产品,并且对于正版有更高的思想觉悟,绝不会因为某件东西的山寨品和正版的价格相差很多就去购买便宜货。他们喜欢一些家长无法想象的,视之为‘邪魔’的东西,对 LGBT 团体也有更为包容的观点……”

2. 第二阶段:“我的目标 我的大学”主题班会的召开。第二阶段班会流程如表 2 所示。

表 2　第二阶段班会流程

班会流程	设计意图
学生主持并导入	本环节设计了以学生为主体的活动，要求负责主持的学生班会前做好资料的搜集和整理工作，并制作精美的 PPT
学生 1： 介绍本班同学的目标情况	本环节设计了介绍班级同学的目标大学和目标专业，并将目标分解为地域、职业等几个主题，介绍班级同学设定目标的特点
学生 2： 介绍自己心仪大学的情况	本环节设计了两组学生综合使用图片、文字及视频资料分别介绍南京大学和南京师范大学的历年招生情况及专业设置，以及两所大学的学习、饮食、住宿等细节
学生 3： 介绍如皋中学的参观情况	本环节设计了去如皋中学参观的两位同学的过程记录展示，从吃、住、学、想四个角度谈我们与别校的不同以及差距所在
学生主持并总结	本环节设计了学生的总结提升

负责主持的学生在 PPT 上用一句话做了总结："以梦为马，不负韶华；去天马行空，趁我们还有年华。"

3. 第三阶段："转轨 转型 转变"主题班会的召开。第三阶段班会流程如表 3 所示。

表 3　第三阶段班会流程

班会流程	设计意图
班主任导入	本环节设计了班主任的导入，结合前两次的主题班会，教学生如何增强执行力，从何处着手推进目标
播放早读 规范视频	本环节设计了早读规范视频的播放，视频提出早读课应有的范式（精气神状态），并以视频形式介绍了如皋中学及年级优秀班级的早读情况
学长分享 高三经验	本环节邀请了刚刚参加完高考的学长到班发言，介绍了他的高三历程及高考期间的心理状态，以及给学弟学妹的一些忠告。目的是以鲜活的事例告诉学生在高三以及高考中需要关注和落实的细节

续表

班会流程	设计意图
高三阶段划分及安排	本环节设计以上届安排为参考，对整个高三历程的时间节点及该做的事情做一个展示，让学生能够具体认识到高三的各个环节和流程
班主任总结	本环节设计了班主任的总结和要求，提出对学生的期望

班主任的总结(摘选)：① 做好吃苦的准备；② 改变习惯和细节；③ 善待身边的亲人；④ 要有坦然接受的心态。

（三）班级目标氛围的营造

在高三目标教育中，学生个体辅导与集体教育相结合，是帮助学生确定高三目标、提升教育实效的重要推手。而营造班级良好的“目标氛围”，是提升目标教育实效的重要补充。氛围营造的关键在于以有形的活动为载体，促进无形状态的提升。班级目标氛围的营造可依托以下两个载体：

1. 临时班会与正式班会相结合。除举行专门的主题班会和常规性班会以外，可在早自习后、晚自习前或者在课间，举行临时班会，也能取得一定的效果。班主任要“天天讲目标，事事讲目标”，举例子、讲方法，以营造良好的班级目标氛围。

2. 校内与校外榜样力量相结合。班主任要充分整合多方面资源，利用任课教师、家长及往届学生中优秀的榜样范例，给学生提供参照的榜样，提升目标奋斗的精神动力。

（四）硬件环境的布置与优化

目标氛围的营造是为了提升目标教育的“软环境”，而班级教室的布置则是打造目标教育的“硬环境”。前期工作的成果可通过教室环境的布置和展示固化下来，展示在教室之中，作为提醒学生不忘目标的“警示语”。为此，应采取以下几个措施：

1. 目标资料的搜集与展示。可在班级书柜处放置诸多目标资料，如近几年招生考试手册、大学及专业录取人数和分数的招考资料、名人传记及成功励志故事等，作为教室环境布置的重要形式。

2. 班级目标展板的设计与制作。设计制作班级的目标展板，展板中应包含学生的基本信息、目标大学及目标达成情况，张贴于班级醒目位置，以记录学生动态的发展情况。

（五）家校合作，协力促进学生目标的建立与实现

“学生主体、教师主导、家长主张”，是实现高三目标教育成功最为重要的因素，目标教育的设计与实施不能脱离家长搞班级的“闭门”活动，要充分利用好家庭教育的阵地。为了配合班级的舆论宣传，也应把家长请进教室，参与到诸多活动之中，让学生、家长和老师因沟通而凝聚共识，因协作而形成实现目标的合力。

四、高三目标教育的再思考

目标激发动力，动力付诸行动，行动创造未来。目标教育是为了激发学生的学习动力，培养学生坚毅的品质和自我调适的能力。高三目标教育，需要以积极面对过程、坦然接受结果的心态去设计、执行。班主任应与学生、家长一起，优化目标教育的过程，提升目标教育的实效。

在班级管理中落实“四自”教育

董玉娟

高中生的普遍年龄是15～18岁，这个年龄段是他们人生观、价值观、世界观初步定型的阶段，也是未成年向成年人转变的阶段，更是敏感度高、矛盾性强、知识储备井喷的阶段。而我校“四自”教育的内容符合高中教育教学规律，覆盖了高中教育的普遍性问题，同时也为即将进入大学的高中生打下坚实的人生基础。下面谈一谈本人作为班主任在班级管理中落实“四自”教育实践，使学生从“自行管理”到“自主学习”，并在此过程中实现“自我教育”，最终达到促进学生“自信成长”的教育实践事实。

一、“自行管理”的实质是自律

“你有多自律就有多自由!”，这是我班班级规定结尾处最醒目的一句话，是为了得到大家对班级管理的理解和支持。自律和自由是统一的，不是矛盾对立的，因为没有绝对的自由。实现完全的自律是很困难的，成年人尚且如此，更何况是处于青春期的未成年学生。在班级中做到自律首先要心中有他人。因为班级是一个公共环境，在公共环境中的一言一行都会对他人产生影响。例如，随意进入教室，自习课上说话，不认真值勤，不按时交作业等，这些行为都会给周围的同学及任课的老师带来困扰。因此班级规定的第一句话就是“学会换位思考”。对于换位思考的训练，我是把班级中或社会上的一些事情进行情景重现，让学生代入情景中角色，然后再互换角色感受一下对方的心境。不要只用自己的眼睛看别人，还要学会用别人的眼睛看自己。其次在班级中营造氛围。以此为前提制订了严格的班级管理制度，制度的制定充分考虑公平、公正及可执行性，制度的条款就是班级管理的导向，也是个人自律的导向。在制订时考虑学生多方面的素质培养和行为养成。制度分为常规纪律、作业管理、成绩管理、为班集体贡献值、卫生管理等几项。条款制订简洁、相应加减分项明确，在执行时将全班分为 6 个小组，小组实行内部管理，由每位组长一周一总结、一月一统计，每个月在黑板上公布每组最终得分。让每位学生主动做到相互合作、相互承担、相互提醒，明白个人行为将会影响集体，学会为他人负责等道理。在学期结束评定“三好学生”时按个人学期得分依次评定，最后再评出小组总分前两名给予集体荣誉奖，以此来提高学生的“自行管理”能力。此制度执行以来，学生“自行管理”能力得到了很大的提升。

二、“自主学习”具有终身性

学习不仅仅是在学校阶段发生，而是伴随着人的一生直至生命的终结。所以“授之以鱼”不如“授之以渔”，要让学生学会“自主学习”。孔子曰：“学而不思则罔，思而不学则殆”，这句话阐明了学和思的辩证关系。在学习过程中要善于思考，不盲从教师，不盲从课本，不盲从辅导资料。带着个人的思考将知识内化，启迪智慧，发展智力。“自主学习”能力的培养是一个长久而又艰辛的过程，可从以下几点入手对学生“自主学习”能力进行培养。

（一）激发学生学习的内驱力

内驱力分为不同的等级，如学习是为了在同学中有面子，在班级中有地位，能得到老师更多的赞扬和重视，或是能得到父母及亲戚的关注和表扬，还有更现实一些的就是为了有个好的前途。这是大多数学生都有的内驱力。但这种内驱力不太稳定，容易受到外在环境的影响。典型的表现就是成绩大起大落，性格易自傲又极易自卑，学习状态很浮躁。最高等级的学习内驱力就是求知欲，保持对知识的探索欲望。千年前屈原就已说过“路漫漫其修远兮，吾将上下而求索”。只有这种内驱力才能让学生有强大的心态去面对学习中的困境，拥有耐力、毅力和探究力。

（二）确定明确目标，制订可行计划

目标要明确但同时也要合适，在确定大目标后分解成阶段性的小目标，脚踏实地一步步去完成，当然这个过程要有详细计划。很多学生平时学习毫无章法，也不知道哪些是适合自己、对自己有用的。班级授课制的缺点是不能做到个性化的辅导，这就要求学生在老师共性的要求上，自己做到个性化的安排，要做到有效的积累才能厚积薄发。计划的制订很容易，但计划的长久执行很难完成。班级中很多学生制订的计划一般能坚持3～5天，而后大多不了了之，这是目前管理中的难题。目前我采用的方法是监督完成，时时检查，就计划中的条目抽查学生，并且要求学生每天反思执行的效率。

（三）培养学生使用科学的学习方法

虽说“书山有路勤为径”，但“勤”是态度、不是蛮干，不是死记硬背。而很多学生都是埋头苦干但效率低下，缺乏独立思考的能力，只注重学习的量，不注重学习的质；只注重答案，不注重过程。但其实思考过程远比答案重要。要做到知识的内化就必须要有自我的考量。所谓创新能力的培养就是让学生不要亦步亦趋，而是有自己的想法和见解。每一学科都有不同的学习方法，不能一概而论。但所有学科都有一些通用的学习方法：如花几分钟预习新内容，对看不懂的地方做标注；上课仔细听讲，思考老师的话，尽量当堂听懂；先复习再作业，边计时边作业，独立思考完成等。思考会让大脑痛苦，因为人的大脑喜欢舒适的、不太费力的事物，而学习过程就是克服大脑的惰性。死学的学生在处理相关问题时出现的典型现象就是审查不清，东问西答，不能灵活变通。科学学习方法的核心就是让学生学会思考、学会学习。

三、"自信成长"与试错成长

儿童绘本《犯错误没关系》以简单的故事描述了一个深刻的道理："犯错误没关系，我们就是这样学习并成长的"。在生活学习中不自信的孩子有一个共有的现象就是不敢质疑，怕自己提出来的问题幼稚、简单，会遭到同学和老师的嘲笑。其实，善思才能善问，有问题就说明有了思考，且不说思考是否深刻。思考是能进行"自主学习"的基础。在班级管理的过程中，发现学生的一些不当行为，我不是立即去制止，而是在这种行为产生一定后果后，在恰当的时机和学生沟通，让学生意识到"噢，原来这样是不行的，得改变"。接下来我们会一起商量怎么改，我鼓励学生说出他的思路和想法，哪怕这个方法有缺陷，如果他认为可以尝试，只要不触犯规则底线，我也会鼓励他去大胆地试一试，因为现在所犯的错误都是他成长的宝贵经验。这个过程既锻炼了学生自我反省的能力，也逐渐提高了学生解决问题的能力，最终的结果是有助于建立学生的自信心。通过自己尝试解决成长中的问题，引导教会学生正确地犯错误，而不是错误地犯错误。直接告诉学生你应该怎么做，你不能怎么做，你最好怎么做，结果有时会适得其反。正如"读万卷书不如行万里路""纸上得来终觉浅，绝知此事要躬行"。

青春期的男女生特别敏感，很在意别人对他们的看法以及他们在别人眼中的样子，稍有不好就会产生很强烈的自卑心理。上海复旦大学陈果教授说："其实只有两件事情与我们有关，一是怎么让自己幸福地生活，二是怎么能帮助更多的人幸福地生活。其他的都不必太在意。"自信也是逆境中的情商，是一种不认输的斗志。但由于青少年的心理年龄特征有时候是盲目的自信和狂妄，在班级管理中要区分对待。对于盲目自信的要打压，还要为他们制造一些困境，让他们在失败中认清自己。卑微的自信是一种灰暗的颜色，世界充满平淡与孤单；过分的自信是刺痛人眼的颜色，世界充满放荡与张狂；而平静的自信是温暖人心的颜色，世界充满乐活与微笑。自信的成长对学生来说太重要了，拥有自信是成功的前提，是健康生活的前提，是面对困难时撑起自己的柱石。尽管过程磕绊，但最终要重拾自信，平静而温和的自信。

四、“自我教育”促进“自信成长”

班会课上，由学生选读一些文章及推荐书目，并且要为推荐的书目写一份推荐信。这样信息的共享，广泛的阅读，既增进了同学间的友情，也增长了学生的知识。“一本好书能陶冶人的感情和气质，使人高尚”，在书海中提升人的精神颜值，这是进行“自我教育”的方向引领及目标建构。著名教育家苏霍姆林斯基说：“只有能够激发学生去进行自我教育的教育才是真正的教育。”

“自我教育”是帮助个人成长的一种非常重要的方法，培养学生具有“自我教育”的能力，首先是提高学生的自我反省能力。曾子曰：“吾日三省吾身。”“三省”而后知道所得所失。在班级的前后墙上各贴上一张“每日一省”的彩页海报，上面列举了一些需要每天反省的内容，每天反省自己在学习生活中的一些现象和问题，反省自己有哪些地方做得比较好，进行自我肯定，增强自信；反省有哪些地方有所欠缺，进而自我修正，保持进步；还有哪些问题是自己不能解决的，学会求助，及时解决，这其实就是自我认知和评价能力，这是能够进行“自我教育”的前提条件。在反省过程中总结、积累、整合，不断自我提升。同时也让学生具有开放心态、空杯心态，不要故步自封、自以为是，去主动适应社会的发展、知识的革新。所以，培养“自我教育”的能力能够促进学生“自信成长”，为学生今后的发展奠定基础。

激励、唤醒、鼓舞

——浅谈中华中学“四自”教育模式

薛安定

中华中学作为一所百年名校，经过多年的实践积累，在学校管理和学生教育方面颇有建树。

每个学生都是天空中自由飞翔的风筝，而他们的线在教育工作者的手中，这根线就是我校长期以来推行的“四自”教育模式，即“自我教育、自行管理、自主学习、自信成长”。学生在这样的教育模式下，学习效能得到提升，意志和品质更是得到锤炼。从手机管理到宿舍管理，从班级管理到小组管理，从研究性学习课程到丰富的社团活动，“四自”教育模式体现在校园生活的方方面面。

一、“自行管理”

进入高中，文化课程的深度和广度都在延展，高中阶段对学生的自我行为管理能力也有了更高要求，中华中学的“自行管理”模式出台了一系列制度和办法帮助学生学会自我管理。

“零手机”管理：中华中学一直秉承“零手机”校园的理念。无论是教师还是学生，一律遵守校园的规章制度。教师在开会时一律上交手机，学生在校园内禁止携带使用手机。为了方便学生与家人联系，每个班级配备老人机，由专门的学生保管，按需使用并进行登记。每学期结束时，学校德育处进行班级手机管理的评价考核，对手机管理表现优秀的班级给予话费奖励。这种管理模式行之有效，并且也考虑了学生学习生活的实际需要。比如每周二的社团活动，有些同学参加摄影社团活动，需要携带手机记录社团活动过程，他们都能遵守相关手机管理规定，将手机上交班级集中管理，等到活动开始前再到班级手机管理员处领取。这体现了同学们很好的手机自主管理意识，也体现了学校手机管理制度的可行性。

班级管理：“零手机”校园只是学校德育管理的一小部分，学校的学生会、纪委会及老师也会对每日常规进行严格的检查评比。每班设有值日班长，每日由不同学生负责一日常规，卫生、纪律、批评表扬全部记录下来。每日早读、午练、晚自习也由值日班长负责。班长团支书等班委协助教师进行重要事件或活动的安排、布置。教师与学生相互配合，以平等相处的关系，共建优秀的班集体。教师更多给予学生指导和建议，由学生进行自主管理，为学生搭建提升自我能力的平台。

宿舍管理：中华宿舍管理条例好比严格的“家规”，可谓亲而不闹、严而不疏，是“自行管理”模式的很好体现和示范。学校生活部下面组建了学生宿舍自管会，检查宿舍环境卫生及就寝纪律。所有住宿生均可报名参加，经过公平筛选，各班推荐出一人参加自管会。住宿生一周五天在校晚寝，以一个楼层为单位，每个楼层共有五名学生自管会成员，每人负责每日协助宿管老师检查晚寝情况两次，填写晚寝纪律检查表并上交至每层楼生活老师处。晚寝检查表上清清楚楚地列出每个床位的同学姓名，并将其行为分为几种，比如看书自习打钩，整理内务画圈等。每学期期中、期末学校会评比优秀宿舍、优秀自管会成员、优秀室员等，对表现优秀的学生提出表扬，并让同学相互之间交流学习和生活时的心得。学生们在这种管理模式下，发生了很大改变，从刚入学时的吵闹无序逐渐转变为秩序井然地安静学习、看书，各个室员学会自主管理，共建良好的宿舍氛围。

二、“自我教育”

“自我教育”实现的是教育者和受教育者的合一，由于自身掌握了主动权，自己对知识和世界的认识更迅速且更深刻。校园里日常学习生活中的点点滴滴都蕴藏着“自我教育”的机会：师生之间、同学之间，课堂上、教室外……

月度常规考试之后的自我反思就是最典型的学习上的“自我教育”案例。考试成绩固然重要，是对前期学习成果的检验，更重要的是考试结束后的整理和总结。每次考试完毕，并不是简单的老师讲错题，学生记正确答案。订正试卷仅仅是第一步，更重要的是接下来的自我分析错题。错误是什么原因造成的？如果是看错题、誊写错误、计算错误等，应该标注出来，确保下次不再出现这类低级错误。如果是知识点未完全掌握，则应该记录到错题本，复习课内讲过的相关知识点，再多加练习该知识点的类似题目，列出实施计划和进度追踪。考试时间紧感觉题目来不及做，是因为做题速度慢还是解题方法繁复？速度慢，该如何提高答题速度？解题方法繁复，可以和同学加以讨论，寻找更优的解题方法。学生甚至还会自省当时的考试状态，是全神贯注型还是状态不佳型。如果没有达到最佳投入状态，是自己的考前作息时间没安排好，还是一贯就比较疲惫，无法把每门功课的真实水平发挥出来，未来应如何调节自己的作息时间和学习节奏。每次这样的“自我教育”不一定会使下次成绩得到立竿见影的提升，但是自我的学习能力和未来的成绩趋势一定是向上的。

三、“自主学习”

中华中学的自习课时间安排得非常充足且合理，要求能够帮助学生提升“自主学习”能力。

每天上午第五节课安排完整的一堂自习课，学生能够自主对半天的学习进行梳理，及时发现问题，标注并反馈。同时看管自习老师均是授课老师，有不懂的问题可以与老师沟通，既不妨碍其他同学安静学习，疑惑点也得到解决，大大提高了“自主学习”的效率和主动性。

午饭休息后，学生及时回归班级进行午间练习，通过午练训练解题速度，找出不足，就此科目进行查漏补缺，巩固复习。

晚自习时段，学生在完成作业的基础上根据强弱科情况，自主分配各门功课的学习时间。学校对于作业量有着一定控制，使得学生有机会在空余时间进行自己需要的学习。

住宿学生的晚寝时间段也包含着一部分“自主学习”管理，学生拥有大量的“自主学习”时间，逐步养成良好的“自主学习”习惯。

四、“自信成长”

高中生正处于青春张扬的年纪，心理状态不稳定，同时班级中充满了竞争压力，学生免不了为考试成绩焦虑，对学生心理产生一些消极的影响。考试过后，总是会几家欢喜几家愁。失利的时候，除了分析错题，同时更要重建信心，不因失败而气馁。除了学生的自我解压外，学校和班级也通过多种方式帮助学生“自信成长”。

（一）学校方面

学校每周开设的心理课是学生最喜欢的课程之一。心理课给学生带来有效的心理疏导内容和正确的减压方法，助其树立信心，健康认知，向阳生长。除此之外，学校还举办一对一的心理咨询辅导活动，通过预约方式和心理课老师进行面对面的一对一沟通，这是保证学生“自信成长”的重要措施和方法。

中华中学注重学生特长的培养，开展丰富多彩的社团活动，运动会、艺术节活动、绘画、摄影、书法、模型制作、“四自之星”评比、学生会竞选等调动了学生的积极性，对于表现优异的同学还予以表彰。以上活动旨在帮助学生在繁忙学习之余寻找到自己的独特之处，释放和展现自我，增强自信心，获得更好的成长。

学校鼓励学生自主探究，并且会对学生的钻研给予引导和支持。学校开展选修课和研究性学习课程，通过自主选课的方式，满足每个学生的个性化需求和发展，以此增强学生的自信。

（二）班级方面

班级对于学生的自信发展有更多期待。班主任鼓励大家课堂上积极发言，课下主动参与班级管理和活动，不仅是为了创造更好的学习氛围，更是要让学生更加主动、更加自信地参与课堂和班级事务中。

有些班主任还制定了小组管理模式，将班级分为6个学习小组，每组大约9人。学习上和纪律上都按组管理。学习方面：每小组的9人中包含各个学科的领头羊。就个人而言，身边的其他同学都有优势学科，借此机会，通过交流学习，帮助自己找到适合的学习技巧，同时自身也有值得别人学习的地方，在小组内你就是这方面的榜样。就整体而言，各个小组势均力敌，每次考完试后，通过班级里各小组平均分的比较，激发了同学们的斗志，使同学们更加团结奋发，平均分较高的小组也不敢松懈骄傲，平均分较低的小组也不会轻言放弃。全班同学的学习积极性得到充分调动，就会良性循环，大家都在不断进步，自信心就不断加强。全体同学朝着共同的目标共同进步、共同成长。

著名教育家第斯多惠说过："教学的艺术不在于传授本领，而在于激励、唤醒、鼓舞。"中华中学"四自"教育模式以立德树人为宗旨，采用刚性制度、柔性管理的方式，为学生创造了既有组织纪律又有个人舒畅自由的教育环境，同时激发学生斗志，凝聚团队力量，引导学生准确理解和把握社会主义核心价值观的深刻内涵和实践要求，养成良好的政治素质、道德品质、法治意识和行为习惯，形成积极健康的人格和良好心理品质，促进学生核心素养提升和全面发展，为学生一生成长奠定坚实的思想基础。

你明明可以更好

——情感激励在帮助学生“自信成长”中的实践体会

王欣然

情感通常是指人们对周围事物、对自身以及对自己活动的肯定或否定的心理反应。情感激励是指教育者通过自己的尊重、信任、关怀等途径对学生进行激励的过程。与有形的物质激励相比，无形的情感激励在高中班级管理工作中的实施更有必要，其作用也更持久。

我在高一下学期分班之后所带的班级是文科平行班。和之前的班级相比，女生多，且多数内心脆弱、情感丰富；带着没有进入华星班的失落感来到平行班级，普遍缺乏自信心。

自信是一个人发展的内在动力，是人生发展的重要支柱。萨克雷说：“播种一份习惯，可以收获性格；播种一种性格，则可收获命运。”我希望学生在高中三年学会的东西，对他们未来几十年都有帮助。于是，我决定把培养学生的自信作为班级管理的重中之重。

俗话说，“亲其师才能信其道”。情感激励的基础是给予、关心、责任感、尊重和了解。作为一名班主任，应关心热爱每一位学生，关心他们的学习和生活，使学生充分感受到老师对他们的关心，从而唤起他们内在的潜力。教师关爱学生，对学生寄予希望，学生在心理上就会得到满足，从而乐于接受班主任的教育。特别是对于后进生，我们应更多地倾注爱心和耐心，发现他们点滴的进步，及时给予肯定与表扬，帮助其树立起自尊和自信，使他们感受到自身的价值，尝试成功的喜悦。

作为一名班主任，在平时的班级管理工作中，我尝试建立一个心往一处想、劲往一处使的班集体，并从以下几个方面进行实践。

一、把“尊重”原则充分体现在坚持以生为本的全过程

尊重他人是一种高尚的美德，是个人内在修养的外在表现。每个人的内心都渴望得到他人的尊重，尤其是自尊心很强的高中生，师生之间更需要相互尊重，学生只有在被尊重的氛围中才可能学会尊重，并且激发学习潜能。

我们班的数学课代表，虽然进班的数学成绩跟其他同学比略有优势，但是在原本的基地班里面属于数学成绩靠后的同学。对于数学学习，已经没有了信心。在开学的第一次考试中，不出所料数学成绩不理想。于是，我约了个时间和她谈心。我看得出她有点紧张，作为课代表成绩却考得不理想，以为我会责备她。但是从她的表情中我看出她需要别人的安慰、指导和鼓励。我知道她画画得很好，就问她是怎样在绘画方面做到优秀的。她回答说因为兴趣，在网上自学，所以不管画多久都不觉得累，不管练习画一个人物多少遍都不会觉得厌倦。于是我就告诉她，把她刚才所说的话中的“画画”都改为“学习”，那就是学习的方法，任何道理都是相通的。她说我是第一个赞成和鼓励她画画的老师，家长总是怕她因为画画耽误学习。半学期过后，她的成绩有了明显的进步，还经常跟我开玩笑说：“学习就好比画画，其实很简单。”从这个例子，我体会到要取得良好的教育效果，首先要尊重学生的爱好和特长，保持他们学习、生活的信心，学生才能体会到学习的乐趣。

高中生正处于叛逆期，这一时期是情感发育的特殊时期，作为班主任应该将“以生为本”的理念真正落到实处，平等地和学生交流，读懂学生的情感，理解学生的内心，善于挖掘学生身上的闪光点，善于追寻学生进步或成功的原因并加以肯定和推广，只有这样才能让学生收获自信与快乐，选择坚持与超越。尊重学生的最终结果是学生

得到了很好的发展，并且为终身发展奠定基础。尊重学生的发展，一方面要把学生的热情激发出来；另一方面要用欣赏的眼光鼓励学生提问质疑，要用博大的胸怀鼓励学生超越自己。

二、把“信任”切实浸润于激发学生创造力的各种活动中

班主任给予信任，对独立、自主的高中学生来说是更大的精神支持，往往会收到意想不到的效果，因为他们有梦想、有激情、有创意。

首先，班主任把某些工作交给学生去负责，如考风考纪教育、校运会动员和报名、元旦联欢会准备等。这些任务学生都会很认真地去完成，一方面锻炼了学生的能力，符合让学生全面发展的要求；另一方面也激发了学生的学习潜能，提高了学习效率。

看到过这么一句话：“爱，就是忍耐自己内心的焦虑”。对于某些班级事务，为了锻炼班委的能力，有时候我会强迫自己当起“甩手掌柜”。每一年的“家长开放日”，各班都会进行紧锣密鼓的筹备。从参会家长人数的统计、班级文化墙的布置、宣传展板资料的收集、主题班会的设计……都是班委们集体商议、分配任务。其实有无数次我想去问问班长弄没弄好，想去催他们，但是我忍住了。已经是高二的学生了，我相信他们有足够的能力安排好这些。

其次，同学情谊、师生情谊是高中学生宝贵的财富，但由于学生的经验、情商等原因，有的学生往往处理不好人际关系这道难题，结果影响自己的学习以及与他人的友谊。在和学生的相处中班主任应该亲切、亲近、亲和，让学生感到和蔼、温暖、可信、可敬。只有师生彼此信任，建立了友谊，学生才会加倍努力，激励才能真正见效；同时学生才能慢慢学会如何尊重和关心他人，学会与人相处，学生的内心才会更加明亮和畅快。

三、把“理解”原则厚植在学生成长发展里

班主任在与学生的交往过程中，尤其是当学生犯错误的时候，一定要换位思考，理解、尊重学生。理解就是理解学生的思想实际、心理实际和生活实际。由于受家庭环境、社会环境等方面的影响，学生存在着较大的差异，在平时的学校生活中，教师就应注意观察学生的个体差异，应对每个学生都有全面细致的了解，而要了解学生光靠观察还远远不够，要利用各种机会和学生沟通。沟通多了，就能了解学生的思想动态和行动表现，及时解决他们的思想困惑，纠正其不良行为。

班级里有个女生小A，外表大大咧咧，内心却极度敏感细腻，和别人相处的时候不注意细节，可能在一些小的方面让大家不太能接受，比如说，说话喜欢大声嚷嚷。本来我觉得这也没什么，有缺点很正常，但是小A却不是这么想的，她把大家对她某个缺点的不喜欢逐渐放大，进而放大到全班所有人都不喜欢她，所有人都在她背后说她坏话，都在孤立她。那段时间，她经常情绪崩溃，上着课就突然哭起来。我一开始的时候找到她，首先指出了她的小毛病，然后跟她说，如果你希望别人喜欢你，那你就尽快改掉自己的小毛病，不然，你就不要在乎别人怎么说你。这种情况在当时虽然有所改善，但是没过多久，又开始爆发，并且有愈演愈烈的趋势。我再次找到小A，跟她进行了几次深入的交流，渐渐发现了她的内心单纯敏感又脆弱。我一开始跟她说话没有注意方式方法，只是一味地想压制对方，结果我们俩就是声音一个比一个大，沟通效果不佳。后来，我们俩协商好用“正常”语气沟通，从之前的我“说”，到现在的她“倾诉”，再加上在关键点予以引导，效果就好了很多。没想到第二天，她竟然买了一个小礼物送给我，以表达自己的感谢。从那之后，我经常表扬她，小到值日、作业，大到考试。我从她脸上看到了自信的笑容，从她的身上看到了用心努力进取、改正自己缺点的精神面貌。

理解学生就会使师生关系和谐融洽。老师要从爱心出发，爱学生即是进行教育的前提，班主任要关心爱护班级的每个学生，使学生感受到老师是真心的爱护，是真心希望学生个个都能健康成长，真心希望学生个个都能成材。老师有爱心，能够尊重学生，理解学生，学生才能更加尊敬、爱戴老师，师生的感情才能更加融洽，充分发挥情感激励的作用。

四、把“关怀”原则体现在建立和谐师生关系上

教师对学生的关怀是一种以情感为核心，将学生知、情、意、行统一整合的激励手段，其目的是为了更好地帮助学生克服困难，增添信心。

经常有家长跟我说，我们家孩子初中因为喜欢某某老师，所以某学科特别好。看似不成熟的想法，却反映了学生们的情感倾向，他们往往特别在乎交往过程中教师的态度与言行，这就要求我们老师要常怀关怀之心，常说关怀之话，常行关怀之举。关怀是针对个体的帮助和支持，老师必须重视学生差异，实施个性关怀。如有的学生学习动力充足、基础扎实，他们需要的关怀是有更高的目标和更大的舞台来施展他们的才华；有的基础相对较弱，需要老师在课堂提问、作业订正等方面给予帮助；有的学生性格内向，不善交流，需要老师主动关心询问，让其克服心理“障碍”，好问好学。“寸有所长，尺有所短”，每个学生都有其独特的个性，老师应针对不同的特点，给予不同的关怀。

俗话说：“一个人可能走得很快，一群人才能走得更远。”班集体有自信才有凝聚力，整体功能才能得到最大限度的发挥，学生才能在班集体中吸取更加强大的力量。我现在担任学校高二年级班主任，对于“四自”教育方针之一的“自信成长”，我们班级也在积极贯彻，制订了一系列方针和方案。在班级管理工作中，我对所带班级的每一个闪光点、每一点进步、每一项优势，都会充分挖掘，予以肯定并提出希望。情感激励，让班集体越来越好，也让每位学生越来越好。

自行管理　化茧成蝶

宋　薇

陶行知先生曾经说过,“最好的教育是教育学生自己做好自己的先生。”初当班主任时,我却没有领会到这句话的真谛,总是事无巨细,亲力亲为,总怕自己的一时疏忽给学生造成困扰,不知不觉中成了“保姆型”班主任。这样的做法在短期内还是有效果的,但是时间久了,一些问题就逐渐显现出来:一方面,学生“自行管理、自我教育、自主学习”的能力被削弱,不利于学生的“自信成长”;另一方面,班主任也容易身心俱疲,职业幸福感降低,不利于班主任身心健康发展。

基于上述感受,我开始重新思考班主任工作。正如魏书生老师提出的,在班级管理过程中,整体来说,分权制比集权制要更好。作为班主任,我们必须明确学生是学习的主体,也是班级管理的主体,我们应该充分尊重学生班级管理的主体地位,指导学生确立良好的“自行管理”机制,强化学生的“自行管理”意识,提高学生“自行管理”的能力,从而实现“人人有事做、事事有人做、时时有监督”的理想效果。

“人人有事做”是指全班同学按照自己承包的具体事务进行工作,形成人人有岗位、有责任;“事事有人做”是指班级的各项具体事务都有具体的人去做;“时时有监督”是指班委同学与值日班长随时关注班规班纪的执行情况。“人人有事做、事事有人做、时时有监督”是为了使每一个学生从单一的被管理者变为管理者,注重发挥学生的自主性、独立性和积极性,重视学生“自我教育”和自我管理能力的培养，为学生的终身发展奠定基础。在推行“自行管理”的过程中，我大胆进行了一些尝试，取得了一定的效果。现总结反思如下：

首先，组织学生进行“自行管理”，必须要建立一套合理完善的管理制度。有了制度，“自行管理”才能有“法”可依。为此，我带领学生认真研读《中学生行为守则》和校规校纪，并结合本班实际情况，拟定班规班纪草案，并与学生逐条讨论，确定后作为班规班纪。学生依据班规班纪进行自主管理，班主任依据班规班纪对学生的行为进行评价，做到有章可循，奖惩分明，这样才能让每位同学都能心服口服。

其次，通过自荐和民主选举，组建优秀、能干并且愿意为大家服务的班干部队伍，是推行“自行管理”的重要环节。班干部是联系教师和学生的桥梁和纽带，班干部是否得力关系到班级“自行管理”的效果。“流水不腐，户枢不蠹”，我们必须引进良性竞争机制和班干部轮换制，阶段性进行自评和互评，评选优秀学干，并且本着“自愿、公平、公正”的原则进行职责调动，让每个同学都有机会锻炼自我管理能力，提高“自行管理”班级的积极性。

第三，我们必须明确“自行管理”不是放任不管。在推行“自行管理”的过程中，我曾经尝试过放手不管，很快事实证明这是不可行的。高中生是班级管理的主体，但大多数还是未成年人，一部分学生又缺乏足够的自制力和控制力，放任不管不利于学生的健康成长。班主任是班集体的领导者、教育者和组织者，在班集体建设中负有直接的责任，起着主导作用。班主任必须在生活和学习上给予每位学生必要的指导，同时，还必须针对班干部与值日班长的具体情况，进行悉心指导，热心扶持，大胆使用。

第四，我们必须明确“自行管理”是让班级全体学生参与班级事务中，而不只是让班干部参与其中。“自行管理”是全员参与的一种管理活动。班主任要调动人人参与自主管理的积极性，让每位同学都在班级管理中确定自己的岗位，做到人人有岗、人人定岗。为了使每个学生都找到合适的管理岗位，可尝试进行“自定岗位行动”，让学生寻找、发现、确定自己的管理岗位，使学生在自己确定的岗位上，主动、积极地履行管理职责。再比如班规班纪的制订执行、检查监督、评比总结，都应让全体学生和班主任共同参与，这样有利于同学们了解班级工作的所有环节，明确自己在班级事务上享有的权利和应该承担的各种义务，强化他们的主人翁意识和“自行管理”的意愿，从而提高学生“自行管理”班级事务的积极性。

第五，我们还必须明确“自行管理”并不只存在于纪律、卫生方面。在推行“自行管理”的过程中，我曾经陷入一个误区，就是把“自行管理”等同于纪律、卫生方面的“自行管理”。当然不可否认，纪律、卫生、劳动、安全等方面是班级自主管理的重要组成部分，对于提高学生的自主管理能力具有积极的推动作用。但是，“自行管理”不应只停留在这个层面。推行“自行管理”最终是为学生的终身发展服务，让学生对自己的学习、生活、心理等方面进行“自行管理”，学会“自主学习”“自我教育”，从而全面提高自身素质，为终身发展奠定良好基础。

总之，推行“自行管理”不仅让学生得到充分锻炼，还减轻了班主任的工作负担，从而达到了师生双赢的喜人局面。仔细想来，从“以班主任为中心”的“保姆型管理”转变为“以学生为中心”的学生“自行管理”，不仅是教师管理方法和教育理念的转变，更是教师成长中一种质的蜕变。

无为与有为的平衡

袁康蕊

班主任作为一个集体的掌舵人，需要体力劳动——从早到晚，事无巨细，都需要班主任操心；但更需要脑力劳动——一个班级在运作中不可能不出现问题，出现问题很正常，不可怕，需要班主任运用智慧去解决。但是，一来班主任精力有限，不可能在所有事情上都亲力亲为；二来随着学生年龄的增长，自我意识的觉醒，他们也越来越不愿意凡事被老师掌控，所以，班主任的工作越来越需要在无为与有为中找寻平衡。

所谓无为，其实就是班主任“抽身而出”，让学生充分发挥主观能动性，在班集体内实现“自治”。要做到这一点首先需要建设一支得力的管理队伍，在今年我带的这个班级里，这支队伍包括三个层面：核心班委、课代表、学习小组组长。核心班委主要指的是班长、团支书、宣传委员、生活委员、劳动委员、值日班长等，他们按照职能负责班级各项事务，值日班长主要负责当天的出勤、纪律等事项；课代表负责收缴作业、与任课老师及时交流，了解老师和同学群体的需求，做好沟通工作；学习小组是在综合成绩、性别、特长、性格等各方面因素基础上，将班级分成 7 个小组，每组 7 人，每个小组再依据擅长学科推选出学科指导，负责指导本组成员该学科的学习，促进大家一起进步。这样下来，班级里几乎每个人都或多或少有点“官职”，既小小满足了虚荣心，又让每个同学在集体里都明确了自己的职责，集体的事情不只是班主任的事情，也不是几个班委承担的，而是需要群策群力，每个人都要树立班级主人翁的意识。

班级管理层面确立之后，就要敢于放手让学生“自主学习”“自行管理”“自我教育”。这需要班主任对学生的信任，相信学生的能力，相信学生群体中正能量的存在，也需要班主任提供足够的平台给学生。比如说班会课。高三学业繁重，考试频次增加了，不能保证每周都开班会，但一个月至少要开一次，班会课也都交由学习小组组织，话题自己找、形式自己定。不要担心学生会用电影或者游戏来糊弄，只要学生感受到班主任的信任，内心充溢着集体责任感，他们一定能展现出“班级兴衰，匹夫有责”的忧患意识。比如第一期班会施雨龙同学就站在班级建设的高度上为“华星班”诊脉，非常诚恳又尖锐地指出班级里存在的问题，比如班级常规不够好、班级凝聚力不强等，令全班陷入沉思。再比如前段时间，班级手机管理员想辞职不干，理由是有一部分同学借了手机不能及时归还，影响大家使用，因而就会引发其他同学的抱怨，她虽然说了几次，但收效不大。班长安排了一次班会课，大家再次明确手机使用的各项规范，并一起讨论了如果确实有特殊情况应该怎么处理，才不会影响他人。同学们表达了自己的看法，也提出了一些方法措施。这些问题从学生群体中来，因为是他们自己最在意的事情，所以他们会真正去思考，想办法去解决，效果也远胜于老师苦口婆心的教导。所以，将问题交给学生，让他们运用自己的智慧，真正实现自我管理，互相约束。

但是，交给学生不代表班主任不再插手，否则就不是无为，而是不作为，班主任的有为主要体现在把握大局、宏观调控、后续跟进上。

班级管理队伍建立好，不是立刻就能收到理想效果的，学生之间存在各种差异，性格、能力、做事方式、人际关系等都会影响到他们处理问题的成效，所以班主任在前期一定要多给予关注，必要时做好指导，提建议时注意方式，只要不涉及原则性问题，尽量不在公众场合提出批评，以免挫伤学生的积极性，学生做得好的地方，要及时在班级层面给予表扬与鼓励，这不仅是对他的最大肯定，也是给其他同学树立正面榜样。同时，班主任要注意在班集体内树立正气，弘扬正能量，提升学生“自行管理”的热情，所以，对于平时敢于管理、善于管理、乐于管理的同学，在评优中可以有一定的加分。这些都需要班主任的宏观把控。

在同学们自我发现问题并共同商讨提出了解决问题的方法后，班主任则要落实到具体的关注、跟进与调整上。

例如，第一期班会上施雨龙同学提到了班级常规等事情之后，全班同学一起定下了第一个班级共建目标：尽快拿到流动红旗。我知道他们心里非常渴望这面红旗，也知道“冰冻三尺非一日之寒”，常规的改进没有那么快能见效，而且有时还会反复。但是，对于他们特别在意的事情，又是能触发他们积极性，增强对班级认可度的事情，我一定不能放松，所以我也开始关注班级各项常规，并且反复强调常规代表的是班级的精神面貌，是否自律、是否严谨、是否团结。一开始，由于惯性，他们的表现并不令人满意，在自习纪律、教室卫生、宿舍卫生上处处有漏洞，所以我每周就一个问题提出改进措施，和值日班长、值班家长落实到位，并持续跟进，慢慢地情况有所好转，我们的常规得分名次终于不再是倒数。第二个月，我们拿到了流动红旗，宣布的那一天，大家鼓掌欢呼。这一次的群情振奋，是他们努力的结果，也是他们以后行动的动力。这群孩子很有荣誉感，班主任的有为就在于激他们的荣誉感、调动他们的责任感。再比如手机事件之后，我有时就会半开玩笑地问：今天手机藏身在谁那儿？他们知道不仅有同学们的舆论监督，还有班主任的不定期抽查，行为上就会更多一分收敛和约束。

班主任的工作是面向鲜活的学生个体，激发他们的内驱力，才能事半功倍，而工作核心，就是在无为与有为中找寻平衡吧。

“四自”教育，塑造更全面的“自我”

徐　朵

对于学生的教育，我们常说“授人以鱼不如授人以渔”。其实，在“授之以渔”的基础上还要“授之渔场”，给孩子们提供宽阔的空间，让每一位学生的潜能都得到发挥，而班级，正是学生的渔场。班级管理的主要任务是“按照德、智、体、美、劳全面发展的要求，通过班级工作，全面教育、管理、指导学生，把班级组成有共同目标、有领导核心、有经常活动交往和有正确舆论的生动活泼、积极向上的集体，为把每个学生培养成有理想、有道德、有文化、守纪律的公民打好基础”。教育改革的最前沿就是班级管理工作的变革，随着教育改革的不断深入，班级管理工作越来越重要。

以往的班级管理中，班主任是绝对的领导者，许多负责的班主任扮演的是“妈妈”和“保姆”的角色，教育教学两手都要抓，事无巨细，无微不至。学生在这样的精心呵护下，大都不辜负老师的辛苦付出，考出令人满意的成绩。但欣慰之余，总觉得缺少些什么。我们的班主任为何总是那么辛苦？我们为何总不放心学生？学生除了成绩不错外，其他能力有没有得到培养和提高？我们为他们今后适应复杂纷繁的社会做了足够的准备了吗？答案显然是略有遗憾的。我们希望学生作为新世纪的栋梁，除了有过硬的成绩之外，还能具备高尚的情操、坚强的品格、乐观的心态、得当的处事能力，而这些，必须要通过学生的自我锻造和磨炼才能获得。上学期开学伊始，我们学校提出了学生的“四自”教育，即“自我教育、自行管理、自主学习、自信成长”。希望通过“四自”教育的全面实施和逐步完善，使学生具备良好的“自主学习”习惯，同时在“自行管理”班级和学校工作的过程中锻炼自身的能力，挖掘潜能，不断完善“自我教育”，从而健康、快乐、自信地成长。

笔者担任班主任期间，班级也在逐步贯彻“四自”教育方针，制订一系列计划和方案，根据情况变化不断进行总结和改善，取得了一些实质性的成效。

一、每日三省吾身，实现“自我教育”

“自我教育”是“四自”教育的基石，著名的教育家孔子提倡“内自省”“内自讼”，要求人们自觉地改过迁善。教育可以使人认识灵魂之内已有的美德，“自我教育”则要求我们通过自我认识培养自信的品质，通过自我要求培养自强的品质，通过自我践行培养自立的品质。陶行知在实践中总结出“教、学、做合一”的教育方法，主张从实践中、从做事中学习真知识。他也在自己的《三代》诗中说：“行动是老子，知识是儿子，创造是孙子。”当然，“自我教育”的目的并不只是学习知识和技能，更为重要的是认识、培养美德。只有这样，才能做到读书明理，做人成才，方能践行敬德修业，博物明理。

在班级中，我们倡导每日“三省吾身”，即在每天入睡之前，想一想：(1) 今天的学习计划和任务我都完成了吗？(2) 今天我为集体做了哪些的工作，得到什么锻炼了没？(3) 今天我和同学相处愉快吗？遇到特别的事我是怎么处理的？还可以做怎样的改进？每周的班会开始，我们都会轮流让几名同学谈谈过去一周自己的成长与不足，一些学生由开始的局促不安到现在的有条有理，时常还发表一些独到深刻的看法，不仅实现了“自我教育”，班级的其他同学也能够从中受到启示。一学期下来，我们发现很多学生不再是传统意义上的“乖孩子”，而是能够理性、全面地看待问题，坦然面对生活和学习中的困难和挫折，向老师提出合理化建议和意见，做到真正在用“头脑”去感悟这个世界。

二、选拔精良干部，实施“自行管理”

陶行知先生说过，“最好的教育是教育学生自己做好自己的先生。”即让学生养成“自我教育、自行管理”的好习惯，并持之以恒。作为班主任，如果一味地亲力亲为，学生长期处于被动的地位，做事缺乏主动性、独立性、自觉性和进取心，今后走上工作岗位就很难适应社会发展。学生是教育的主体。班主任应该“退居二线”，在生活、学习上给予学生适当的指导，强化学生的“自行管理”能力，建立良好的“自行管理”机制，不仅可以创造学生自主发展的空间，也能使班主任从繁琐的工作中解脱出来，达到事半功倍的效果。在班级中，我们通过以下几个方面进行“自行管理”，大大提高了学生的社会活动能力和集体主义责任感。

1. 通过自荐和民主选举，组建优秀、能干的班干部队伍。我们实行值日班长负责制，统领负责当天的所有班级工作，仿照学生会格局，我们在班里也成立“学习部、文艺部、宣传部、体育部”等部门，每个部门都有自己的工作方案和计划，各个班委就是部门负责人，其余每位同学都要参加其中一个部门作为干事，目的就是调动起所有同学的积极性，为班级的日常管理做出自己的贡献，也培养了除学习之外的工作能力。我们还引进了良性竞争机制，阶段性在各部门之间互相评分，评选最佳工作人员，并且通过公投进行小范围的职责调动，让每个同学都有锻炼自我的意识，提高自主管理班级的积极性。

2. 以“法”治班，制度严明。“法”，即班级管理的制度化，以尊重学生为本，前提是把每位学生看成是一个具有自身价值的，与教师同等地位的个体。本班的“法”，就是让全体学生和班主任一起制定，逐条讨论，确定统一后作为班规。所谓的以“法”治班就是对学生行为习惯进行强化管理，制度明确，奖惩分明，做到对违纪学生的处理和对表现优秀的学生的奖励均有章可寻，让每位学生心服口服。时间长了自然地使这种自主性延伸到学生学习生活的各个领域，切实提高学生的“自行管理”能力。

3. 组织各种活动，提高“自行管理”带来的成就感。班级各个部门各司其职，对于学校和班级的大小活动均有明确分工，有时也需要通力合作。高中三年，是学生恣意绽放青春的最美年华，在各种活动中，每个部门都憋足了劲想要好好“秀”一把，既展现自我，又为集体争光。我们在校园朗诵比赛、课本剧表演、运动会、艺术节等各个活动中都表现突出，同学们在这些活动中挥洒着汗水，品尝着收获的喜悦，那种成就感和自豪感绝非语言能够描述。

当然，学生在“自行管理”中也会出现困难和矛盾，这个时候班主任就是公正的“法官”和耐心的“导师”，帮助尚属稚嫩的学生寻找解决的最佳途径，成为他们信赖的“领路人”和“好朋友”。一学期下来，班级工作逐步步入正轨，班干部管理驾轻就熟，学生自觉遵守各项制度，“自行管理”取得显著成效。

三、制订合理计划，进行“自主学习”

小学初中的学习模式大都是老师手把手传授知识，通过反复训练掌握知识。到了高中之后，由于课程的内容增多，难度加大，学生面对突如其来的变化或多或少有些不适应。很多学生不会合理安排时间，知道学习任务重，但又不知该如何下手。

养成良好的“自主学习”习惯对于高中学生来说是非常有必要的。我们教师，尤其是班主任，在高中学习的开始，就要帮助学生培养这种良好的习惯。

首先，作为经历过高中生活的“过来人”和具备丰富经验的专业教师，我们要设身处地站在学生的角度考虑如何有效地进行“自主学习”。对于当天所学的内容，我们要求按照“预习、复习、作业、巩固”四个环节严格执行。这样能够保证每天的知识点不会遗漏。周末时制订好各门课的复习时间和计划，加强薄弱学科的学习，增强优势学科竞争力是“自主学习”的目的。我们一定要提醒学生注意各科的均衡性，不能过分地只专注某一学科。

其次，自主思考是“自主学习”的重要组成部分，请教他人值得赞扬，但并不是一有疑问就立刻询问老师，而是应该基于必要的思考，并确认已经对自己的问题进行过深入考虑了，再去询问。对于来问问题的学生，我都要求他们先说说自己的思路，再一起寻找思维上的漏洞。平时，善于倾听其他同学的问题也是一个好习惯，可以引发新的思考，促进知识的融会贯通。有“质量”的思考能够提高学生的思维能力和创新能力，使其不再是被动学习的机器，而是具有创新开拓精神的知识探索者。

最后，要教会学生自我总结、归纳、定位。有的学生做了很多题，但成绩还是不理想，主要因为他们没有做到从题目中总结方法，不会举一反三。因此，我们要求学生除了对所学知识结构熟练掌握之外，每门学科都配备纠错本，以我所教学科数学为例，学生不仅仅是将错题记在纠错本上，还必须按照知识板块进行分类，题目下面要写上错因，正确解答过程，以及使用了什么思想方法。通过这个办法，培养学生自主整理、归纳的好习惯，在考试复习时也能起到事半功倍的效果。

培养良好的“自主学习”习惯需要学生长期的坚持和老师耐心的督促指导，班主任要善于捕捉学生在学习中的细节，进行有效指导；还要具有大局观，做到班级各科均衡发展。

四、健全心理素质，快乐“自信成长”

现在物质生活日益优越，但青少年的心理健康问题却日益严重，他们一方面衣食无忧，一方面也不断接受复杂社会带来的负面产物。我们深刻地意识到心理健康比成绩优秀更为重要。为了让学生具有健康的心理和正确的“三观”，我们做了以下工作：

1. 鼓励学生去学校的心理咨询室排解心理压力和低落情绪。我们有专业的心理辅导教师，他们能够客观地为学生分析问题，找到症结所在，提供有效方法，并为之保密。所以如今心理咨询室也成了孩子们舒缓心情的一个好去处。

2. 利用班会课时间，引导学生自行组织有关心理健康、树立正确人生观、培养优质品格等主题活动，或演讲、或辩论、或表演，期间不乏观念的碰撞和激烈的争论，但从中可以看到，我们的孩子是善良乐观、坚强自信且具有独立想法的，现在的他们已然比当时的我们更加优秀。

3. 对于个别缺乏自信、性格忧郁的学生，班主任要格外关注。我会通过聊天、文字传递和他们交流沟通，时常鼓励表扬，帮助其建立自信心。班上一个女生两次测验成绩不理想，盲目悲观，认为自己一无是处。我没有多找她谈话，而是在上课、作业中留心观察她的闪光点，适时地表扬，让其慢慢恢复自信，终于在一次考试中，她取得很大的进步，我给她留言“相信我的话了吧？在我心中你的实力一直很强，永远不要低估自己的实力。”从此，即使成绩有所起伏，她也能坦然面对，积极寻找改进的办法，人也越来越阳光、自信。

萧伯纳说：“有信心的人可以化渺小为伟大，化平庸为神奇。”但在自信的同时我们班主任也要提醒学生做到不自负，尽量使自己的目标更加实际，注意那些消极的反馈，并适时进行自我检讨，可以使自信的品质更好地发挥作用。内敛的自信可以帮助人们达到目标，获得成功。

综上所述，实行“四自”教育，正是为了使每一个学生从单一的被管理者成为管理者，充分发扬民主，让全体学生积极参与管理，千方百计调动他们的积极性和创造性，培养他们“自行管理”的能力和独立自主的精神。作为教育改革的实践者，我们班主任更要不断学习，在放手交给学生管理班级的同时也要细心观察班级的动态和走向，遵循情和法相结合的原则，真正担当好引路人和协调者的角色。

我在家校沟通方面的一些小心得

陈晓浒

家校沟通是每一个班主任在工作中必然遇到的问题。良好的家校沟通，能够促进家庭教育和学校教育形成合力，有效提升教育教学效果，因而家校沟通是一个值得深入研究的问题。我在这里就与大家分享一下，在班主任工作中与家长沟通的一些小小的心得。

1. 掌握班情、学情是有效沟通的基础。对班情和学情的掌握，让我在和每一个家长接触之前，就能对谈话的内容和方式有计划、有准备，有助于交流的顺利开展。比如我这一学年高二接手新班，暑假中一接到任务，我就开始通过校领导、高一时的班主任和任课老师、部分学生了解班级的情况。这个班是高一下学期组建的物理化学班；班级数学、物理、历史学科成绩尚可，其他学科成绩都不太理想，尤其是语文和英语；班级部分学生纪律意识较弱，甚至不服从管理、顶撞老师；部分学生学习态度差；部分家长对学校和老师缺乏应有的信任和尊重。我把了解到的情况进行了整理，在真正接触学生和家长之前，就已经能描述出班级大部分学生的特点，在接班以后又在前期研究的基础上，不断加深对学生和家长的了解。

2. 对学生的表扬和肯定，是有效沟通的前提。家长和老师交流时的心态是矛盾的：既希望老师纠正孩子身上的不足与缺点，对孩子严格要求；又希望老师看到孩子的长处和优点，对孩子充满信心，全力培养孩子。换言之，家长希望的是由他们自己来说孩子缺点，而老师只说孩子的优点。只有充分理解和利用家长的这种心理，才能消除老师和家长之间的隔阂。

比如我班上的一个孩子，长年不做、不交作业，上课插嘴、顶撞老师。父母与我交流的时候，反复说孩子表现如何之差，问题如何严重。我在听他们说完之后，没有顺着他们的话继续批评孩子，而是反过来说明孩子开学以来的进步，当然这点进步如果按照平时的标准基本可以忽略不计，但家长一听到就非常振奋，后面的交流自然也就顺畅得多。

3. 听完再说，甚至多听少说，是有效沟通的方式。在家校沟通的过程中，班主任是天然的主导者，应当将谈话的主导权抓在自己手中。但主导谈话不是“霸占谈话”。我在过去的班主任工作中，就犯过这样的错误，总是急着把自己想说的说完，严重影响了沟通的效果。家校沟通的根本目的是让家长和老师达成一致，接受老师的观点。让别人接受自己的观点，首先就要了解对方的需求，让他先“亮牌”。同时，很多家长也因为孩子的问题长期处于焦虑和压力之中，所以需要倾诉和宣泄。我与家长交流时，一般不直接说交流的目的，而是选择多听、多了解之后，找到家长最关注、最希望解决的问题，以此作为谈话的突破口，逐渐把谈话引导到教师预设的方向上去。

比如有家长跟我谈话，自己先说了半个小时，我认真倾听后发现家长最关注的是通过竞赛把孩子送进名校。我就从这个问题入手，先赞成他们的想法有道理、有智慧，再把孩子现在的成绩算给他们看，让他们知道现在孩子的高考科目总分情况不理想，即使拿到国一的奖项用处也不大。之后再分析孩子的问题就在于课堂和自习效率不高，这样，就把家长的关注点成功引导到了我预设的问题“孩子的课堂和晚自习纪律不理想”上。

4. 不卑不亢是有效沟通的正确态度。教师是专业人员，担任班主任更是一项专业化程度很高的工作。在和家长的沟通中，我们要时刻充满信心，以平等、尊重的态度对待家长。当然，信心不是凭空产生的，必须要付出努力才能得到。要想当好班主任，除了良好的师德、优秀的学科教学能力这些每位老师都应具备的能力之外，还必须能够从超越具体学科的角度综合分析班级和具体学生的情况，并提出有针对性的指导意见，有效推进班级、学生的进步。具体来说，要让家长觉得从班主任这里，可以听到他从来没有想清楚甚至是从来没有想过的，对孩子成长有重要意义的内容。班主任要用自己的专业素养让家长服气。比如，孩子所有学科上表现出来什么共同的问题？孩子的常规表现背后是什么样的思想状态？孩子缺少什么良好的习惯？孩子适合参加综评还是自主招生？这就要我们深入研究学生，做到“三句话之内能说出问题，五句话就能说出解决方案”。这就需要班主任平时多思考、多积累。

这样的内容用平等、尊重的态度说出来，就可以有效拉近老师和家长之间的距离。我自己曾经在这方面有过教训。过去遇到家长因对孩子的情况不了解而有错误判断的时候，或者对学校的工作有误会而妄加指责的时候，我常常缺乏耐心，过于直接地指出，容易给家长一种居高临下的感觉。在老教师的提醒下，我意识到自己的问题并努力改正。我现在跟家长交流时，把握的尺度是“刚认识的朋友”，对朋友要平等真诚，但“刚认识”就要多考虑别人的感受，尊重别人的想法。

以上四条沟通原则，其实在和学生的沟通过程中也同样适用。

5. 家委会是有效沟通的良好平台。现在各班级都有家长委员会，其中还有核心家委。他们承担了很多工作，为班级服务。其实他们的作用远比这大得多。我觉得，班级家委会能起到的作用主要有三个：一是“信息源”，帮助班主任了解班级信息，特别是家长们的各种意见。各班都有不包括老师的家长群，家长当中的真正意见，往往只有家委才能告诉班主任。有了这些信息，班主任才能对班级出现的情况及时有效地处理。二是“防火墙”，能帮助处理一些班主任不适合直接出面或者直接表态的问题。三是“缓冲带”，能够把一些相对突出敏感的问题，处理得较为和缓，给班主任留出思考和处理的时间。发挥好家委会的这三个作用，对我们的班主任工作大有裨益。

班主任要主动和家委们沟通，交流他们孩子的情况，了解家长们的思想状态，让家委们感受到班主任对学生们的关心，对班级工作的责任感。

6. 合适的渠道是有效沟通的保障。现在是信息时代，班主任和家长的沟通有了多种多样的渠道，一定要注意选择。

日常沟通用QQ：要注意群里不说废话，不直接点名批评，交流个别学生的问题，要用私聊。一定要建一个家委群，便于和家委小范围商量事务。

具体沟通打电话：不紧急的事情，先跟家长约一下通电话的时间，合理安排，不要让家长感觉交流过于匆忙。

详细沟通才约谈：一定是比较重要的问题再把家长约到学校面谈，面谈前一定要准备好谈话的材料和预案，决不能把家长约来只是通知或告状，一定要有具体的问题分析和解决方案，让家长觉得跑一趟是有收获的，老师对孩子是关心、负责任的。简单说，如果没有准备谈一个小时以上的内容，就不要随便约谈。

特殊情况要家访：班主任都很忙，不可能对所有学生都进行家访，有几类学生建议老师有可能的话跑一跑：可能有心理问题的学生、家庭情况特殊的学生、不愿意主动和班主任沟通的学生，当然具体情况还要具体讨论。

家访要注意几点：一是不要上门去告状，开头一定是表扬，选择孩子进步的时候去家访；二是要有明确的目的，上门要解决的问题要清楚，要做好准备；三是尽量能给家长提出有针对性的意见和建议。

以上几条，是我个人在班主任工作中关于家校沟通方面的一点小心得，肯定有很多的不足甚至错误之处，在这里请大家多多指正，不吝赐教！

手心的蔷薇

——与学生进行心灵的对话

宗　晔

学生的发展应是全面的发展，应包含身体、心理与精神层面的和谐共进。作为班主任，我们就像学生的人生导师，不仅肩负着帮助学生树立端正的品行和高尚的道德的责任，还要促进其心智的成熟。因此，能够走进学生的内心世界，与学生进行心灵的对话，就成为我们引导学生进行“自我教育”很重要的一个契机。

吴增强老师编著的《班主任心理辅导实务》里提到，“理解是从关注开始的，是班主任老师走进学生心灵的第一步。”理解也成为我日常与学生交往过程中很重要的一部分。作为一个管理着五十几人的班主任来说，想要每天跟每一位学生促膝长谈，了解他们的所有情况可能是一件十分困难的事情，但是每天我都会花一些时间与每位同学进行简单的“交流”。这种交流可能不仅仅是语言上的，它可以是轻轻地拍一下肩膀，一个温暖的微笑，也可以是一次亲切的注视。这些都能让我了解关于学生的不少讯息，比如学生身体是否舒服，是否有话想对我说，是否遇到了挫折，是否有开心的事情想要与我分享。这些“交流”能让学生感受到老师对他们的关注，从而让我们获得与学生进行心灵对话的一把钥匙。

对于学生的一些违纪行为，严肃的批评与指责并不一定是唯一的解决方式，与学生进行一次深入的心灵对话，也可能是从根本上解决问题的关键。记得开学伊始，我就注意到班上有个学生比较活跃，自习课上经常控制不住地讲话，课间发表的一些言论也不太恰当，渐渐地有些同学对他有了一些意见。通过与他家人的交谈，我了解到这个孩子看起来活跃调皮，但其实自尊心强，好面子，心智跟同龄人比起来可能还不太成熟。了解到这些信息后，我决定找他深入地聊一聊。于是我找了一个中午的时间，买了两瓶酸奶，请他陪我在校园里走了走，借这个契机和他聊了聊他最近的表现。并没有过多地指责，只是告诉他我对于他的一些行为表示理解，看得出来他是一个很有活力的人，可能有的时候有多余的精力需要释放，所以像自习课这样需要长时间安静和保持专注的时候，他很难做到完全静下来。但是高中的很多时间都需要沉心静气地去学习、去思考，如果他没有办法平静下来，可能学习效率上就没办法保证；此外他自习课讲话，影响了周围的同学，再加上有时言论不太恰当，可能周围的同学很容易对他产生不好的想法。我提醒他我们的一言一行都影响着他人对我们的评价和印象，因此有时候要学会考虑周围人的感受，不然时间久了，还有谁愿意跟不顾他人感受的人做朋友呢？该生也跟我聊了很多他自己的真实感受，他也承认自己有时确实没有意识到自己的一些不太恰当的言行，可能觉得好玩就脱口而出了。那次之后，每次自习课看班，我都能关注到他有了很大的改变，有时还会期待地看着我，好像在说：老师你看，我在好好学习。连他周围的同学聊天时都打趣道，“宗老师，我觉得你请他喝过酸奶之后，他真的比以前好多了。”

从儿童走向成年的过渡期，我们称之为青少年期。随着年龄的增长，学生的人生价值取向也趋于多元化。心理学研究表明，从儿童期到青少年期，学生的自我意识发展有一个从客观化自我发展到主观化自我发展的阶段。处于儿童期的学生，往往趋向于按照父母或者教师的想法对事进行评价和判断，更多的是他人的选择，而非儿童自己内心的选择。进入青春期，随着自我意识的觉醒，学生的心理也将发生很大的变化。而在当今世界，由于信息化的高速发展，学生会接触到各种各样的信息，这些信息有正面的，也有负面的，它们传递给学生的是多元化的价值观念。这种社会文化的多元性，使我们的学生在面对很多似是而非、边界模糊的现象与观念时，往往缺乏足够的理解力与判断力，从而使得他们更加迷茫与困惑。由此可见，培养中学生的价值判断与理性选择能力日趋重要。而这些都不是简单的批评说教能够达成的，因此，利用心灵上的沟通达到对学生价值观的培养，变得尤为重要。

新学期伊始，班里来了一位特殊的转学生：由于一些特殊的原因，小林休学了半年多，在这半年多的时间里，他在父亲经营的咖啡厅帮忙，没有学业的压力，没有学校各种规定的束缚，从事着自己热爱的咖啡行业，小林非常心满意足，觉得不去上学才是正确的选择。然而在父母的一再要求之下，他还是重新来到了学校。重回校园的最初阶段他显得很不适应，一方面要改掉这半年以来的随心所欲，遵守学校的各种规章制度，要融入新的集体，与新同学交往；另一方面还要面对繁重的学业压力。在重重的压力之下，小林有些退缩了，他又有了想要放弃的念头。作为班主任，我并没有因为他的想法和经历与大多数学生不一样就批评、否定他，而是悉心地与他和他的父母交流，尽我所能去了解他和他背后的故事，不断引导他。那个时候几乎每周我都会和他促膝长谈，去了解他之前的经历，了解他这段时间在学校生活的感受，倾听他不想来学校背后的原因。我鼓励他每周写周记，记录自己每一周的生活和心理状态，自我审视。我告诉他可以坦诚地将自己的想法告诉我，不管是对的还是错的，我都不会戴着有色眼镜去看他，因为我知道只有学生愿意对我说出真心话，我才有能够改变他想法的机会。如果没有这种心灵上的交流，一切的道理可能也只会沦为说教的空谈。终于，在我们的不断交流之下，小林改变了自己的想法，他开始慢慢接纳学校的生活，不断以学生的要求严格约束自己的一言一行，主动与同学交往，认真学习自己落下的课程。秋天的时候，他参加了学校的校运会；在期中考试中，他的数学考到了班级的第 15 名——而他依然在一点一点地进步着。

心灵上的交流与感化往往是润物细无声的过程，然而就像一位学生在作文里写的那样："春蚕一生没说过自诩的话，那吐出的银丝就是丈量生命价值的尺子。敬爱的老师，您从未在别人面前炫耀过，但那盛开的桃李，就是对您最高的评价。"我想这就是教师们无怨无悔执着付出的原因吧。

浅谈中华中学“四自”教育

陈　希

中华中学作为一所都市寄宿制学校，在不断践行“敬德、修业、博物、明理”校训的同时，提出了“自我教育、自行管理、自主学习、自信成长”的“四自”教育新理念，切实做到了坚持青年优先发展的基本理念，坚持青年全面发展的时代要求，坚持青年协调发展的基本方向，坚持青年自主发展的主体地位。

“自我教育”，从根本上提高思想认识。通过学生的“自我教育”，激发学生对于个人发展的自我需求，从思想认识上进一步明确发展目标，制订详细的发展路径。在高一刚接班的时候，我便让班上同学开展“生涯规划”的主题班会。请他们思考：我以后想从事什么职业；我以后想上哪所大学；被这所大学录取的条件是什么；我该如何规划我的高中生涯才能达到目标。同学们利用课后时间去搜集资料，了解自己想从事的职业和心仪高校的相关信息，并制订相应的有所侧重的学习目标和计划，然后在班会课上交流，并将自己的生涯规划写在卡片上，收于身边，时常激励自己、警醒自己。对于大多数学生而言，他们不知道学习的意义和最后的终点，只是无目的地按照老师的要求度过三年时光，但若在起点就为他们指明终点的方向，并对道路上的困难与曲折有所认识，他们便会更慎重、更坚定、更拼搏，从而能在高中学习中取得领先地位。

“自行管理”，在生活中规范行为习惯。通过在校的学习和生活，合理安排时间，有序地规划学习进度和生活作息，在行为习惯上进一步培养自身的规范性和条理性。我校是以寄宿制为特点的重点高中,全校半数以上的学生为住校生。宿舍为五人一间,每层楼均配备相应的宿管老师负责。由于住校生人数较多,且住校时间长,学生的“自行管理”就显得相当重要。为了践行“自行管理”的理念,让学生能够理解学校的管理模式,学会站在管理者的角度思考,同时也激发学生自律自管的意识,各年级成立了宿舍区自管会。通过学生自荐、老师推荐相结合的方式,选出一部分责任心较强的同学组成自管会,在午休、晚寝前对各宿舍进行巡查并记录自习情况;对有违规行为,如随意窜宿、聊天、说脏话等行为的同学扣分并提出批评。一学期若在宿舍区扣分达到一定标准则会被取消住宿资格。在这样看似严苛的军事化管理制度之下,学生们都对规则产生了敬畏感,在遵守校规的同时也提高了自我管理的意识;在宿舍区也能够如在教室般高效、自觉地学习,并能时刻注意自己的言行。一旦适应了这样的管理模式,住校生们便能够认识到养成良好的学习和作息习惯的重要性,在今后的学习和生活中也会更加规范管理自己的行为和时间安排,这种习惯会使他们受益终身。同时年级自管会的成员是流动的,每学年会进行重新选拔,这样就能够让更多的同学参与到管理者的行列,学会换位思考,体会管理过程中遇到的困难,从而更好地了解制度,自我管理和约束。

“自主学习”,在计划中完善知识储备。利用“自主学习”的方式,加强学生的内需发展,培养学习能力,在完善学科知识储备的同时,进一步强化优势学科和兴趣学科。中华中学十分注重培养学生“自主学习”的意识和能力,不倡导教师占用自习课、晚自习进行授课,相反将每天上午第五节课统一设定为自习课,让学生能够有时间对一上午所学知识进行自主梳理和复习,有疑问可及时求教老师。比起填鸭式、满堂灌模式的传统教学,适当地给学生“留白”,给他们一定的时间去消化、整理、吸收、反思,同时教师可以教授学生科学高效的整理和复习方法,如科学订正错题,如何更好记忆等,让学生能够在反复摸索中找到最适合自己的学习方法，培养“自主学习”的意识，提高“自主学习”的能力，进而在学习上有所进步，突破自我。很多学生在迈入高中后还保留着初中被灌输学习的习惯，指望通过老师不断地重复知识点，抑或是依靠考前突击取得高分，不能很好地适应高中快节奏、高难度、多学科的教学模式。且课堂四十分钟的时间很有限，教师在授课时必当有详有略，有所侧重，因此想要全面扎实地掌握课堂内容，学生课后的自主梳理和复习就显得格外重要。“自主学习”还体现在课堂的参与上，在教师的引导下，学生通过独立思考，主动参与言语实践的过程，这个过程是任何人都无法代替的。学生只有参与到学习过程中来，体会到学习的乐趣，才会激发课后进一步自我探究的兴趣，从而提高“自主学习”的能力，形成良性循环。

“自信成长”，在进步中不断成就自己。引导学生激发内在动力，拿出舍我其谁的责任担当，能吃苦、肯奋斗，始终保持一股顽强拼搏、勇于开拓的精神气，扫除一切骄气、娇气、暮气、惰气，做自信者、坚定者、奋进者、搏击者，用骄人的表现来证明自己、成就自己。我所任教兼带班主任的班级——高二(4)班，是一个在短短一学年时间就进步显著的班级，不仅是在成绩上，更是在学校文体活动、班级凝聚力、班级荣誉感和学生的精气神上让所有人惊艳。记得在接班之初，班上弥漫着一种养尊处优的“娇气”、懒懒散散的“惰气”，以及一些同学自以为良好的“骄气”。在年级开展的义卖活动中，有些男同学不愿意为班级出力，导致班上部分女同学忿忿不平，班级气氛一度紧张。我本想借机教育一下班上娇气偷懒的男生。就在义卖结束后的第二天，我在桌上发现一张女生匿名写的小纸条，上面罗列了义卖活动中为班级出力的好人好事，并表达了对他们的感谢。我看了之后深受感动，在班会课上表扬了纸条上的好人好事，并对写纸条的同学表达了赞扬和感谢，因为她有着善于发现美的眼睛和时刻怀抱着的感恩的心。这次班会结束后，我发现班上的男同学干活明显比之前勤快了许多，也绅士了许多。前一日水杯落在讲台上，第二天晨读一来发现杯中已灌上了热水；数学周老师晚自习时在讲台前改作业，因红笔下水不畅甩了两下，前排的一位细心男生便主动送上了红笔；看到其他班老师怀里抱着重物，尽管不认识，一个男生很自然地抢过包裹并帮老师送至办公室……慢慢地，他们从家里一个个娇生惯养的小公主小少爷，开始变得体贴温暖，班级也变得像家一样温馨和睦。

在我看来，“自信成长”不仅仅是体现在成绩上的进步，更多的应是学生自身的品德、观念、行为的改善和提高。教师通过不断表扬激励进步或者行为表现好的同学，对班级进行一种正强化，集体中会有更多的同学顺应这种教育的思潮，从而不断约束、改变自己，向着更好的自我去发展。长此以往，班级就会形成一种共同成长、共同进步的良好氛围。

刚柔并济，在磨合中共同成长

曹晓琰

高二文理分班之后，我带的是文科实验班。虽然是新的班级，但是对我而言，有不少高一教过的熟面孔；对于学生而言，更是很快形成了以原高一班级为单位的一个个小团体。虽然新的高二(9)班已经建立，但是无论是我自己，还是学生，从心理上都还没有完全从原高一的班集体里走出来，对高二(9)班这个新集体还是很陌生。

如何让学生更好地融入新班级，形成班级的凝聚力，是摆在我面前的一大问题。

首先在宿舍安排上，尽量把来自不同班级的同学安排在同一个宿舍，让新同学之间有更多的接触机会，以免他们局限在自己的小团体当中。希望他们在日常生活的磨合中更好地了解彼此，建立起新的友谊。当我把宿舍安排的初衷告诉学生时，他们理解了我，不再要求一定要和原来班级的同学在同一个宿舍。由于舍友之间较为陌生，开学初，我班宿舍整体扣分比较多，我只是友情提醒班级中的落后宿舍，同时表扬做得较好的宿舍。我常常在班上讲：一开始就是用来互相学习和彼此磨合的，你们一定会越来越好。事实上，他们真的做到了！住宿生活对于这个年龄的孩子来讲，本身就是一个考验、一种锻炼，他们需要老师的理解和偶尔的宽容。此时教师的温柔也是一种力量！

其次是避免“阴盛阳衰”，文科班男女比例失衡，在54个人的集体里男生只有9人，为了让男生在这个集体里有声音、有地位，我开始有意识地为男生造势。最重要的职务“班长”是男生，另外还有5人担任班委，其余3人也负责班级的其他工作。这样男生虽少，但男生的气势不弱。男生的积极性调动起来了，苦活累活总能看到9个小男子汉的身影；而在座位安排、班级评优的过程里，小男子汉们总是会做出谦让。我常常在班里感慨：高二(9)班的女生很幸福，因为有一群懂得照顾她们的男子汉。我也常鼓励我们班女生既要有文科女优雅的气质，也要理解爱护男生，更要有承担的一面，所以开学初搬书、运动会搬桌子女生也积极踊跃参加。此时同学之间的协作互助、温柔以待是最好的集体教育。

建班之初，大概是因为实验班女生多且同学之间不太熟悉的缘故，班级氛围紧张而压抑。绝大多数同学自己埋头苦学，班集体意识薄弱，在各项集体活动时，表现出更多的是消极应对。第一次黑板报草草敷衍，3个宣传委员说不想影响自习和午休，所以没时间，我当时没吭声。第一次学校大型集体活动运动会，体育委员反映报名不积极，这件事我不能再放任不管了。我不了解他们，但他们之间互相了解，所以在班上以相互推荐的方式完成了报名，但是看得出来，他们的热情并不高。周五就要进行的集体项目跳长绳比赛，周一才第一次练习，人不齐又不知如何跳，我只能把他们带到高三练习的地方，让他们看看跳得好的班级是如何进行的，他们跟着学了下，然而效果很不理想。周二下午，体育委员来找我，说练长绳总是人不齐，大课间他们要问问题，而中午要午休，不想影响下午学习。我当时怒火直冲地奔向班级，也是我第一次在班上发脾气。我问他们高三忙不忙，长绳跳得好不好，批评了他们的个人主义而置集体于不顾，告诉他们优秀的人不但可以学习好，而且各项活动也会表现出色，列举了我们班月考中的前10名几乎都承担班级中的相应工作。强调对于集体项目，你是其中之一，也是百分之百，缺你不可，并且当场表示如果要退出，现在就申请。当然我后来想想，如此暴怒之下肯定是没人敢申请退出的。后来的三天我只从组织委员和体育委员那里了解情况，没再去看过他们练习，但是我在班上表示会全力支持并且强调我看重的是团结合作的过程。最终跳长绳的第一名对于高二(9)班意义非凡，首先他们之间有了更多的互动和了解，而他们付出之后的成功也增强了他们对于这个集体的信心和热爱。作为班主任，这更是一个把班级建设得更好的教育契机。由此，高二(9)班可以努力更优秀这个意识在班级逐渐形成。我想正是有了平时的种种温柔，那一刻的愤怒才会让他们震惊，而之后他们的努力也告诉我，他们不但懂得了老师的愤怒，更看到了老师对他们的期待和对高二(9)班的责任感。那一刻的愤怒更多的是对班集体的爱！

一个新集体里，同学之间、师生之间，总是需要时间去磨合的，相信如果用爱作为基石，磨合的过程必然就是共同成长的过程。

合作式班级文化的学生自主建设

——记中华中学2018级高一(13)班班级建设

方泽运

南京市中华中学是一所历史悠久、具有优良办学传统和丰厚文化底蕴的百年名校。120年来，学校办学严谨，师资力量雄厚，坚持育人为本，教育教学质量在南京市名列前茅。2011年，中华中学高中部搬迁至建邺区兴隆大街208号。都市寄宿制学校对于我们来说既是一个挑战，也是一个机遇。读书、明理、做人、成才，学生们在这样一所倡导“四自”教育的优质学校里不断实现着自我突破与自我发展。

班级文化是指班级所有老师与学生在生活和学习过程中逐步形成的精神与制度文化、物质文化等教育环境和教育氛围，展现的是一个班级的学习观、发展观以及价值观。合作式班级文化的学生自主建设是我们高一(13)班孩子们“四自”教育之路上追求更好成长和发展的一点尝试。

团队合作精神是在合作与竞争中社会适应能力的重要表现，也是当前越来越重视的中学生综合素质。进入高中以来，高一(13)班的同学们怀着自立自强的信念，不断交流合作，逐步推进合作式班级文化的学生自主建设。常规班会的主要形式是班委们上讲台汇报总结本周工作完成情况，表扬本周表现突出的同学，指出可以改进的地方。班主任在过程中会联系班委综述和本周检查扣分情况适时发表看法与评价。在这个积极向上而又融洽的氛围中，同学们个个精神饱满，聚精会神地听着各个分管班干对班级近况的反馈与反思，认真做着笔记，仔细思考着解决方案。期间时不时会有同学举手，表明自己对班级存在的某一问题的态度，并针对这一问题提出良好可行的建议，或是对班委所陈述有异议的说明与补充。也会有同学会主动上讲台进行自我检讨，表示面对错误的改正决心，此刻台下的同学们会不由自主地对其报以鼓励的掌声。这样的班会模式以润物细无声的方式提高了学生的自主性、自觉性。学生们从初中到高中的这一过渡阶段正在一点点地改变着、进步着。同学们由陌生到熟悉，班级由初建时的松散到团结向上，秩序变得井井有条，树立了大家的主体意识和集体意识，建立了平等互助的师生关系，发展了学生的个性，强化了学生的自我管理意识和自我反思能力，逐步践行着合作型班级的学生合作自主建设和管理的思路。

在学习方面，初中与高中有太多不同。部分同学刚开始不适应高中数学学习，甚至考试不及格，明显感觉很吃力，少数学生甚至对学习失去了信心。这时我便会和一些数学学科遇到困难的同学单独聊天，听听他们的困惑。与孩子分析初中课堂教学容量相对较小、知识简单，时间宽裕，可以通过大量的课内外练习、课外辅导、反复巩固达到对解题方法的掌握。而高中的学习随着课程开设增多、难度加大、容量加大，各学科学习时间大大减少。这就需要理解着学习、领悟和运用，需要大家将模仿学习转变为创新学习。不能仅仅模仿做题，模仿老师推理，而要学会自己举一反三，创新学习，解决问题。高考旨在考查学生的核心素养与能力，避免高分低能，提倡创新思维。数学课堂上，我也会给学生们创造足够的思考与合作讨论的时间，引导学生合作讨论中搞清楚知识发生、发展的来龙去脉，理解领悟，进而内化后学以致用，提高学习效率。

现在的教育不是教师个人的英雄主义时代，更多地要求合作与协同，发挥班级教师团队的更强育人力量。比如，高中语文和初中语文的差别很大。初中语文对课外阅读量要求不高，对文学欣赏水平要求也不高，考试的阅读理解以课本内容为主，有时甚至直接就是学过的课文内容，而高中基本不会直接考查课本上的内容。对于作文，初中讲求的是文法语句章法，高中讲求的是在前者基础上的个性风格，文化底蕴，要体现厚积薄发。要求看问题有深度、有思想、有个性。针对这些问题我主动和语文老师商量后引导学生们广泛阅读的同时相互交流、碰撞思维，合作中共同提升认识！还有的学生反映高中学习时间不够用，其实我并不认为这是一件坏事，说明学生们有紧迫感，只有有较强求知欲的学生，才会感到时间紧张。鲁迅先生曾说过，时间好比海绵里的水，只要去挤总会有的。但挤时间也要讲方法，引导学生自己制订一个切实可行的计划，做到凡事心中有数。同时，要明确计划的实施过程就是艰苦奋斗的过程，要时常反省自己是否落实了计划的每个细节。计划未能按时完成，就得分析原因：如果是因主观上没有按计划行事，或坚持了一段时间因缺乏坚强的意志而半途而废，那就得努力加强自律。实施的过程中也得适当地对计划进行必要的修改和完善，增加其可行性。主张同学们要自律自觉地利用好一点点的碎片时间，当时看似没什么作用，实际上把这些时间积累起来，它的价值会出人意料。近几次月考、期中考许多学生成绩进步就很大。

做好任何一项工作的前提，都是要了解、沟通。“半月谈”是我们高一(13)班的又一特色。高中生不像儿童时期那样经常向成人敞开自己的心扉，他们的内心世界变得更加丰富多彩，但又不轻易表露出来，心理的发展呈现一定的闭锁性。他们非常希望有独立的空间，有个人的抽屉，并喜欢把抽屉锁起来，好像有什么秘密似的。他们不大爱对长辈倾诉了，喜欢自己写日记。这种心理发展的闭锁性使得高中生容易感到孤独，同时又产生了渴望被人理解的强烈愿望。为了防止他们出现思想上的偏差，我会每半个月请他们交上一篇不限字数的“半月谈”。这相当于一篇小小的日记，学生们可以把他们平日里不好意思说的，或者不便说的事情都写在上面，我一一认真阅读，感受他们心里的小小世界，体会他们的心情，或是喜悦、或是低落、或是困惑。读完“半月谈”后，我会私下里找那些在文字中诉说自己苦恼的学生们深入交流。比如班上的张同学，刚开学时是一个不能遵守纪律、集体意识感不强的学生，有很多同学向我反映他在班上的不当行为。我很重视，并悄悄关注着他的言行举止，经常找他谈话，尝试走进他的心灵。慢慢地他也向我敞开了心扉，认识到了自己之前不成熟的表现，下决心改正了自己的一些错误行为。现在的张同学身上虽然还有些小调皮的影子，但是总体表现已经很不错，融入了班集体，学习也有很大进步。作为老师的我最高兴的莫过于看到学生们身上的这星星点点的进步。

高中生的思想显然比初中生要成熟了许多，独立思考和处世能力逐渐发展，在心理和行为上表现出强烈的自主性，开始积极尝试叛逆父母的保护和管理。他们对许多事物都尝试发表自己的看法，并经常为坚持自己的观点而争论不休。如果引导得好，他们对社会现实生活中的很多现象都感兴趣，对学校及社会各项活动的参与会日益活跃。所以班级几乎所有事情我都会选择组织学生们自己去思考方案、操作实施，而我仅仅是帮他们把握下方向，适时参与引导。现实表明他们的创造力、执行力以及团队合作能力都十分出色。

现代学校制度是一种以学生发展为核心的制度，其所有的规则体系都是围绕更好地促进学生发展来构建的。在全班同学的共同努力下，我们合作式班级文化的学生自主建设不论在班级学生管理方面、学习方面，还是师生间、同学间的思想沟通合作方面等都已经初具雏形。我会一如既往地与学生们携手共行，向更优秀的班集体迈进，努力成就每一位学生！

高中生学习中的自我管理能力的培养

——浅谈自习课上的高效学习之路

焦炳胜

在中学教育实践研究不断发展和深入的现阶段，我们越来越重视学生的"自主学习"能力，这对提高学生的素养和能力有至关重要的作用。学生"自主学习"能力的核心是在学习过程中的自我管理，而这在自习课上有着明显的体现。

目前高中生在自习课上出现各种各样的问题，睡觉、偷偷做其他事的现象层出不穷且较为严重，原因在于现今高中生学习的自我调节能力较低。特别是对自己制订的学习计划的贯彻执行上缺乏坚持不懈的意志力。在课外，除了完成老师布置的作业，能够安排自己的学习计划并能坚持完成自己制订的计划的学生只有十分之一左右。

作为教师来说，帮助学生弥补他们在自制力方面的不足，促使学生在自习课上高效学习是重点也是难点。以下是小孙同学的自习课上自我管理的培养案例。

小孙性格内向，学习成绩不好，成绩的不理想主要源自不好的学习习惯和学习状态。小孙最大的问题在于自习课效率低下，总是睡觉。每当老师提醒他时，他总是说："我没有睡，我只是……"自己不承认错误是学习最大的阻碍。为了打开小孙的心扉，使其认识到自身错误，我不断找机会与他聊天交流，自习课对他多关注、多提醒。慢慢地，当老师在课上批评他时，他也能虚心接受，但是之后在自习课、早读课上，小孙看书仍然是看着看着就睡着了。

一次统考，小孙仍然考得很差，我再次找他聊天，分析自习课学习效率的重要性。小孙也再次表示要下决心改正。第二次早自习他果然很认真。课间遇到小孙,我向他点点头,笑着表扬了他。当天直到晚自习结束小孙表现得都非常好。但是到了第二天早自习时,他又想睡觉。在被我提醒后,强打起精神坚持学习下去。随后几天小孙状态又有所回落。慢慢地,我也意识到导致他自习课低效的另一个原因在于他学习不得法。为此我指导他每节自习课订立详细的学习计划并督促他去落实。我也不断地提醒他、鼓励他,隔几天就找他谈一次。就这样,小孙的状态在我的关注和他自己的努力改变下时好时坏,学习状态起伏呈周期性的变化,不过总体在进步。关键是小孙学习的自觉性明显提高了。在自习课上,小孙由一睡睡到下课转变为上课间歇性的睡,进而变为睡一会儿,警醒之后自己站起来趴在教室后方台面上学习。这种自觉性上的转变是最让我高兴的地方。我坚信,他是想好好学习的,而且一定能够不断进步的。

在小孙同学转变的过程中,作为伴随着他成长的老师,我也有很多感慨和收获。学生学习的基础不是老师的管理而是自我管理;良好的意识形态对学生的自我管理有着关键的作用。作为教师,我们应当对学生给予持续的关注和引导。现从以下三个方面简述我的体会。

一、学生自习课上的高效学习需要自我管理能力的培养

学习是一个长期的、复杂的任务。它不是短短几个小时就能完成的事情,需要学生自己长期的坚持和积累才能够达到良好的效果。因此作为老师仅仅给予学生直接的、具体的帮助是远远不够的,而且不能起到根本性的作用。有时我有一种"要是我能代替学生学习就好了"的感慨。其实在直接帮助学生学习方面,老师总会有一种无力感。学生在自习课上学什么、怎么学需要我的关注,但这绝不是我关注的重心。我重点关注的是每个学生学习的意识形态以及他是否能

很好地自我管理。从“授之以渔”的角度上讲我是重点关注“渔”而不是“鱼”。培养学生自我管理的能力是正确的方式。

在培养学生自我管理能力的过程中我们应当尤其重视主体性原则和激励性原则。

主体性原则即教师以学生自发的学习意愿为根本，引导学生在自己的意识形态下主动地规划、安排学习内容和方式并付诸实施。这是培养自我管理能力的指导思想。

激励性原则即教师通过交流、批评、鼓励等方式方法不断促使和激励学生在行动上持续努力。这是培养学生自我管理能力的具体途径。

二、自我管理来源于学生良好意识形态的形成

学习优秀的学生都不是靠老师逼出来的，只有学生自己想学、要学，才能取得好的结果。可见学生的意识形态对学习的重要性。培养学生自我管理能力首先应从培养良好的意识形态入手。

经验告诉我们，教师的权威并不能完全左右学生的意识形态，教育学生不仅仅是权威的约束，更不是教训。教育是一种情感的交流，这也许是我们老师最应该用心的地方。教师与学生的交流一定程度上也属于特殊的心理咨询，交流的方式方法是表层的要素，而教师对学生的真实情感流露如担心、焦虑、失望乃至愤怒是唤醒学生自我管理的关键要素。现阶段的高中生并不缺乏是非观念，比起教师所陈述的事实和道理，他们更容易感受到的是教师在与自己交流过程中的情感和态度。他们缺乏的是教师在情感上所给予自己的关注和鼓励，老师的关注和鼓励是他们力量和自信的源泉。在情感上给学生以影响是形成良好意识形态的基本方式。

在小孙同学的案例中，开始阶段对小孙的教育和一段时间后同样的说服教育在效果上有着明显的不同，其主要的差异在于刚开始

阶段，师生之间不了解，缺乏情感的交流，随着交流次数的增多，师生双方越来越了解，情感交流越来越深入，在交谈中同样的话就像被催化了一般，更容易与小孙的思想发生反应。

班上小周同学头脑灵活，但学习懒散，平时自习课上喜欢讲话、看课外书，而面对批评他总是嬉皮笑脸的。一次考砸了之后，我狠狠地批评了他一顿。面对我严厉的态度，小周明显地感觉到我生气了，联系自己的成绩和平时的表现，他对自己的错误行为做了深刻的反省。之后的学习过程中小周明显地改变了很多，比起之前更加抓紧时间，更加认真了。可见，学生的意识形态对他的学习行为的管理起着决定性的作用，不一样的意识形态会使自我管理行为产生非常大的差异，而良好的意识形态是需要教师帮助学生触发和培养起来的。

三、学生的自我管理需要老师的持续关注

学生的改变是一个漫长的过程，这需要学生和老师一起坚持不懈地努力。我从未奢望与学生聊几次就能将其坏习惯改掉，我希望自己每一次和学生的谈心都能够对学生有所触动，能够不断提醒学生要主动地管理好自己的学习。

上述案例中小孙学习态度转变的关键是意识形态的转变。而这一转变分为四个阶段：

(1) 不承认错误。

(2) 承认错误，但没有改变的倾向。

(3) 有努力改变的倾向，开始和自身做惰性斗争。

(4) 较好的自我管理。

小孙同学的转变不是一蹴而就的，刚开始小孙的不配合、不接受说明基本的事实道理没有打动他。在我与他一次次的交流甚至批评当中，他慢慢地体会到了作为老师的我的内心想法和情感，我逐渐走进了他的内心。虽然交谈语言的字面意思千篇一律，基本雷同，但语

言中隐含的情感交流在逐渐加强、加深，这是很关键的。而双方的情感交流也绝非单向、绝非朝夕而成的。这首先需要教师一方主动、长期的坚持。其中包含了教师对学生大量的忍让、宽容，而这只有经历了一次次与学生冲突后的教师才能理解其中的辛酸，学生思想上的转变真的很不容易。

小孙同学思想上的转变并不是教师工作的结束，帮助小孙在行动上的转变是一个长期工作。在此过程中，教师要帮助学生以良好的意识形态逐渐替代已有的坏习惯用于主导其行为，并形成新的习惯和“下意识”。其中教师不断的关注和督促是必不可少的。在帮助小孙形成好习惯的过程中，我有失望、有生气、也有高兴，我的这些情绪让小孙也感受到，让他意识到我与他一样，在陪着他一起或喜或悲，这也是促进小孙更快转变的动力和支撑。

高中生在学习过程中自我管理能力的培养是提高学习效率的重要一环，而在学习过程中培养学生良好的意识形态又是提高自我管理能力的重中之重。这需要我们教师在情感上给予学生持续的关注，坚持不懈地给予学生持续的帮助。相信在学生自身的努力和老师的帮助引导下，学生的“自主学习”一定会走上高效之路。

努力做自己　接受“遗憾美”

陈　蔚

这学期我接手高一新生，班上有一个坐在教室后排的高个子女生S。她给人的印象很普通，没有什么特别之处，表现中规中矩。但是没过多久，S就引起了我的注意。第一学期期中考试结束之后，成绩单发下来，S考得很不理想，我自然要找她谈话。她告诉我，她觉得各科知识都好难。上了高中，时常听不懂老师在讲什么。她觉得自己已经非常努力，考试却不及格，而同班的很多同学却能轻易地得到很高的分数，这不禁使她怀疑自己的能力。她努力过，但学习还是原地踏步，永远都达不到自己定的目标。她很怕考试，考试时高度紧张，常犯低级错误。失眠、头痛、沮丧、易怒、易疲惫更是家常便饭。渐渐地，她感觉到压力就像一座大山，而自己却是跌到了谷底，怎么学似乎都不见成效。每次一看到自己的成绩，都很绝望。如果这样下去，整个高中阶段的学习怎么办？高考怎么办？想都不敢想，前途一片黑暗。

我非常认真地听完她的叙述，沉默了良久，当时并没有做出评价。她情绪很激动，我让她先回班自习，但是我自己却陷入了深深的思考。

S性格内向，学习刻苦努力，对自己要求很高，责任心强，有理想。但是，在逆境中，这样的性格往往会成为最大的绊脚石。一旦达不到自己的目标，她首先不是考虑目标是否合理，而是陷入自责，怀疑自己的能力，变得不自信。于是下一次还会制订更高的目标以做弥补，那肯定还是达不到，于是再次深深自责，变得越来越自卑。在潜意识中，她总要求别人按自己的方式做事，因此，很难找到知心朋友，也就很难有安全感、认同感与归属感。这样，造成了越来越严重的自卑与自我否定倾向。这样的不良人格所造成的心理障碍又没有得到及时地矫正，因此长时间地干扰了她的情绪。正是由于她不能很好地根据环境的要求改变自己的生活方式和思维方式，调整自己的心态与目标，因此，她一直处在一种紧张抑郁的、生理与心理全都极度不适的状态，这对她的学习和生活产生了很大的负面影响。

第二次我找到S，并没有再谈成绩的事情。我说：“请你看一看学校的宣传片？”她看看我，有点摸不着头脑，“好吧，我看看呢。”我给她看了学校的招生宣传片。当S看到航拍的校园全貌，显得很惊讶。“你看，从不同的角度看学校，你的感官、你的认识甚至你的想法都会不一样了呢。”我立即开导她。我指点着画面问她：“你现在可以说说在这个学校的经历吗？比如，在哪个屋檐下躲过雨，在哪里打过羽毛球，在哪里有过徘徊，在哪里有过憧憬……”我看她渐渐陷入沉思，接着说道：“这些就是你的高中生活，每天都是这样，但是每天都不一样。”S这时突然有些茫然。我立即说：“站在地面，看到的是一个个场景，一段段生活碎片，当你从一个高度去纵览它们时，你就会重新审视你的生活，而且会有不同的新的认识哦。”她当时似乎有些明白了我的意思，但是又不太确定的样子。次日，S又找到我，对我说：“生活就是我脚下的风景，我能看到最远的地方很美丽，虽然我并不一定能到达那里，但是我会努力地走好每一步。”说完，很轻松地朝我笑了笑。

人生的遗憾也是一种美，我们要有正确的眼光和沉着的勇气去看待这样的“遗憾美”。仓央嘉措说过，若是没有遗憾的人生，给你再多的快乐你也体会不到。只要努力过，就不会后悔。人生不如意事十有八九，只要做到最好的自己，就无愧于心。

对于这个事例，我进行了一些思考，班主任的工作细致而繁琐，做学生的工作是最复杂、最微妙的，高一学生尚未成年，班主任要根据其心智发育的特点，抓住有利的时机，才能有效地开展工作。

1. 倾听内向型学生的心声。内向型学生往往缺乏人际交往的意识，大部分的时间都用于埋头学习，根本就没有顾及朋友之间的情感沟通。长时期处在这种紧张状态之中，自然会产生不良的心理。此时，耐心的倾听是打开他们心扉的唯一办法。有效的倾听可以更快地了解他们的学习生活、性格特征、内心世界等，也是对他们的尊重，更容易获得他们的信任，更容易使他们配合心理健康教育。

2. 引导内向型学生正确认识心理障碍。心理障碍是指人在遭受强烈的精神刺激或长时间承受压力、挫折或矛盾冲突下，出现的明显的情绪和行为异常。我们要帮助内向型学生克服心理障碍，必须先引导他们正确认识心理障碍。这有助于减轻他们的心理负担，不产生自卑感，正确地认识问题、解决问题。

3. 引导内向型学生提高自信。一个自信的人，要能自我接受并且有自我价值感。自己要先学会爱自己，再学会爱别人，这样才会有更多的人来爱你。要引导学生以积极乐观的态度与他人相处。培养他们独立自主的能力，重新定义自己的生活，重新认识自我，评价他人，使他们具备良好的心理素质。

4. 教师的期望对学生的进步产生巨大的作用。美国心理学家罗森塔尔的“权威性谎言”曾经发挥了作用。老师的心理活动通过情感、语言和行为传递给学生，使学生变得更加自尊、自爱、自信、自强，从而使各方面得到异乎寻常的进步。教师在一些场合给学生有益的暗示，往往会有意想不到的收获。

“批评教育”也要慢慢来

杨小娜

一、案例描述

他，有自己的想法，冲动，思维活跃，不够沉稳。这是他给我的第一印象，我们就称他为小A吧。随着时间的流逝，我对他的印象并不深刻，直到我慢慢地发现……

有段时间，我发现小A的座位旁边地上总是会有一些微小铝皮和一些不知是什么的杂物，一开始我并没有在意。后来我发现小A有时候上课会低着头，手在书桌里不知道做些什么，这就引起了我的警觉，但还是决定不直接问他情况，直接问他有可能他会隐瞒真实情况。

快到期中考试的那段时间，有次课间我要到班去处理一些事物，处理完后发现小A并不在班上，于是我来到他的座位旁，看到他的书桌上有钳子、锥子、小刀等工具，旁边还放着一个坦克的铝制品模型，一看就是他手工做的。我的到来引起了其他同学的兴趣，几个大大咧咧的男生笑着说：“老师，小A很厉害吧，做得多像啊。”我心想机会来了，可以先向周边同学来了解情况。于是我问这几个男生，“他做这个模型多久了，上课有没有在做啊？”我的询问引起了他们的警觉，他们心里的“义气”告诉他们不能跟老师说这些情况，于是嘴上说着不清楚脸上带着坏笑就赶快跑掉了。从上述的情况来看，小A肯定在上课时间也在做模型了。

我看着手中的模型，大脑飞速地运转着，头脑里好像有两个人在“打架”。一个人说，“现在快到期中考试的时候，时间这么紧张，他还在上课的时候做这个，简直对自己太不负责了，把这个模型没收掉，看他还怎么做。”另外一个人的意见是，“下周马上就要期中考试了，现在没收为时已晚，也许小A是因为心理压力大，想通过做模型排解一下忧虑吧，现在没收还会影响他的情绪。即使没收他也可能再花点钱买工具重新做一个，这样反而会让他的精力更加分散。”短暂的思考结束了，我放下了拿在手上的模型，把它归还到原来的位置。

小A的父母知道他在学校做模型吗？他们支持吗？做模型的钱是他们给的吗？小A的家庭情况怎么样？小A在家的表现和学习情况又是如何呢？上述的问题让我发现我对小A的了解真的很少很少，于是我电话联系了小A的妈妈。在与他妈妈的聊天过程中我对小A的了解才更加深刻。

小A是家庭中的二胎，他有个哥哥已经成家立业，生了一个小宝宝，他的妈妈现在已经不工作了，在全力照顾哥哥的孩子，所以家长在小A身上的关心就少了。小A是个聪明好学的孩子，拿过很多的奖项。他的兴趣广泛，喜欢模型、音乐等。他如果喜欢某种东西就会特别专注，可以达到不吃饭不睡觉的境界。他在家做模型已经达到废寝忘食的境地了，但是家长没想到的是他还将模型带到了学校去做，这也让他们很苦恼，希望得到老师的帮助。上述的情况使得我对小A的了解更充分，也让我庆幸当时没有直接没收模型并且批评他。如果当时那样做估计小A会满肚子的委屈。只有充分了解小A，才可能会真正站到他的角度去思考问题。怎么做才能让他不心生怨恨，而且效果又达到了呢？我在内心深处提醒自己要“慢慢来”。

“慢慢来”思想确立下来后，解决方法也就呈现在了眼前。我和小A的妈妈商量道：“小A玩这个模型其实还是很有创意的，比起其他同学玩游戏要好得多，说明他很有自己的想法，这一点我还是很欣赏的，我也鼓励他用课余时间做模型，希望小A回家的时候，您可以把我的想法告诉他，但同时也要跟他表达的就是我有点担心小A这次期中考试的成绩，希望他可以做到两者兼顾，如果期中考试考得不好那就应该将主要精力放到学习上了。”和家长的沟通其实就是侧面告诉小A我在关注他，也知道了他做模型的情况。这次的通话使得我不仅获得了家长的支持，也为我进一步的思想工作奠定了基础。

“如果小A这次考试成绩还不错，那岂不是还要继续鼓励他做模型，万一他控制不住，课上做了怎么办呢?”小A妈妈的担心和我不谋而合。

我也想过这种情况发生的可能性还是很大的，但是和他妈妈的几句沟通和交流，我发现小A是个特别有集体荣誉感的孩子，于是我想到了新的应对方案。如果成绩还不错，那我就要继续鼓励他做模型，若从集体的角度去想问题，做模型可以但是不能拿到教室里来做，更不能占用上课的时间去做，否则会影响我们集体的形象，我相信对于一个有集体荣誉感的孩子来说，他是可以按照要求去做的。

事情并非我们想的那样复杂，经过他妈妈和我与他的沟通，这个问题非常顺利地解决了，他的成绩也慢慢有了起色。但这件事却带给我了一些触动和反思。

二、案例反思

（一）从细微处尊重学生的发展

素质教育的核心是“以人为本”，以学生为本，以每一个学生为本。这是教育的出发点和归宿点，是需要全体教师加以落实的要求。“以人为本”需要了解学生、尊重学生、关心爱护学生，为学生的全面发展和终身发展服务。尊重学生不应只是口头说说，而是要在细微处有所体现。

（二）找准批评教育的时机，找对批评教育的方式

对于案例中的小A而言，当时如果我对他严厉训斥一顿，也能让大家在今后的教学过程中更为注重纪律。不过，对于小A来说，不仅伤害其自尊，同时也挫伤了其上课的积极性，不利于他的成长与发展。换种方式处理，既保护了他的自尊心，又达成了教育目标。以每一个学生为本不容易，不仅要求教师具有先进的教育理念，还要求教师必须具备巧妙的教育方法，从细微处关注每一个学生的发展。

一张违纪通知单

凤　鸣

“叮咚——”

晚上十点半，我的手机突然亮了起来，拿起一看，原来是我们班宿管朱老师发来的消息。咦？这么晚了，莫非宿舍出了什么突发情况？我的心不由得一紧，赶紧打开消息来看。

“凤老师您好，这么晚打扰了，刚才在巡视过程中发现你们班610宿舍徐某某、王某某两位同学违规使用手机，违反了学校的有关规定，现处以违纪，扣宿舍2分。”

看到这里，我的脑袋“嗡”的一声，这才刚开学第一个月，平日在班里三令五申和他们强调学校的三条高压线不能踩，手机就是其中一条。开学初每个家长还签好“零手机管理承诺书”交给了我。这些对他们都不算数了吗？第一次违纪性质就这么严重，还扣了班级的分数，我的内心有一团小火苗开始冒了出来。

“叮咚——”

又会是谁？

这次是徐同学的妈妈发来的消息。“来得还真及时，跟宿管老师简直就是前后脚。”我心想着，一边翻开消息来看，大意是说让女儿带手机到学校是妈妈的主意，主要还是不放心让女儿住校，怕她不习惯，所以在明知道有规定的情况下还是悄悄让带了。希望明天能亲自到学校和老师当面沟通一下。我和她约好了第二天面谈的时间，躺在床上，辗转反侧……

第二天到了学校，我心里琢磨着：先看看那两个学生自不自觉，能不能主动来找我承认错误。等待着、期盼着，终于在大课间时两人一前一后怯生生地走了过来。

王同学先开口说话了："老师，我和徐某某昨晚在宿舍违纪了。"我故作惊讶状："什么情况？"她接着说："昨晚我拿着徐某某的手机想登一下 QQ 看看有没有初中的同学给我送礼物或者留言，因为今天是我的生日。所以我就问她借了手机偷偷用了，结果被宿管老师发现了……对不起，这次拖班级后腿了。"

"那徐某某为什么带手机到学校不上交呢？"我并没有顺着王同学的思路走下去，而是直接把问题抛给了徐同学。

"因为我妈妈怕我不习惯住校，所以……对不起老师，我知道是我错了。"

听完两人简短又带有诚意的致歉，我的火气不知不觉就灭了一半。于是我对她俩说："你俩说的原因我都能理解，但无论如何高压线就是禁令，在校规面前谁也没有特权。你俩先回去反思一下，自己写份检讨书，下午最后一节班会课我们在班上把这件事公开说一下。你俩先回班去吧。"

由于是新班级刚接手一个月就遇到这个问题，我就去请教了德育处的张海宁主任，向她请教该如何处理。她先询问了我的意见，我的态度是孩子犯了错，绝不包庇，该怎么处罚就怎么处罚。深刻的教训能让人警醒，同时也能震慑其他想犯错还没来得及犯错的同学。于是我从德育处领回了两张警告处分决定书。

刚回办公室没多久，徐同学的妈妈来学校了。她说："这孩子从小就特别乖巧懂事，这次是我疏忽了，其实是我更舍不得她，因为是她第一次住校，就怕她不习惯，所以才偷偷让她把手机带着，让她在晚上睡觉前给我发条消息。知道她在学校一切都好，我也就放心了。这是我们家长的疏忽造成了这次违反学校规定。"我坐在一旁一言不发地听完，这位母亲言语之间充满了对女儿的关切与爱护，但似乎爱护得有些过头了,连错误也要全部揽到自己身上。然后我跟这位母亲再一次明确了学校的纪律要求,她也表示了理解,同时也支持学校做出的处罚决定。得到了家长的支持,我的心轻松了一半。

送走了徐妈妈,我的思绪又不自觉地飞到了两个孩子身上。我想到王同学早晨说是因为她今天过生日才想要登 QQ 查看消息的,于是我赶紧利用外卖平台给她订了一个生日蛋糕。与此同时,我又拨通了王妈妈的电话,跟她简单说了一下昨晚发生的情况,她也同样表示了支持和理解。我又对她说:"今天是您女儿的生日,您有什么话想对她说吗?毕竟今天女儿又长大了一岁,作为妈妈应该是很开心看到女儿成长的。"她的妈妈停顿了片刻说:"要不这样吧,凤老师,我一会儿录一段语音发给您,麻烦您有时间放给她听,谢谢您了。""好的,您放心吧。"挂完电话没过多久,她的妈妈就发送来了一条语音,我小心地把它收藏好,一切都准备就绪,就等着下午班会课的到来了。

一切如期而至。班会课上,我在全班同学面前详细讲述了昨晚发生在女生 610 宿舍的违纪事件,然后让两位同学分别读了自己的检讨书,言辞中能看到她们确实已认识到了问题的严重性,并且也是真心愿意改过,希望班主任和其他同学能给她俩一个机会改正错误并监督她们。我先请徐同学坐下,让王同学站到了讲台前,对她说:"今天是你的生日,凤老师今天要送你三件礼物:第一件就是来自德育处的一张违纪警告的通报批评书。"在我一字一顿地宣读完后,王同学把头埋得更深了,坐在底下的同学更是一言不发,班里的气氛凝重到了极点。似乎大家都在等待着班主任下一句的发言。"我送给你的第二件礼物是一个生日蛋糕,今天你又长大了一岁,不能徒增年纪,还要有思想心理上的成长。现在我给你点上生日蜡烛,同学们给你唱一首生日快乐歌,你许个心愿吧。"说到这儿,王同学再也忍不住泪水,边流泪边许完了生日愿望,然后吹灭了蜡烛。大家沉浸在这特殊的气氛里若有所思。我继续说道:"还有最后一件礼物也是最珍贵的一件，是来自你妈妈对你的生日祝福，这是一段语音，我现在放给你听。”然后我将手机扬声器调至最大以便班上每位同学都能听到。她的妈妈动情地说：“今天是你的生日，妈妈祝你生日快乐。十六年前的今天你来到了妈妈的身边，是你让妈妈的生活有了色彩，给妈妈带来了许多的欢乐。今天你又长大一岁了，妈妈希望你能成人成材，犯了错不要紧，改正了今后不犯你还是妈妈的好女儿。妈妈爱你。”

听到这儿，我都忍不住红了眼眶，讲台上的王同学哭得更凶了，台下也有不少同学在悄悄抹着眼泪。我缓缓说道：“王妈妈说得太对了，犯了错不要紧，关键看后面能不能改正，对于那些没有犯错的同学也要从别人的教训中警醒，提醒自己不能犯同样的错误，我们每个人成长道路上都会有荆棘和绊脚石，跨过荆棘，将绊脚石踩在脚下，我们才能继续前行，才能不断成长。今天的违纪事件给我们每个人都上了很好的一课，我们为了那些关心我们的父母、老师，更是为了我们自己要成为一个更好的人，我相信你们一定可以做到。”不知是谁第一个带头鼓起掌来，接下来第二个，第三个，一小片连成一大片，久久不息，我也被融化在了这温暖的掌声中……

我的青春遇见你

李　霞

学生驿动的心总会如投石入河，激起千层浪。不可否认，爱情的存在，体现了生命的部分价值，因此，引导学生树立正确的爱情观，尤为重要。

青春的他们，碧玉年岁，风华正茂，会孜孜不倦地徜徉在知识的花海，会有着年少轻狂的豪情万丈，但这种激情和希望在生理心理经历双重变化时，也会部分转变为"花开堪折直须折，莫待无花空折枝"的坦荡求爱的小心思，并使得中学生不断壮大为校园"恋爱军"，将其求学真谛的初心抛之脑后。本文就中学生谈恋爱的现象，简述原因，提出对策。

一、中学生恋爱调查

为了更好地了解学生的恋爱观，笔者在所执教的两个班共100名学生中进行了问卷调查，设计问题及调查结果如下(见表1)。

表1　问卷调查

问题1：你是否渴望恋爱？

性别	渴望	很向往	很想试	从未想	顺其自然
女生	11%	26%	30%	15%	17%
男生	13%	40%	27%	17%	3%

问题 2:你觉得何时能恋爱?

性别	初中	高中	大学	随时
女生	7%	19%	72%	2%
男生	23%	27%	50%	0

问题 3:你觉得早恋等于爱情吗?

性别	等于	不等于
女生	13%	87%
男生	27%	73%

问题 4:你对中学生恋爱的态度是?

性别	赞成	可理解	反对
女生	13%	83%	4%
男生	17%	83%	0

问题 5:如何看待中学生恋爱对学习的影响?

性别	严重影响,成绩下滑	不影响,反而能促进	没什么
女生	38%	21%	41%
男生	3%	33%	64%

综上,笔者分析了以下原因:

(一) 中学生客观生理的影响

现在的孩子普遍营养充足,促使他们生长发育的潜力被过早地开发出来。特别是一些炸鸡、炸鱼、炸薯条等油炸食品,过高的热量会在孩子体内转变为多余的脂肪,引发内分泌紊乱,导致性早熟;而且,食用油经反复加热使用后,高温使其氧化变性,也是引发"性早熟"的原因之一。目前,有资料显示,女孩的青春期开始于 9～11 岁,较男孩要早两年。随着青春期的到来,中学生们对异性的生理构造和情感世界有一种神秘感，所以试图通过恋爱来了解和满足好奇心。但这种对异性的关注带有明显试验性、模仿性和盲目性，而非真正意义上的恋爱，如问题 1 和问题 2 的结果显示，学生对于中学阶段谈恋爱根本不“感冒”。

（二）家庭和社会环境对中学生心理的影响

在高离婚率的社会背景下，结构缺失的家庭越来越多（结构缺失的家庭主要是指单亲家庭、再婚家庭或双亲缺失家庭）。在这样的家庭中长大的孩子，长期缺少母（父）爱和必要的教育，所以，会试图通过主动交友，特别是结交异性朋友，来寻求理解和精神寄托，更有甚者将“谈恋爱”当作缓解生活中遇到挫折时的避风港，这一点，在问题 3 的调研结果中，得到数据支撑。

此外，在这个信息泛滥的时代，青少年需要的和暂时不需要的性知识轻易就能从杂志、图书、电视、手机和互联网获得。在各种媒体所发表的许多文学作品和影视作品中，尤其在日本的动漫和美剧中都有情爱情节或细节的描写。有些青少年把它们收集起来，编成了“手抄本”，在学生中传阅。特别是网络的出现，更使原本就举步维艰的青春期性教育受到了更大的挑战。在调研中，上述因素是他们过早谈恋爱的原因之一，这也符合问题 4 的调研结果，学生爱情观的维度更全球化，能接受的尺度也更大。

（三）学校教育的不完善

长期以来，由于受高考风向标的影响，学校在升学压力下以应试教育为主，重系统化知识智育，轻合理人性化德育；强调知识灌输，忽略思想品德教育，加之学校为了抵御社会的不良影响，采取封闭式管理，视青春期性教育为禁区，谈性色变；对学生中出现的过早谈恋爱现象采取“只堵不疏”的方法，效果很差。甚至个别教师师德丧失，少数学校出现不正常的“师生恋”，也为中学生过早谈恋爱的现象起了推波助澜的作用。一定程度上，叛逆期的孩子在情绪无法疏导时，在报复心的驱使下，不惜以身试“法”，触碰校规“高压线”来彰显个性。这种被其余“同类”学生视为“英雄式就义”的行为不但不能起警醒作用，反而适得其反，使得部分学生对学校的管理不满，以不学习、谈恋爱等作为抗议的手段，结果导致其前途尽毁！

二、可行对策

作为教师，对待中学生谈恋爱，禁止并非良策，默许又是失职。我们应正视中学生青春期正常的情感，从以下几个方面积极加以疏导。

（一）正面了解美好的身体和感情

性是生命之根，情是生命之源。歌德说：“哪个少年不善钟情，哪个少女不善怀春。”在性激素作用下青少年产生向往或爱慕异性的心理是合情合理的，是他们性心理发展成熟的一种体现。但由于他们的性心理远远不如性生理那么成熟，不能妥善处理这一阶段的心理变化，又正处在一个性信息铺天盖地向他们涌来的社会，大量的性信息对他们的诱惑和威胁很大，如果没有一个舵手在前面引航，孩子们很难顺利地渡过暴风骤雨式的“危险地带”。作为教师，首先要让学生知道，每个人到了青春期都会对异性产生好奇和爱慕之心，或爱慕对方的仪表，或爱慕对方的能力专长，或爱慕对方的优秀品性等。同时，对异性变得很敏感，渴望了解异性的生理特征，了解异性对自己的态度，这些都是青春期的青少年随着性意识的发展而自然产生的一种很正常的心理现象。但这些并不是爱情，不要因此而走进情感误区。应通过正面积极的教育使学生正确认识自我，接纳自我，正确处理与异性的关系。

（二）以疏代堵，正面感受健康的爱情观

中学阶段是学生们获得性别角色的关键期，宽松的异性交往环境，将给他们提供充分的角色扮演机会。学校可以主张在班级内部开展爱情话题的讨论，开展丰富多彩的文体活动、课外兴趣小组活动、社会实践活动等，让学生自身认真考虑感受这一美好的话题，同时让学生明白现阶段的主要任务和中心任务仍以学习科学知识、培养全方面能力、提倡全面发展为主，而且美好的情感从来不会缺席我们精彩人生的大舞台。同时，校园心理辅导的作用绝不容许小觑，通过专业老师的专业辅导，女同学会越来越清楚地了解到社会所悦纳的女性魅力；男同学则会进一步发展和强化那些为女生青睐的男性特质和行为方式。这些都有利于中学生对异性的全面认识和对性别角色的正确把握，从而加速他们的社会化进程。所以在一定程度上，学会与异性交往是青少年走向成熟的一个重要途径。他们在交往中能锻炼协调能力、合作能力、竞争能力、自我保护能力，形成健康的爱情观，对于他们今后婚姻与家庭的幸福，都有极大影响。

在鼓励孩子大胆与异性交往的同时，必须有针对性地进行青春期卫生以及性知识、性道德教育，以解决学生在青春期异性交往中的诸多烦恼。我们应指导学生与异性交往时，要以集体交往为宜，应尽量避免单独交往、交往过密等现象。只要把握与异性交往的尺度，诚恳对人，热情大方，自尊自爱，一定能够处理好与异性的关系，以自身良好的修养和人格魅力赢得异性的尊重和友情。另外，学校可布置青春期教育展室，请医学专家为学生讲解有关知识，让学生正确认识有关性的知识，打破对性的神秘感和好奇心，帮助中学生健康交友，顺利度过青春期。

（三）三力合一，寻求家长和社会的支持

学校可以通过“家长学校”宣讲有关青春期中学生发育及身心卫生的知识，争取家长的配合；请医学专家、心理咨询专家、学者等对家长和教师进行培训，以提高教师与家长的指导水平；净化中学生成长环境，杜绝不健康书刊流入学校，建立“绿色网站”、学术图书馆等，消除可能出现的不健康内容的消极影响。

青春终究是美好而短暂的，我们能做的就是让懵懂的孩子们在这个萌动的阶段能守住初心，学习知识技能，培养高雅健康的情趣，做高素质的社会人，静待花开留香。总之，家长、教师、社会应共同担负起引路人职责，让中学生们安全美好地渡过这美丽的青春期，顺利地成长为祖国未来的栋梁之材。

关爱让学生成长

庄文品

我任班主任的高一(12)班,学生构成比较复杂,统招生 12 人,特长生 7 人,旁听生 2 人,其余为指标生。当 8 月中旬拿到班级学生详细信息的时候,就预示着会有很多故事。果然,在学生按照学校公示的分班结果进入班级的当天晚上,故事就开始了……

班里一个女生高同学的妈妈打来电话,一方面了解分班的规则,另一方面表达了孩子回家之后的情绪非常低落,一直在哭。我一方面表示孩子内心很坚强,在学校里并没有表现出低落的情绪,或许是自我控制得比较好;另一方面向家长详细解读了学校的分班规则,家长表示理解和支持,也保证会做通孩子的思想工作。

本来以为这件事情就这样过去了,第二天就是紧张的军训,我也一直在观察高同学在军训时候的情绪和状态,一切似乎都很理想。第三天晚上十点多,高同学的爸爸打来电话,非常着急。原来高同学连续两天晚上回到宿舍都借生活老师的电话向家长哭诉,更严重的是这次竟然表达了有跳楼的想法,家长打算连夜赶到学校。我当时紧张得汗都下来了,稍微冷静后,告诉家长也要冷静片刻,孩子内心实际的苦恼并不一定像表述的那么严重。如果家长来了,那么她似乎看到了希望,会不断通过施压试图改变分班结果,而分班结果是不可改变的,我们家校双方都不能急躁,改变她的想法需要一个过程。我也会嘱托宿管老师晚上多关注她的情绪和动向。做出这个决定,我的内心也很紧张。家长的情绪舒缓了很多,又进一步沟通:高同学初中的时候就因为类似的事情闹过情绪。有了进一步的了解，我更加坚定了自己的想法并传达给家长：如果我们这次仅仅关注她的情绪与安全，而不去解决问题，那么以后的高考包括走向社会，都有可能面对这样的挫折，怎么解决？我们需要的是让孩子能从心理上自我调节，学会面对……

家长临时安抚好了，我意识到必须短期内把高同学的想法纠正过来，她已经钻进了牛角尖！军训的过程中，我更加关注她的状态，也和教官进行了沟通，更多地去鼓励、表扬她，使她在军训过程中更快地融入集体；在她情绪较好的时候，选了一个看似不经意又很恰当的时机，和她交流了内心的想法（当然并没有说家长和我的沟通，我也假装不知道她要跳楼的想法），解答了高同学关于分班的一些疑惑，尤其是高同学认为原来的初中同学有在基地班、华星班的，似乎已经不理她了……我哈哈一笑，反问：如果你和那些同学换个位置，你会不理她们吗？告诉她只是高中节奏太快，大家都在忙着适应新的环境和集体，而你内心迟迟还没有接受新的集体。

事情有了初步的解决，在钱主任的帮助下，又进行了一次三方会谈，看似已经彻底解决了问题，可是我仍不放心。开学后，我一直特别关注高同学的学习状态、行为习惯以及在班级的融入情况，也与部分老师提出要对这样的学生多鼓励、多给机会，我还适时地找她交流个人情况、班级情况等。渐渐地高同学彻底融入班集体，学习、行为各方面都是一个优秀的学生，尤其在集体活动中，也能够积极参与，和同学们打成一片，我的心也终于放下了。在月考和期中考试中，高同学也都取得了优秀的成绩。

类似高同学这类情况，在我的高一（12）班，我所知道的还有 4 人（在和家长、学生的交流中获知），只是没有高同学表现得激烈。我也及时关注他们的思想动态，一方面通过单独交流，给他们制订更高的目标；另一方面，努力营造良好的班级氛围让他们融入集体。这几位同学也都表现出良好的素质，逐渐成为了班级学生的表率，起到了良好的带头作用。

“摆渡人”

万　泉

如果我真的存在，也是因为你需要我。

——《摆渡人》

作为百年老校，中华中学的目标是打造一流的公办寄宿制高中。多年来，学校倡导“自我教育、自行管理、自主学习、自信成长”的“四自”教育理念，培养学生自我管理的能力，让学生在“自我教育、自行管理”中实现“自主学习、自信成长”。同学们在锻造理想自我的同时，收获了充实而多彩的高中生活。

寄宿制生活在培养和提升学生自主能力的同时，也迎来了新的挑战。高中阶段是孩子身体发育、思想形成的关键阶段，需要成人的理解、引领与陪伴。寄宿制下，与学生朝夕相处的不是父母，而是高中班主任老师。他们不仅要满足学生对知识和技能的求知欲，更要关注学生的心理健康，塑造高尚的品德、健全的人格。从这个意义上来说，班主任老师就是学生的“摆渡人”——陪伴学生度过艰难而关键的高中成长的历程，在取得成功时分享快乐，在遭受挫折时激励斗志，在困惑迷惘时点拨引领，成全学生实现人生的理想。

对班主任老师而言，这一责任何其重大！几年前，班主任生涯中的一件事情，让我深深体会到，我对学生很重要。教育是“用爱温暖人”，但对不同的人而言，爱的方式与理解也不尽相同——严是爱，迁就包容也是爱。这就是孔子说的“因材施教”吧。如何做好学生的

“摆渡人”，更好地陪伴、引领一个生命的成长，是每个班主任老师需要不断探索的永恒课题。

那是我上任高一班主任两个月后的一天，生活老师反映我班小L同学晚上回宿舍以后情绪亢奋，经常大声喧哗，放声高歌，影响他人休息。我觉得很意外，因为小L同学平时安静腼腆，学习努力，成绩优良。难道生活老师描述的是完全不同的另一个人吗？

我没有直接批评小L，而是首先向其他住校生了解情况，证实生活老师反映属实。为什么看上去安静内向、成绩优秀的同学会有如此反常的表现呢？晚自习的时候，我把小L请到小办公室进行单独交流。谈话从关心他的住校生活开始，我问他是否适应高中生活，是否适应离开父母的住校生活？他都回答“适应”。我紧接着说，“难怪你晚上回去要开个人演唱会，原来是与同学分享你的喜悦之情啊！”他开始觉得有些不好意思了，随即又心事重重地表达了“高中学习太辛苦，什么时候是个头呢？”的想法，难抑厌烦焦躁的情绪。这个问题让我感受到学生内心的压力与消沉，如果不能及时有效地疏导，累积到一定的程度，可能会产生意想不到的严重后果。我意识到他在宿舍的反常表现绝不能简单定性为违纪，而是白天紧张学习的压力下发泄的一种方式，是他自我调节情绪的一种方式。如果被简单粗暴地制止、批评，反而会使孩子觉得委屈、压抑，甚至引发心理问题。在接下来的谈话中，我首先肯定了唱歌是宣泄情绪的有效方式，同时提醒他要适当注意时间，晚上十点就不适合大声唱了，否则不仅影响其他同学休息，还会引起别人对他的误会。他连连点头，虚心接受。

这件小事虽然过去了，但引起了作为班主任的我对自己责任和使命的深深思考。

高中生正处于青春期，自我意识日益萌发，从“无我”到“唯我”。他们充满着自我表现、炫耀的冲动，常常做出标新立异，哗众取宠的举动，看似唯我独尊、我行我素、妄自尊大、自私自利，其实本质上反映的却是内心的脆弱和不自信。

随着自我意识的觉醒，高中生会更经常地考虑自己的能力和前途，对未来开始有了自主的设计，也由此产生了对未来人生的迷茫、怀疑和困惑。

高中生还有着强烈而敏感的自尊心，自尊心是高中生自我意识最敏感，最不容许别人亵渎、侵犯的部分；但同时他们的心智还不够成熟，常常犯各种各样的错误，加之学业上不时的挫折，又带给他们强烈的自卑感。自尊心与自卑感并存，使得他们有着想超越别人、证明自己的强烈欲望。

高中生喜欢怀疑、探索、猎奇、争论，也易于接受新事物，行事日益谨慎、沉稳，但思维独立性和批判性的不够完善，又使得他们容易孤立偏激地看问题，易极端地肯定一切或否定一切。

认识到高中阶段是人生成长过程中必经的走向成熟、却又不成熟、不稳定的阶段，很多问题就迎刃而解了。那些看似是纪律或学习方面的问题，从深层次看都是高中生“成长的烦恼”，决不能简单粗暴地批评、处罚，否则只会触发更强烈的逆反心理，甚至形成僵局。作为“摆渡人”的教师，不仅要有博爱的人格、厚重的知识，还要有教育的智慧和对教育的执著。

教师要读懂学生，清楚其日常表现，还要了解他的成长经历、认知需求和情感需求，只有这样，教育才能有的放矢，才会见成效。用爱心和耐心倾听，鼓励学生表达内心的真实想法，走进高中生的心灵世界，感受他们的喜怒哀乐，才能赢得他们的信任，从而愿意对老师敞开心扉。

美国心理学家威普·詹姆斯有句名言：“人性最深刻的原则就是希望别人对自己加以赏识”。被赏识就是被信任、被肯定，就会产生一种被鼓舞、被期待的积极心理效应，就会更加向善向美。我们常说，好学生是表扬出来的，就是这个道理。反之，缺乏赏识、批评泛滥的“灰色教育”是造成学生在教育中迷失的顽敌。优秀从心态开始，鼓励是成长的台阶。面对未成年的学生，教师应该多鼓励、多肯定、多方面引导，哪怕是经常犯错的学生，也要寻找他身上的闪光点，给予肯定与鼓励，增强其改正错误的决心与信心。教师赏识学生，学生才能学会赏识别人，从而培养其感恩思想，增强其责任意识，避免和减少其犯错误。

教育总是互相感化的，需要感情的投入，情通而理自达。教师的言语、行为都是影响学生发展成长的关键因素，常言道：以心灵感受心灵，以感情赢得感情，以微笑换来微笑。一个微笑，也许就是在为学生营造温暖和谐的成长空间。

班主任老师应充分地尊重、关注、倾听、引导学生，用爱陪伴，用心引领学生“自我教育、自信成长”，成为学生认识自我、成长成熟的“摆渡人”。作为教师，其使命就是用自己的所有，为学生照亮通向未来的人生道路，为他们燃起人生的希望，汲取成长的动力。而这一切不正是身为教师的价值所在吗？从这个意义上看，学生又何尝不是教师的“摆渡人”呢？

对症下药，因材施教

邓　飞

一、案例描述

上个学期，我作为班主任接手一个班级。该班共有学生 54 人，其中男生 28 人，女生 26 人，男女生比例比较平均。班级是几个好班之一，学生成绩总体比较令人满足，有几个男生思想比较活跃，初中学习成绩也不错，但是来到高中学习目标确不明确，纪律散漫；有些女生性格内向，不太愿与别人交流，处于自闭的状态，也影响了学习兴趣，这些都加大了班级管理的难度。另外，经过几次考试，出现了比较大的两极分化，班里尖子不多，尾巴却是挺重的，这也加大了成绩提高的难度。于是，在这个大框架下，班里的问题也就相应复杂一些。在班级管理的过程中，我很明确的一点是，学生既是管理的对象，也是管理的主体，教育的过程是师生之间不断交流的过程，既有各种信息的发出和反馈，又有情感的相互交流。教育学生的前提是理解学生，理解学生的前提是了解学生，这样才能更好地对症下药。所以，一切当从“了解”开始。如果老师不能了解、贴近学生的内心世界，就会增加施教的难度。无数成功的经验告诉我们，创设一种和谐的师生关系或教育氛围，是使德育“入心、入脑”的前提。而要建立和谐的师生关系，老师就要尽力开启学生的心灵之门。在这个过程中，有一个学生思想态度的成功转化让我记忆深刻。

班里有位男生小李从小旅游过多个国家，见多识广，性格外向，与身边的同学都能玩到一块儿去，由于这个原因在刚开始组建班委的时候他被推举为班委成员。但是经过一段时间我发现他在维持班级常规方面并不是特别高效，而且个人成绩下降比较厉害。于是我通过身边同学以及课间时间加大了对他的观察，终于找到原因：一是他本身比较懒散，有上课经常聊天、早读经常迟到等现象，未能起到班委的模范带头作用；二是他学习积极性不高，由于初中成绩优秀，来到高中后思想有些懈怠，以为还能像初中一样轻轻松松取得高分，自习课讲话现象也常有发生；三是他思想很活跃，性格外向，大大咧咧，在做题规范和计算上经常丢分，且在平时与同学或教师交流时会忽略他人的感受，只顾自己的想法。为此，我一直想找一个机会来让他端正学习态度，转变为人处世的方式，后来就刚好让我找到了一次契机。

那是一个上午的第三节课，因为有些班级事务要通知，我在临下课时赶到了班级门口。下课铃声一响，我在窗外看到任课老师讲完收拾东西就推门进去，此时却发现全班看到我进来后哄堂大笑，只见小李飞速跑上讲台把黑板上的一些字擦掉，然而笑声却仍不止。我判断他肯定是在黑板上写了什么不合适的事，但是当时并没有多说。通知完事务，我找了几位同学来到我办公室了解详情。得知是在课上，老师要求大家集思广益，对在学校实现投资可以怎样盈利这个问题进行思考，并把答案写在黑板上，大家都写了如何运营公司，而小李却在黑板上写了：XX有限公司如何开辅导班盈利！

我让几个学生回到班里。事情虽然可大可小，但是觉得可以刚好借助此事让他端正学习态度、学会宽厚待人，而且也要明确赏罚严明的班级制度，如果此事不妥善解决会对班级日后的管理以及正常运行产生影响。我把小李找过来进行了一次深入谈话。首先我从这个学期他的成绩以及一些表现谈起，给予了一些建议，然后再提及本次事件，告诉他作为班委成员实属不该，由浅入深，深刻教诲。他也认识到了自己的错误，诚恳地表达了歉意，并且对自己高中学习的懈怠有了深刻的反省。事后我也找来他的父母进行了交流，父母表示对班级工作的支持并觉得这是一次让他成长的机会。与小李父母沟通后我在班级通告了处理办法：暂停小李的班委职务留待观察，以严明班级的赏罚制度。另外，我也借此机会在周一开展了“文明礼貌，扬帆远行”的主题班会，通过主题班会提醒大家要友好相处，尊师重道，并且要养成良好的学习习惯，不能懈怠，在高中生活中不断进步。在主题班会上，我还让小李等同学对高中生活的规划与期盼做了发言，起到了很好的效果。

之后的学习生活中我经常找时间与小李交流平时学习与生活中的事情，他对于学习中的迷茫以及班级管理中的困难也及时与我沟通，慢慢地他管理班级更能得到大家的呼应，与身边同学相处更加融洽，而且成绩也稳步提升，从之前的班级中等偏下慢慢上升到班级前列，并且在期末考试中进入年级前100名，顺利跻身华星班。

二、案例分析

我认为，转化学生问题的过程，是师生之间情感交融、心理相容、双向交流、相互尊重和信任的过程。像案例中的小李这样的学生由于从小在家备受宠爱以及游历多国的经历，使得性格外向之余有些爱出风头，不顾及他人的感受，纪律性不强等，班主任应该因材施教，不能给他当头一棒的严厉批评，而应尊重他的人格，以诚相待，这对于激发他们自我转变的主动性和积极性是很有效果的。

班主任在与学生进行“对话”时，除了要真诚、细致外，还必须要充分尊重学生的人格和情感，多用商量式的语气、建议式的口吻。不能不顾学生的意愿、情感，强迫学生接受自己的意见，把自己凌驾于学生之上。靠爱心、理解和尊重帮助学生取得更大的进步。

从这次事件中，我发现了自身认知的局限性，没有花时间去挖掘学生心理的东西。以这次事件作为契机，我会认真调整自己的工作态度，努力多了解他们，做学生心目中的好老师，更做他们心目中的知心朋友。

三、案例点评

学生健康快乐的成长一直是我们德育工作者的奋斗目标，面对来自不同家庭具有不同性格的学生，我们更要充分了解他们，对症下药。本案例以一个性格外向、初高中转型期学习思想有些懈怠的大男孩的实例说明：在学生的教育上要先了解他们，然后因材施教，没有一套方法或制度适用于所有学生。如果我们德育工作者不了解学生就不能对症下药，很有可能适得其反，甚至对学生造成不可挽回的伤害！我们在德育工作时要始终把握用“爱”这把万能钥匙，打开每一位学生的心扉。夏丏尊先生说过：“教育没有情感，没有爱，如同池塘没有水一样。没有水就不成其池塘，没有爱就没有教育。”让我们用爱的教育，因材施教，做一个爱学生且被学生爱着的幸福的老师，书写属于我们的平凡而伟大的育人篇章吧！

在挫折中成长

郭　颖

“老班，我又没考好。”耳边传来低微的声音，一种无奈、痛苦的声音。这是一位多次考试都不理想的学生在得知又一次考试成绩时对我说的话。

“老班，我演讲忘词了！”言语中透露着懊悔、遗憾，涨红着的脸，急促的呼吸，情绪激动。这是一位刚参加完演讲比赛的学生，得分较低。

“老班，我想和她调座位。”憋足了气，半天才挤出这么一句话。与原本很要好的同桌为一些问题发生了争执，而且已经一周不讲话了，双方心情都不好。

这些都是平时班主任工作中遇到的“小事”，但从学生角度而言却都是“挫折”。学生为此而烦恼、后悔、无助，影响其生活和学习。作为他们的“老班”，帮助他们在挫折中成长便成了和他们交流的主题。美国一位儿童心理卫生专家说：“有十分幸福童年的人常有不幸的成年。”这是因为很少遭受挫折的孩子，长大后会因不适应激烈竞争和复杂多变的社会而深感痛苦。《中国青年报》的《挫折教育与幸福本质》一文指出，“‘挫折教育’说白了就是使孩子不仅能从别人或外界的给予中得到幸福，而且能从内心深处激发出一种自找幸福的本能。这样在任何挫折面前才能泰然处之，永远乐观。”所以当学生遇到挫折时，我们也要引导他们向积极、乐观的方向发展。

一、在挫折中学会发现问题

第一位学生其实很用功，笔记记得很工整，作业完成也很好。我每次谈话只是鼓励她、相信她，不忍心批评。后来我反思这是不是过于形式，而并未给她一些实质性的帮助。这一次，我又找了她，并没有说什么，而是让她把几门试卷拿过来分析一下。果真有些问题，几门科目都有一个共性，基础分损失较大，而难度较大的题得分率也比较低，这似乎不符合她的学习状况。我又了解她平时的学习方法，才知道，她每门都有一本难度较大的参考书。晚上回家把作业完成后就开始做资料题，白天老师讲课内容没有及时巩固，急于求成，忽视了复习基础知识的重要性。因此，我建议她不妨把手头的参考资料放一放，在有计划复习完当天内容的基础上，若有时间可适当有选择地做其他资料。对于英语和语文还要加强朗读和背诵。方法调整后果然见效，期中考试她语文有很大进步，由60分边缘的成绩进步到班级中上层次的75分，学习其他功课也有了更大的兴趣。

二、在挫折中得到锻炼

第二位学生在参加演讲比赛时忘了台词，停顿了片刻，导致得分较低。他在我们班朗诵并不是最好，但他报名积极性特别高，在比赛前也做了相当长时间的准备，可是到场上还是由于缺乏经验只得了三等奖。

看着他遗憾的表情，我低声地问他，“你后悔参赛了吗?”

“没有，只是觉得遗憾……”

“没拿到好名次不要紧，关键是你得到了锻炼！这种锻炼机会并不是人人都有的。而且虽然有点遗憾，但仍是成功的，因为你完成了它。”

“可是我觉得愧对同学们的支持。”

“下次若还有机会你会放弃吗?”

“不会,我一定会表现得更好!”

“对,这才是你的风格! 勇往直前,不怕失败!”

在之后班级的许多活动中,他表现得不仅很积极而且很自信。

三、学会正确面对挫折

第三位同学觉得同桌成绩不好,而且有时上课向她问问题影响了她的学习。所以非常“认真地”向我提出调座位的要求。一听到这种事情就觉得两人都有不妥的地方。其中一位学习习惯不是很好,不应该上课问问题;而另一位则有些自私,因为同桌成绩不好就想调座位,而非主动帮助同桌。为了化解矛盾,我便告诉要求调座位的学生,有一次她生病,没来上课,同桌主动把老师发的资料整理好放在她的桌肚里,还帮她做好卫生值日工作。这位同桌和老师交流时总流露出对她好成绩的羡慕,希望能得到她的帮助……我看到这位学生抿着嘴巴,眼神中透露着悔意,于是进一步说:“其实你的同桌人品很好,你可以和她协商,上课有问题下课讨论,这样上课就互不影响,还做到了互相帮助。人与人之间要相互理解,不能总想着自己。”后来两人又和睦相处了下去,期中考试都有进步。

当然,教会学生正确面对挫折,使消极变成积极,增强学生解决问题的耐心和毅力,我们首先要做到“倾听”。和学生交谈时,认真、耐心地听取,才能让其感到你对他们的理解和支持。其次,就是帮助他们正确面对挫折。逐步引导他们分析问题,把挫折化整为零。鼓励他们,信任他们,并不时暗示他们,“你们是生活的强者! 这点问题算什么?”从而增强他们的自信心,减轻挫败感。第三,加强与家长的交流。学生的挫折教育应该从小开始,所以家长起到重要的作用。记得刘墉的一本书中写到关于他教育儿子的一件事情:一天,他对在读初中的儿子说放假的时候带他去一个旅游景点游玩，儿子听了很开心。但这时候刘墉给他出了个难题，要他负责预订往返的计程车、飞机和旅馆，“玩可以，但要学会自己做一些事情。”刘墉的儿子在这之前从来没有做过这样的事，但他还是想办法完成了，而且做得很好。家长的要求和鼓励对学生挫折教育也很重要。

只要教育得当，学生会受益良多，在挫折中成长。

换座风波

陈心怡

在一个寻常的课后，我收拾书准备离开，突然坐在最后一排的小A跑了上来，和我说：“老师，请您给我换个座位吧，我实在没法和小Y坐了。”我还没说话，小Y就跑了上来，他很生气，脸涨得通红，在讲台上怔了一会儿，突然对着下面大吼：“你们这群傻子，要不是我中考的时候发烧，才不会和你们坐在一起上课。”他说完之后，全班就突然安静了下来，一下子全都懵了，缓过神后，小B突然拍案而起，十分恼火地说：“有本事你再说一遍！你如果厉害就算是发烧也照样能考上心仪的学校，有什么好拽的！”她的话音刚落，又一个女孩站起来说：“你就是再厉害，我们班也不欢迎你，你爱去哪里去哪里。”

我意识到如果再不及时介入，班级的矛盾也许会更加激化，小Y已经把自己推到了整个班级的对立面，大家可能会集体攻击他。于是我叫小Y出来并把他带到了备课室，因为我知道在教室外面，他是不会低头的。关上备课室的门，我问他：“是不是小A要跟你调座位让你难过了？”小Y不说话，眼角的泪水却暗示了这个孩子的内心并不平静，我又问：“那你为什么要瞧不起大家呢？”“我没有！”他脱口而出。“你知道你这样会伤害别人么？”“我不觉得。”“那你为什么要生气？”他不说话了。过了很久，他嗫嚅着：“我对我的前途感到失望，大家都不理解我。”我能感受到他内心的孤独，也能理解这一切是为何而产生的。“就算全世界的人都不理解你，我也会试着去理解你，请你试着打开心扉，不要以攻击别人的方式进行自我保护，如若你不学会尊重别人，那么你也将永远得不到别人的尊重与关爱。”课间时间毕竟是短暂的，尽管小Y愿意和我说这些说明他已经意识到他的行为存在问题，但他仍然需要给大家一个交代，否则，班级的氛围很难再恢复融洽，他和同学的关系也会出现难以修复的裂痕。“你愿意去和大家道歉么？男子汉就应该敢作敢当啊。”小Y点了点头，我带着他下楼走进教室。大家都不约而同安静了下来，他站在讲台上，朝底下深深鞠了一躬，“对不起，”他满怀歉意地看着台下，“一直以来我都有一个梦想，就是为国效力，我想真正做一些事情来证明自己。”不光是我，台下的同学都吃了一惊，开始窃窃私语。这时候小A突然举手，说：“老师，我有些话想说。”我点头。小A上来说：“我希望大家不要嘲笑小Y，有的时候他故意说一些偏激的话，只是为了吸引大家的注意力，我能明白他为什么这样，因为以前的我也是这样，消极悲观，但内心是渴求他人的理解的。”我很吃惊，小A是把和小Y的矛盾公开到讲台上的人，但此时此刻，他却站了出来，发自肺腑地为小Y说话，我看到了小A身上的善良和真诚。这时，小B也举手开始发言。我真的没想到大家开始针对这件事情踊跃表达了自己的看法，而且有不少同学都很有深度地为小Y换位思考。我很赞赏地点了点头，归纳了同学们的态度：“无论出于什么样的原因，我认为，在这件事上，小Y伤害了我们大家，没有尊重别人，而且作为一个快要成年的人，要为自己的言行负责。”此时，作为班长的小C也举了手，他的发言也让大家频频点头：“作为班长，我想你的言辞已严重影响到我们的班风，你有考虑过这是一个集体，一个需要心贴着心向前走的整体么？”同学们听完都陷入了沉思。

由于时间的关系，我没法让大家各抒己见，但我觉得我有必要对这次“自发式”的班会进行总结：“同学们，这件事情让我们意识到，我们是一个凝聚力非常强的班级，大家都很有集体荣誉感，当班上有同学做出伤害班级利益、抹黑班级形象、破坏班级团结的事情时，大家能够本能地以班级利益为重。更重要的是，很多同学都发现，我们可以从多个角度去审视和批判同一件事，小 A 关注到小 Y 行为背后的深层次心理原因，体现了他关爱同学的一面；小 B 坚持原则和底线，也值得我们学习仿效；而班长站在维护班级利益的角度上，对小 Y 提出指正和批评。从你们身上，我看到同学们自行管理班级事务的意愿和能力，希望大家继续坚持本心，时刻从班级利益出发，而小 Y 同学经过这件事，希望你能看到大家都是充满了友善的态度，也希望你理解大家的坦言相劝，是希望能帮助你改正自身的缺点，学会尊重和爱护他人。一屋不扫，何以扫天下？只有你改正了自身的缺点，成为了更好的自己，才能有机会实现自己的抱负。”

经过这次风波，我进行了一些思考，得出如下结论。

1. 合理正确地使用富有针对性的教育方法。在这次调解学生矛盾的教育行为中我不知不觉运用了班级平行管理的方法，通过对集体的管理去间接影响个人，又通过对个人直接管理去影响集体，从而把集体和个人的管理结合起来，也让学生能真正融入集体，增进班级凝聚力。

2. 重视每一名学生。世界上没有完全相同的两片叶子，学生们也不尽相同。针对这次的教育事件，学生们各自从不同的角度出发，各抒己见，都散发出智慧的光芒。作为教育者，既要培养尖端人才，又要面向全体学生，一视同仁，平等对待，这才是正确的教育。对于事件的主体小 Y 和小 A，作为教师在事后要更加注重和他们的沟通交流，关注他们的心理变化，帮助每一位学生成长，办负责任的教育。教育家加里宁曾经指出：“教师所专门接触的是人才，而且是最年轻和最富于敏感的人才。”他们是未来的建设者、创造者。因此，我们对于不同性格的学生，特别是那些内向或者偏激的学生更要予以理解和尊重，对那些“有小毛病”的学生要爱护和严格要求，要处处关心他们，多和他们谈心，多倾听他们的心声。

3. 老师应尽量发掘学生身上的闪光点。学生是发展中的人，有较大的可塑性，班主任要努力寻找并及时发现每一位学生身上的闪光点，及时鼓励学生。如案例中的学生小Y，他的闪光点很明显：热爱老师，关心集体，爱国，能正视并反思自己的错误，“人非圣贤，孰能无过”，如果今后能充分利用他的闪光点，给予充分的信任，相信他一定能发挥所长，为班集体做出贡献。对于那些勇于思考、积极进取的同学和那些重视班集体荣誉、主动维护班集体形象的同学更是要鼓励和支持，也达到了我们要红花盛开，也要绿叶郁葱的教育效果。

4. 老师应该尊重爱护学生。美国作家爱默生曾说：“教育成功的秘诀在于尊重学生。”因此，尊重是爱的具体表现形式，是建立师生感情的基础。在学习生活中，学生的情感得到尊重，他们潜在的能力就会得到充分的释放，尤其是教师对学生的尊重更是对他们一种最大的激励，也给了他们一种向上的动力。教师的尊重和爱护会使学生感到温暖，促使学生向积极方向转化。案例中，假如小Y同学的梦想没有被我们好好尊重，小Y会变得更自暴自弃，后果将难以想象。

5. 老师更应加强自身修养。韩愈有言：“师者，所以传道、授业、解惑也。”一位老校长曾语重心长地告诉我们：“一个教师爱好学生是正常的，爱学困生是难能可贵的。”实践证明，一个成功的班主任，要依靠自己的高尚品德和智慧，依靠自己的感召力、吸引力，从德、智、体、美等方面对学生进行培养、训练、陶冶、感染、示范，将他们凝聚在一起，以达到教育的目的。这就要求我们老师不断地加强自身修养，具备崇高的思想品德，坚定的信念。为人师表，要像蜡烛一样，把自己的全部光和热献给光明；要像粉笔一样，为播种文明献出自己洁白朴素的一生。

关注每一个孩子背后的家庭

——利用家校合力解决学生问题

汪亚萌

一、案例背景

每个学生都是一个独特的个体，其成长自然会受到家庭、学校和社会的影响，特别是家庭环境对学生的影响很大。促进家校沟通，及时了解学生的成长环境，对解决学生问题极为重要。利用家校合力解决教育问题，需要学校与家长共同努力，需要创造平等的沟通环境和便捷的沟通方式，以便共同为学生健康成长服务。在学生的成长教育中，学校教育和家庭教育合作，形成家校合力，对学生的成长尤为关键，它能快速高效地解决学生出现的问题，化解学校老师与学生家长之间的误会，从而探讨教育问题的解决之道。

二、案例描述

我是一名高中班主任。我班里有位女生，性格很开朗，平时和同学关系不错，有很多朋友，但是因为她是特长生，学习成绩跟不上，所以十分敏感，渴望被肯定却又找不到时机。在一次历史课上，她打瞌睡被喊起来一次之后，又陷入了瞌睡状态，于是我狠狠批评了她一顿。事后她向我承认错误，在班里也做了公开检讨，她承认自己这样做很不对，不懂得尊重老师，但自己脾气一急，就什么也不记得了，控制不住自己的情绪，说以后会努力学习，尊重老师，不再犯同样的错误。

我开始接手这个班时觉得这个孩子很乖，学习也还认真，成绩虽然不好，但是很勤奋，愿意向老师们求教，很有上进心。经过这次鸮我想她应该已经从中得到了教训，于是仍然鼓励她要好好学习，用心努力，并表示愿意和她在私底下成为朋友。

但之后不久的一件事使我意识到这个孩子还是需要老师们进一步教育，让她自己管理自己真的不是一件容易的事情。这学期共有三次大型考试，前一次她成绩还算可以，但第二次成绩已经是倒数第三，各科老师也都反映她上课不在状态。我找了她谈话，但不论我说什么，她都是一副点头认真听的样子，回去还是心不在焉的状态。于是我联系了她的妈妈，经过深入交谈，总算明白事情的前因后果了。

因为是家中独女，这孩子从小是娇生惯养的，她爸妈舍不得让她受半点委屈。考进高中之后，因为本身基础差，又是特长生的身份，所以每次考试成绩很不理想，她又很要强，所以一直很自卑。而她引以为傲的舞蹈等特长又得不到展示，所以她认为同学们看不到她的长处，把她归类为差生的行列，都鄙视她。而班级的历次班会常规教育，因为需要点名处理一些违纪的同学，这本是很正常的班会行为，但因为点过她几次名，她敏感地认为班主任是在针对她这个“差生”，甚至拿掉了她的团员身份，事实上那是班委统计的失误，后来也给补上了。如此种种，她觉得再怎么努力也毫无意义，所以要“自暴自弃”，甚至故意在班主任的课上睡觉以示无声抗议。

明白事情的前因后果之后，我向这位妈妈表示了深刻道歉，这确实是我处理不当，未能关注到学生的敏感心理，未能及时化解误会，以致走到今天这一步。这位妈妈也表示自己这学期忙于工作，孩子又住在学校，一直未能及时和孩子沟通，直到最近发现孩子学习一直不在状态，经过询问才明白问题所在。

鉴于此，我和这位家长决定家校合力解决问题，家长这段时间接孩子走读,回家和孩子多多交流,帮助她化解内心的矛盾。我则和这位女生谈了一次,把事情的前因后果和一些不当之处与她说明了,并且怕她不敢倾吐心事,我还请了经验丰富的老教师出马对她进行心理辅导。

看得出来,这次事件之后,这位同学是明显积极了很多。在之后的期末考试中,成绩虽然没有那么突出,但在班级中也处于中等水平,超过了不少文化生,她也变得更加自信了。

三、案例分析及反思

苏霍姆林斯基说过,“只有学校教育而无家庭教育,或只有家庭教育而无学校教育,都不能完成培养人这一极其细致、复杂的任务。最完备的教育是学校与家庭相结合。”这就提醒我们,一个学生的教育,决不能仅仅依靠家庭或者学校单方面。在大部分情况下,所谓的“好学生”,大多其父母很懂得家庭教育的结果,而每一个“熊孩子”的背后,大都有一个“熊”家长,或是不愿意管教孩子,或是过于溺爱或过于压迫孩子。如果能很好地与家长沟通,了解“问题学生”出现问题的前因后果,就能很好地解决问题。

我认为,积极高效的家校沟通,形成家校合力,需要学校老师和学生家长的共同努力,具体需要把握以下几个问题:

首先,家校沟通需要在平等的基础上进行。鉴于教师职业的特殊性和学生家长出身的复杂性,老师和家长之间的沟通总会出现或多或少的问题。因此,家校双方的平等交流就十分重要,教师以学生成长的教育者的身份,家长也应以一个普通家长的身份,放下社会中的身份地位抑或是成见,真诚地为了孩子的成长平等交流,共同探求解决之道。

其次,家校沟通也需要多样化的方式。学校是相对半封闭的社会,而家长们也因为职业等方面的原因,使双方的沟通出现很多障碍，甚至形成断层。因此，家校双方构建多样化的沟通方式十分必要。比如定期召开家长会交流学生发展近况，组建班级 qq 群、家委会等，便于双方及时发现问题并以高效的方式解决问题。

第三，家校合力的形成也需要以良好的社会风气为基础。在不好的社会氛围下，许多家长对教师职业妖魔化，对学校教育天然的不信任感越来越强烈。而学校方面，迫于环境，也许会采用回避的方式躲开问题。这样不利于家校合力的形成，学校和家庭各为其政，最终会导致学校、家庭和学生都深受其害。良好家校合力的形成，需要社会大环境的鼓励，从舆论和条件上鼓励学校教师与家长们加强联系，形成合力。

最后，家校沟通更重要的是真诚。教师为了育人成才应真诚关心每一个孩子的成长。家长们同样需要真诚对待学校，有问题有情况需要与教师坦诚相告，而不是出于各种目的，隐匿自己孩子的问题，不愿意面对现实，甚至出歪招将正常的家校沟通带偏了，这些都是极不可取的。

总之，学校教育和家庭教育需要加强沟通。我们坚信每一个学生都可以成才，但是需要家长和学校教师们共同努力。教育绝对不是单方面的，在一个孩子的成长过程中，学校和家庭是一对密不可分的教育共同体，家长不能只局限于单纯的物质提供与学习辅助，而教师也不能将其教导活动局限于学校范围以内。家长要想孩子更加优秀，离不开与学校的沟通；学校要搞好教育，离不开家长的密切合作。家校结合需要双方的有效互动，而在这种良性互动中更应该针对具体的情况，采取合理有效的方法。班主任作为一个班集体的管理者，作为学生与任课教师、学校与家庭的沟通枢纽，更要发挥好在家校沟通中的作用，及时将学生的问题反馈给家长，向家长了解学生的成长环境，与家长共同商讨问题的解决之道。

教育共情,用爱温暖人

陈 颖

做班主任的第一年,我跟初入校园的那群孩子们一样,迷茫慌乱,手足无措,面对陌生的环境和生活,我在尽自己最大的努力去适应并尝试热爱;做班主任的第二年,慌而不乱,循序渐进,我开始在繁忙有序的工作中体会到充实和快乐;做班主任的第三年,战战兢兢,如履薄冰,但孩子们高考成绩出来的那一刻,我开心得就像自己又参加了一次高考一样,那种成就感和幸福感让我记忆犹新;如今,第四年踏上班主任之路,我稍稍褪去了当初的些许稚嫩,工作中多了些娴熟和自信,但不变的是一颗容易感动的心。

学生经常开玩笑说,“老班,你泪点太低了,动不动就掉眼泪。”我说:“这样多好啊,泪点低的人容易被感动,这样你们不就可以用你们的眼泪来迷惑我了吗?”这虽是句玩笑话,但却是我和学生相处过程中经常会出现的场景。我是一名女班主任,又是一名语文老师,所以在和学生相处的过程中,他们的眼泪很容易触动我内心最柔软的角落。记得这学期刚开学不久,班里有个吕同学拿着退宿单来找我,在这个姑娘来之前,宿管老师已经和我沟通了她的一些情况,她在宿舍的表现包括室友对她的评价以及平时的成绩都不错,看着没有退宿的理由,况且刚开学学生们申请住宿都是经过家长和学生本人慎重考虑过的,所以我打定主意等这个姑娘过来后,义正词严地拒绝她。

记得那是一个周五的中午,阳光透过窗户洒进教室,温暖而明媚,外面的玉兰已经生出花苞,在阳光的荫护下静待开放。午练结束之后，我像往常一样回到办公室准备午休，还没等我拉出躺椅，就听到了轻轻的敲门声。我打开门，看到了吕同学害羞又有点窘迫的神情，也许因为这是开学以来她第一次单独找我而有些忐忑，也许是觉得打扰了我午休有点不好意思。我面带笑容地请她进来，并搬了个板凳让她坐下。其实我已经知道她的来意，但我没有直接点明，而是让她自己说出找我的原因。“姑娘，这好像是你开学之后第一次来找我啊？有什么事吗？”我轻声问道。“老班，我想退宿。”她说得很干脆，好像早就下定了决心。因为有过心理预设，所以我也早就想好了拒绝她的理由。

开学之初，我曾经和孩子的父母交流了一次，孩子家离学校比较远，父母接送虽然不觉得辛苦，但是主要怕孩子在来回的路上耽误时间太多，没办法好好休息。况且，我也遇到过很多刚开始住校很不习惯的孩子，但等他们坚持下来之后，都觉得住校不论是学习还是生活上都让他们收获很多，这也是我们学校寄宿制品牌得到家长和学生普遍信赖的原因。我本想很严肃地拒绝她，但是还没等我严肃起来，她就抽泣起来，而且能听出她在压抑自己的哭声，我拍了拍她的肩，告诉她，想哭就哭吧，在我这里不需要压抑自己，她这才放开自己的哭声，释放了自己压抑已久的情绪，我不停地拍着她的肩膀，让她慢慢平复下来。她心情缓和了一些，才说：“老班，我太孤单了，我从小学到初中从没离开过父母，我在学校没有倾诉对象，有些话我不能和同学讲，也不能和你讲，只能和父母讲。”姑娘的话倒是提醒了我，开学第二周的体锻课，其他孩子都在和同伴们打球或者三三两两聚在一起散步，而我曾经看到她一个人孤孤单单地在操场蹓跶，眼睛看向校外，当时没太在意，只是觉得也许是孩子刚开学不太适应，也就没多问。现在想想，当时的情况不是偶然，而是常态。也许从那时候开始，敏感而又有点内向的她就已经把自己困在那个狭小的容不下其他人的空间里了吧。

我没有再问下去，立马拿出笔在退宿申请表上签了字。因为我清楚,对于刚进入高中并且从没离开过父母的孩子来讲,没人可以倾诉自己内心的情感是多么的压抑和痛苦,而且对于孩子来讲,父母是他们最值得信赖的倾诉对象。我想到了我的高中,那段充实忙碌却又紧张压抑的日子,住校的我也很渴望父母在身边的陪伴,所以我觉得我应该让吕同学的高中生活在轻松愉悦中度过,而不是充斥着孤单、焦虑和压抑。期中考试结束后成绩出来的那个中午,同样也是午练结束后,吕同学来找我,脸上没有了忐忑和窘迫,只有一脸灿烂的笑容,说:"谢谢老班当初的支持,我这次成绩提高了呢。"并给了我一个大大的拥抱。

下午上课,再次望向教室窗外,玉兰不知什么时候在阳光的沐浴下已经全部开放,灿烂而热烈。我想到了这个同学和班里的其他孩子们,他们不正像这玉兰吗?他们需要爱、需要阳光、需要温暖,这温暖不只来自学校和老师,还有跟他们最亲近的父母。所以作为寄宿制学校,我们在学校给孩子提供最大的帮助、便利和温暖,但我们也不能忽略父母在孩子成长过程中的重要作用。我们要理解孩子们感情上的需要,进入高中的孩子需要的不只是老师给他们学习上的指导,还需要情感的共鸣,班主任要站在学生的角度思考他们的情感需要。

我曾经开过一次班会课,是以"感恩父母"为主题,中间的学生讨论发言环节(回忆父母为自己做过的最感动的事和自己为父母做过的最感动的事)没有提前预演,跟父母的互动环节(打电话向父母说"谢谢你或我爱你")也没有提前说好,一切都是那么的真实,我能感受到孩子们的真情,也被他们和父母之间的温暖感动着。在那次互动中,我特地喊到了吕同学,当她说出"妈妈,我爱你"时,已经泣不成声。刚进入高中的学生课业多、压力大,相比初中而言他们有很多不适应,所以生活中他们需要情感的宣泄,而父母则最能触发他们的情感。我相信那节班会课对于班级的大部分同学来说都会有一些触动,学生们能更加理解父母、关心父母,这对以后他们的家庭教育和成长是有非常大的促进作用的。我一直觉得情感的触动也许是教育中效果最持久的。

教育共情不仅是班主任站在学生的情感角度考虑问题，在教育过程中也可以引导学生站在班主任情感的角度思考问题，比如遇到学生不理解我处理班级问题的方法时，就可以让学生设想自己是这个班的班主任，对于这样的问题他们会怎么处理，相信这比单纯的说教更有意义。教育共情，用爱温暖人，希望自己坚持本心，永葆一颗容易动情的心。

学生需要我，这是我的使命！

林　庆

一、案例故事

开学前夜，A同学的妈妈打来电话说，“孩子不愿来上学了！在家把所有暑假作业全撕了！家长正在做他的思想工作，能否考虑先不交他的暑假作业?”我估计这应是个激烈的家庭对抗，需要我这边冷处理一下，给矛盾降降温，于是回答道：“可以，先来上学！”

接完电话，我脑海里搜索了一下高一新生军训期间的A同学，样貌端正，言谈不多。我又翻看了一下军训时的照片，看见了A同学的笑脸，应该还不是班主任接触不了的学生，可能是家庭教育出现了问题。

开学当日，我把A同学叫到教室外，问到撕作业的原因，他没回答，只说他的学生常规条例手册也撕了，我要求的开学一周继续学习学校规章制度的活动做不了了，能否再发一本？我一听有戏，让他到德育处2室再领一本，他做到了。

A同学是全班唯一不上晚自习的走读生，我对他的关注多了一些，但都属于细节观察：一早，当他几乎是跑进教室时，他会第一动作看电子钟，没迟到！他严肃的表情转换成浅浅的嘴角一笑；下课，他不怎么离开座位，但会对周边同学的举动加以关注，共鸣时也曾大笑；校运会，他魔方玩得很溜，班级单人赛43秒，位居第二；他也会给周边同学画像，包括女同学，只不过画的都是几何抽象画，我要求看看，他也没拒绝……开学两个月他和其他同学基本一样，只是话不多……

期中考试第一天，家长发来短信：儿子把自己锁在房间里，估计考试来不了了。有过开学前夜的一幕，我想家庭问题又上演了。第二天，他还没来；第三天，我约谈了他妈妈。从聊天中得知，A同学在初中时就已经不和家长交流了，甚至还曾委托他同学给妈妈打电话表达不想读高中、想读技校的愿望，但家长还是要求他读高中了，他也从初中平行班考上了中华中学；高中为上学方便仍然住在初中时租住的城西房子里，双休日会回城东自己的家。期中考试前傍晚爸爸一句“快点收拾，我们要回租的房子了”激化了他的情绪，把自己反锁在房间里，当家长打开门，发现他就直挺挺站在三楼的窗边，没有护栏；家长还发现早晨他房间的窗户经常会开着；这样不交流的双方关系让家长束手无策，不知如何是好，特别担心孩子会走极端。

我后来又深入了解，他的问题并不是高中才有，以前同学反映他有过轻生的念头，甚至向好朋友展示过他割腕的照片，从开学以来的学习状态看，也不是厌学情绪作祟，我们判定他应该是存在一定心理问题，担心和厌生有关。我知道他喜欢足球，为了能打开和他交流的通道，我翻出几年前留学德国的学生送给我的外国足球球星签名照，写了一封简短的书信请家长带回，大致内容是：老班知道你这几天思想斗争激烈，可能没人倾诉，没关系，自己再想想，但不要太疲劳。你喜欢足球，我以前的学生说，这张球星卡片一定要当作奖品发给热爱足球的学生，今天我把它送给你，起来看场球调整一下心情吧。如果觉得可以信任，老班的手机号和qq号奉上，24小时在线。

当晚，妈妈发来短信，他看信后虽无交流，但面色柔和了许多；征得他同意，家长看到了那封信，感动地发来短信说，“谢谢老师！会及时把情况反馈给您。”

秋游，他也没来，同学问到，我说发烧生病了……

期中考试后的周一早上6点多，他妈妈发来短信：“谢天谢地！昨晚坐在书桌前看书了，今天起来要上课了。”

快走到教室门口，我发现了他的背影，喊住他，并顺势揽着他，和他一起进班，并问道：“烧退了吗？身体好点了吗？”他点点头……

周二中午，午间阳光不错，我喊他一起坐在走廊上晒太阳，问他到底为何不来参加考试？他弱弱地开口说道：“老师，我老是觉得没意思，不想活了，老想着跳楼，但又怕爸妈难过……”和我之前的判断吻合了，我又细细地询问导致的原因，比如看的书、遇的人、碰到的事等，他说也解释不清，念头会反复出现，心里很纠结，上初中时就有了，就是担心父母难过，一直压抑着。我果断岔开了话题，慢慢再了解原因吧，先做好疏导为佳，于是聊了外国球星的事，从如何调节情绪、珍爱生命的角度，和他聊了约二十分钟，达成一个共识：再遇到消极情绪来袭时，想想今天午后的阳光，暖暖的，有条件的话给我打个电话，我们聊聊足球……

观察还在继续中，关注也更密切，首先得让家长做好三楼窗台护栏。

恢复上课的一周后，A同学又不能来上学了，他母亲致电我：先让他在家歇着吧，看看电视、打打游戏、睡睡觉，我们守着他，慢慢地跟他做思想沟通吧(充满着无奈感)……

元旦前同学们给他写了好多温暖鼓励的卡片，听说他很激动……

新学期开学，我发了鼓励他的留言，但他的座位还是空的……

二、案例反思

近年来新闻报道中常有学生由于心理压力过大等原因，出现厌学或出走甚至厌世的事情。这些学生的行为，不仅给其本人带来了无法弥补的损失和人生上的挫败，而且给家长、班主任和学校造成了较大的痛苦和负担。中学生心理问题日益增多已经成为学校教育中关注的重点。

（一）厌学厌世心理问题探因

究其原因，我总结有以下方面：

1. 价值观偏差。现在00后的高中生已是主体，他们成长于21世纪高速发展的当下，不少学生认为人生就是要享受生活，活着就要享福。在小学和初中一定程度上已经养成了养尊处优的不良思想和行为。在他们眼里，上高中考大学，千军万马过独木桥式的高考实际是在浪费生命，因而充满抵触，结果就是在高中这个学习的黄金时间段里内心早已经退缩、放弃了，当了人生的逃兵，A同学想读技校也是逃避的途径。

2. 空想主义。这样的学生也有过成功的欲望和梦想，也有过学习优秀的目标和志向，但却是空想主义者，只是这样想，并不愿意努力去做，或者是三分钟热度，认为我只要一努力，成功和好成绩就会马上来到。一旦他们努力了一会儿，而好成绩并没有如期到来时，他们就会抱怨和愤恨，认为这样的努力没有意义了，于是就选择了放弃。

3. 自我封闭。这样的学生大多性格内向，不愿意把自己的困难向班主任、家长或同学说出来，反过来又怨恨别人不理解、不理睬、不关心他们。对家长、班主任和同学都产生了隔阂或者是恨意，于是就更不愿意和人交流了，从而变得更孤独和自闭。厌世的念头就会在他的心里逐渐地形成和强化。

4. 唯我独尊。有些学生家庭经济实力强，父母也很溺爱，也会显摆说孩子今后不愁了。这样的学生上进心不足，遇事任性而为，也很依赖父母，没有责任和纪律意识。一旦受到外部的批评，就接受不了，想甩手脱离。

5. 沉迷网游。互联网时代的游戏对青少年成长干扰很大，有的学生染上了上网玩游戏的不良习惯，分心于网络游戏，沉迷其中不能自拔，对学习也就不再感兴趣了，有的学生甚至为此连学校的纪律和规定都置之脑后了，逃课玩游戏。

6. 学法不当。有些学生学习十分用功，也很刻苦，但是由于没有及时改变学习方法适应高中学习，付出和成绩并不成正比，结果是越学习越没有起色，从此对学习失去信心和勇气，失败次数多了，自己忍受不了，选择放弃。

7. 性格问题。有的学生自卑心理过重，自我否定过多，也怀疑老师和同学看不起他们，不适应班集体的氛围，就想着赶紧逃离学校。

8. 耐挫性差。有个别学生在小学和初中表现都一直很好，尖子生的优越感比较强，升入重点高中后，强手如林，昔日辉煌不再，心里就特别着急，越是着急，就越容易陷入欲速则不达的境地，心理就越是不平衡。严重的挫败感极大地打击了学生的自信心和学习的积极性，再加上调整心态不及时，就会走上极端，由原来的爱学习，而走上不爱学习，甚至讨厌学习的路。

（二）厌学厌世心理问题疏导

站在班主任角度如何指导这类有心理问题的学生克服不良心理和行为，健康地成长与成材呢？我认为应该致力于教会学生以下几个“学会”。

1. 学会以积极的心态做人。某哲学家说过：“心态决定一切。”积极、向上的心态，是一个人走上成功之路的关键。英国文学家狄更斯说：“一个健全的心态，比一百种智慧更有力量。”一个人要想获得快乐、成功和幸福的人生，就必须积极地认识、调整和把握自己的心态。由此观之，教育首要的任务就是教会学生调整自己的心态。教会学生用一种积极、快乐的心态来对待学习、对待老师和同学，这样他们才能快速融入集体、热爱学习、享受校园生活。

2. 学会用理智战胜情绪。人的情绪大致有四种：一种是很容易被激怒，很容易平息；一种是很容易被激怒，很难平息；一种是很难被激怒，很难平息；一种是很难被激怒，很容易平息。

一天，某克隆专家的生命到了寿限，死神来抓克隆专家。此时，专家已经成功复制出12个一模一样的他，连死神也无法分辨了。死神无法分辨哪个是专家本人，但他知道人性的弱点，于是心生一计，就说："你确实是个天才，能够克隆出如此近乎完美的复制品，我很佩服你啊！但是，你也很不幸，我还是发现你的作品中有一处微小的瑕疵。"话音未落，专家暴跳起来大声辩解："这不可能！我的技术完美得很！你说，哪里有瑕疵？"死神微微一笑，轻松地上前抓住了专家，笑着说："就是这里啊，我的先生。"

从上述这个小故事可以看出：人有智商，未必有智慧；有知识，未必有修养。只有用理智控制了情绪的人才能称得上是有智慧、有修养的人。教育的价值就是要学生明白：人要有理智，要用头脑思考分析这个事情对不对，该不该做，为什么要做，怎么来做？正所谓"三思而后行"，用理智来克制情绪。

3. 学会管理与克制自己。在这个世界上，只有自己才能驾驭自己，驱动自己，成为自己的主人。教育的主旨是教会学生在学习和做人中，要时刻做到：明白"应该做"，懂得"必须做"，学会"怎么做"，修成"乐意做"。

4. 学会做好过程，淡化结果。老子说："天之道，利而不害；君子之道，为而不争。"就是说，聪明的学生更重视平日的学习和积累，更重视日常的勤奋和刻苦，这样的学生就像哲学家说的那样"把每一天都当成了生命的最后一天"来珍惜，"把每一次考试都当成高考来对待"，他们把平日的学习搞得扎实和突出，所以结果自然令人满意。

正因为这些优秀的学生更加注重细节、注重过程，把每一件平凡的小事都做好了，所以他们就会充实和快乐，有一个美好的结果，最终也会成为不平凡的优秀学生了。所以，要记住"做好过程，淡化结果”这个快乐准则。

5. 学会高效学习。没有时间，就没有一切；但只抓住时间是不够的，还要提高学习效率。不要身在心不在；不要出工不出力；不要做样子给老师看，不要盲目攀比“打肿脸充胖子”。有的学生看见别的学生熬夜学习，他也学着去模仿，结果晚上学了，白天瞌睡，适得其反。所以，教育的关键是教会学生一定要根据自己的实际情况来制订适合的学习方法和策略。只有适合自己的方法，才是最好的学习方法。

6. 学会善待自己，直面挫折。生活绝不是一帆风顺的，一定会有失败和挫折。所以，教育的重点是教会学生明白：如果在学习和生活上遇到了挫折和失败，先不必过于自责．寻找失败的原因是必需的，但不是惩罚自己，更不是拿别人的错误来惩罚自己。只要他认识到了问题出现的原因，虚心向老师和同学承认错误，及时制订出改进的措施和办法，这就是进步。一时的挫折和失败算不了什么，大家会理解、支持他，只要他的雄心在，有行动，一定能成为最后的胜利者。

学生是成长中的人，是有着这样那样问题的待培养、待塑造的人，是未来的希望和社会的继承者。教育的归宿就是教会学生走上人生的正道，成为对社会、家庭有意义和价值的人。学校开展“四自”教育，正是基于学生成长的实际需要，基于学校教育的基本任务，而班主任是中小学日常思想道德教育和学生管理工作的主要实施者，是中小学生健康成长的引领者，班主任要努力成为中小学生的人生导师。

“四自”教育下住校生的成长

梁裕柱

都市寄宿制是中华中学一张亮丽的名片，对于寄宿制高中来说，宿舍管理的好坏和学生的安全健康、成绩的好坏息息相关，以前的管理主要是德育处领导下的生活老师来管，住校生完全处于被动管理状态，而融入“四自”教育理念下的宿舍管理，学生不但是被管理者，而且也是参与管理者，这对生活老师和学生都提出了更高的要求。住校生在管理过程中，锻炼了自己的管理能力，提高了自己的自律能力，增强了自信心，在快乐中成长。“四自”教育对于学生以后的大学生活甚至今后的人生都有不可估量的影响。

“四自”教育即“自我教育、自行管理、自主学习、自信成长”。“四自”教育的核心是自主管理，目的是让学生自信健康地成长，自行管理并不是放任管理，更不是不管不理，而是要发挥学生的主观能动性，给予科学积极的指导和引领，让学生养成自律自觉的生活和学习习惯。住校生自管会的成立，给同学们提供了很好的锻炼机会，在这过程中涌现出很多优秀的典型和榜样，高一(1)班 504 宿舍的李昊宇同学就是“四自”教育下自信成长的典范。

第一次对李昊宇同学有点印象是在住校生自管会成立的时候，本着自主报名，主动参与的原则，他是第一个举手主动要求参加的。李昊宇同学个子不是很高，瘦瘦的但很健康。他负责晚寝二段学习的检查和巡视，记录住校生的学习和生活状态，在每周一的晚寝二段检查中，宿舍走廊里都能看到他熟悉的身影，每个宿舍每个床位认真检查，认真记录，对于不学习和聊天的同学他都能主动提醒。当然在他检查的过程中我也会在走廊里观察每个宿舍，每次检查完后李昊宇同学都会对当天检查的情况进行总结并汇报给我，对于存在问题的宿舍我会逐个谈话，指出问题所在，他们督促改正。

李昊宇同学不但监督别人，对自己要求也很严格，带头主动学习，同宿舍的同学在他的影响下每天也很认真学习。宿舍氛围温馨和睦，期中还被评为“文明宿舍”。

每个月李昊宇同学都会认真写一份月总结，对一个月来每个班级每个宿舍的情况都做一个点评，弘扬闪光点，指出短板和不足。学习之余李昊宇同学会主动和我谈他们班的宿舍里有问题的同学，有时也会谈其他班级的，有些问题可能是我不知道的，对于我的教学工作和宿舍工作都是很好的补充。

时间过得飞快，转眼之间都快到学期结束了，李昊宇同学参加自管会也接近四个月了，从开始的不熟练需要手把手去教，到现在的游刃有余，李昊宇同学收获的不仅仅是个人管理能力的提高，更重要的是自信心的提高。从开始的羞于启齿，到现在的侃侃而谈，从容淡定，这是从书本上永远学不到的能力。希望中华中学的“四自”教育之路照亮李昊宇同学高中生活之路，人生之路，也希望有更多的李昊宇同学在“四自”教育下快乐健康成长！

孩子，你能行！

——记一名住校生在自我管理中的成长

李治萍

一、案例故事

我从长时间的学生管理实践中发现，一个由数十人甚至上百人组成的集体，如果只靠老师的力量来管理是无法取得理想效果的。但是我们只要教育指导学生学会自我管理，让学生把自己的想法和行为全部纳入自我管理的科学轨道，使每个学生既是管理的对象又是管理的主体，那我们的工作就能取得事半功倍的效果。下面我给大家分享一个案例。

高一新生军训的第一天，一个学生给我留下了很深的印象。午休起床后，楼层的同学都快速到操场集中整队，清场时我发现一个瘦小的身影还在宿舍里，我走到她身边敦促她赶快下楼，她看到我明显一惊，可又好像听不见我的提醒，依旧不紧不慢地低头做着自己的事，任凭我在一边催促。接下来的几天她都是这样磨蹭，于是我把孩子在校的情况反馈给家长。家长无奈地告诉我：孩子在幼小的时候遭受过一次惊吓，后来就变得特别胆怯，反应慢，动作更慢。自从孩子上学以来，家长对她说的最多的话就是“快快快”，这些年来她对家长的这种不停的催促几乎麻木了，基本上自动屏蔽了这种声音。初中三年孩子几乎没在学校吃过一次午饭，饿了吃点自带的干粮，原因就是动作慢来不及，每天的作业都要写到凌晨一两点，上了高中家长更是为她担心。说完这些，家长已是满脸的苦涩，他们都是高校教师，却对自己孩子的教育无能为力。听了家长的叙述，我陷入了沉思：高中的学习生活相比初中而言节奏更快，难度也更大，只有帮助这个孩子进行自我时间的管理，有效提高时间利用率，才能让她摆脱目前的困境，尽快适应高中的学习生活。

于是，一天晚自习后，我把孩子叫到我的房间，轻轻地对她说："进入高中学习快一个月了，在生活上有什么需要老师帮助的吗?"她轻轻地摇摇头。看到孩子比较拘谨，我决定将自己的想法告诉她，打开她的心结，"觉得高中生活的节奏怎么样? 洗澡和吃饭的时间够吗?"她轻轻点点头，"今天我发现你洗完澡就直接去上晚自习了，并没有吃晚饭。"听到我这样说，孩子很诧异地看着我，可能没想到老师会这么关注她。慢慢地，她多了一些表情，不再只是低着头，"上高中以来我很少吃晚饭，因为我总是来不及，在初中我也很少在学校吃饭。""你们宿舍的其他同学呢? 她们也不吃晚饭吗?""她们都能按时吃饭洗澡。"说着，她又略显无奈地低下了头。"那你想不想和她们一样呢?""想，可是我怕来不及……""没关系，让老师来帮助你。"于是结合她的特点，我们共同制订了一张详细的时间分配计划表。看到这张表，她显得有些紧张，怕自己做不好。我鼓励她，"没关系，慢慢来，一个习惯的养成需要21天，我们先按照时间计划表做三周，老师相信你一定能行!"听了我的话，她似乎对自己也有了点信心，我们的约定从此开始。

正如我预想得那样，一开始的两三天不是特别顺利，她常常手忙脚乱，但对于我的提醒，她能及时改正。就这样在我不断的提醒和督促下，渐渐地，她能按照要求在规定时间进行二段晚寝的自习了。

看见她的转变后，我又和她约谈了一次。这次主要以鼓励为主，把我看到的进步说给她听，她的脸上出现了难得的笑容。借此机会我对她提出了新的要求，希望她早晨不要早起，影响他人休息，尽量和舍友同步，同时还需在规定的时间内按要求做好个人内务，准时参加晨练。基于前期的进步，她显然也对自己充满信心，这次她用力地点点头。就这样，我期待着她的再次进步。

很快到了周末，一个阳光明媚的下午，我收到了孩子妈妈发来的QQ留言："李老师您好！我的孩子让您费心了，孩子动作慢的问题一直困扰着我们。在您的帮助下，孩子现在有了很大的进步，在家的动作也变快了，这是我们以前都不敢想的。现在孩子脸上笑容多了，孩子开心，我们也高兴，一开始我们还担心她住校不习惯，现在看来我们选择中华中学是对的，谢谢老师您的关心！"

我抬头望向窗外，冬意盎然的银杏大道上，一个瘦小的身影自信地走在同学中，脚步坚定又从容。明丽的阳光洒向大地，此刻，我感到内心无比欣慰。

二、案例反思

开展"自我教育"首先要培养学生的自我管理意识，激发学生自我管理的愿望。为了培养和增强学生的自我管理意识，要对学生进行学习和生活独立性的教育。

其次要教给学生自我管理的方法。自我管理不是放任自流，而是需要更加用心地指导学生，帮助学生树立自我管理的目标，通过自我管理来战胜自己，用自我约束使自己更加快乐地成长。

自我管理能力是人生中最宝贵的一种能力，中华中学一直贯彻这一理念。自推行"四自"教育以来，有无数的孩子受益于此。

等待花开

——“一瓣心香”教育故事

张　帆

如果你同意，在生命的进程中从来都不会一帆风顺，会遭遇各种各样的阻碍和挫折，进而导致生命的趋利避害和做出主观的选择。既然有了主观的选择，那么，你也会同意，生命是会犯错的，要是辩证地看，会有两种可能：一种会在错误中抱残守缺，不能自觉，随波逐流，或者瞬间灰飞烟灭，好像什么都没有发生；另一种会在错误中挣扎扬弃，化茧成蝶，故能蔽而新成。或许，我们可以说，生命的演进就是对错误的不断修正，奋进的灵魂才会在废墟中再次萌蘖，才有了生命的盛放。毋庸置疑，我们推崇第二种，因为绵绵存续的人类文明对此做出了充分的说明，在这种意义上说，生命中的错误不是真的溃败，反而会在蜕变中获得滋养，使其更加饱满充盈。既然生命在犯错时，有时会增益于自身，那么，我们为什么不能宽容、善待生命中的某些人性的错误，更何况对于蓬勃恣肆的青葱学子？

来到中华中学六年余，时间就像一本画册，翻动时每一页都各具特色，有的线条舒朗粗犷，有的工笔纤毫毕现，每个日子不一定都精彩，但是，一定会有学生或浓彩重笔的描绘，或惜墨如金的勾勒。当然，也有许多“留白”让我凝神静思，感慨万端，因为它承载了我太多的情感和期望。

那是一个草长莺飞的季节，对来自冰雪之国的我来说，江南的春天从来都是挥之不去的诱惑。伫立窗前，校园古木巍巍，苍翠欲滴，不远处的花草间，鸟儿颉颃翩翩、婉转清唳，蜜蜂殷勤地探访每一个娇艳的花朵，喋喋不休地倾诉着它的甜言蜜语，也许是分别时的不小心，洒落的花香使校园芬芳四溢。就在我痴醉神游之际，寝室的门在身后被猛然推开，怎么没敲门？我转身望去，是高三(1)班的王同学，气喘吁吁，慌慌张张的他，言语已不能连贯，“张老师，我……我的三百元钱不见了，是妈妈……是妈妈刚刚送来的生活费。”我的心随即一沉。入职中华中学四年多，还没遇到过这样的事儿，是不是遗忘在什么地方？王同学的家庭情况我是有所了解的，居住在南京城郊浦口区，父亲长年在外打工，母亲在家务农，是一个典型的农村家庭，300 元钱对于这样的家庭应该不是个小数目。我一边安抚王同学不要着急，一边询问他：“你把钱放在哪儿了？什么时候不见的？”他说：“我把钱放在了书架上，早晨离开时还在。”虽然到中华中学工作时间不长，但是，这是一所全省知名的寄宿制品牌学校，不仅学风正，而且学生都有较高的道德修养，并且每个学生在入学教育时都被告知，要妥善保管自己的财务，每位生活老师更是在日常的管理当中，对学生千叮咛、万嘱咐，可是，还是有个别学生没有条理地乱放东西，丢三落四的现象更是屡见不鲜。如此一想，我反而平静下来，“王同学，老师和你一起到寝室看看好吗？”随即便和他向 312 室走去。“老师，我明白你的意思，回来后，我又里里外外仔细地寻找了一遍，就连书桌背后的缝隙也查看过，还是没有。”进入寝室后，看到他的被褥是打开的，书架也比较零乱，衣柜的门是敞开的，地上摆着一个被拉开的行李箱。因为在早晨内务检查时并非如此景象，看来他所言属实，便问道：

“今天是谁最后离开寝室的？”

“因为今天是我值日，是我最后一个离开的。”

“谁先回来的呢？”

“是我，饭卡上钱不多了，着急充值饭卡，下了最后一节课，我第一个回到寝室，发现钱不见了。”

我狐疑起来，这时王同学补充道：“上午高峰回过寝室。”这句话隐含的意思已相当明显，他把怀疑的矛头指向了高同学，怨怼愠怒的神情写在了脸上。“王同学，我们遇到这样的事，是不是先要冷静下来？不要无端去猜测，高同学回寝室并不意味着他拿了钱，你说是吗？”王同学不置可否。“王同学，先不要焦急，老师向你承诺，一定会查清这件事，但是你也要答应老师，先不要声张。”王同学点了点头，为了避免学生之间互相猜忌和发生矛盾，我尽力安抚他，排解他的情绪，但他还是沮丧地走了。

作为一名生活老师，与学生朝夕相伴，学生之间琐事繁杂，需要我们一件件去厘清和分析，尤其是偶然发生的事件，它不同于课堂教学的预设，或者说，你根本就不可能预设，为此，我只有冷静地去面对，而每一天对于我来说都是挑战。古语说：“合抱之木，生于毫末；九层之台，始于累土。”一个人从出生、成长至成熟，到形成完整的人格，皆来自他的行为习惯，而行为习惯是从纤细微末之事开始的。在与学生的共同生活中，我认为事无巨细都不可掉以轻心，而每件事都有可能成为重要的教育资源，就看我们能否智慧地引导和教育学生。这也是生活老师一以贯之的教育原则。如果这次丢钱的事儿是学生的无心之失，当然好；要是涉及了个别学生的品德操守，虽然是一次教育事故，是否也会成为一件难得的教育素材？在校园中处理偷窃事件是十分棘手的，首先，行为主体是未成年的学生，不能兴师动众地排查，也不能采取搜身等强制手段，偷窃往往不是学生的惯常行为，只是一时的冲动，处理不好，不仅仅是教育的失策，而且会给学生造成心灵的阴影，甚至给他今后的成长带来负面影响。

我慎重地调整思路，并迅速地与同年级的周老师商量，一起调看了当天早晨到中午的监控录像。正如王同学所说，高同学的确在第三节课下课的时候回来过，前后在寝室逗留了 10 分钟左右才离开，再也没有人进去过。我便开始暗中排查，利用课间对 312 室的学生当天的行踪进行了正面了解，只是没有找高同学。每个学生都说出了他们的时空点位，并且他们之间还能互证，也没有谁离开学校，叙述与监控一致，也就是说，他们从早晨离开寝室后，除了高同学，直到中午放学谁也没有回来过，确切地说，他们没有拿钱的可能。当然，在我调查的过程中也没有隐瞒丢钱的事实，只是把范围控制在312室，以免大家人心惶惶。在与学生的接触中，意外得知高同学在初中时曾经拿过别人东西。自进入高中以来，以我的观察，他的行为习惯的确差强人意，与同学之间缺乏交流，性情冷漠，性格倔强。其实在我接手这个班级时，就了解到高同学年幼时父母离异，从小随父亲生活，主要在爷爷奶奶身边长大。一个单亲家庭里长大的孩子的心理特质，在高同学身上有着充分的体现。他十分要强，学习成绩中上，但在学生中间显得落寞孤单，并且非常敏感，这也是我想最后找高同学了解情况的原因。学生晚餐后是一段较长的时间，我便利用这个机会把高同学约到了寝室。

“高同学，我们寝室发生了一件不愉快的事儿，想向你了解一些情况。”我仔细地观察其神情，一如往常的落寞和沉静。

“知道是什么事吗?”

“不知道。”

“王同学的500元钱不见了，你看到了吗?”

这时他的脸上浮现一丝惊异的表情。

“不是300元钱吗?”

“你怎么知道是300元钱呢?”

“我……我是听刘同学讲的。”(刘同学也是312室的学生)

我被高同学的话惊呆了，慢慢地开始伤心起来，因为在我调查时，从没有跟学生提到过钱的数目，而且还特意嘱咐过王同学，不要向同学谈及此事，我极力地控制着自己，冷静地问：

“高同学，你一个月的生活费是多少?”

“我一周花费150元，算下来一个月有600元。”

“你也知道，王同学来自农村，这300元对他来说不是一个小数目，是他一个月的生活费，据我所知，他很少买荤菜吃。”我顿了顿。

“你愿意看到自己的同学挨饿吗?”

“张老师,你是在怀疑我吗?”他提高了声调。

“你不应该被怀疑吗?因为上午只有你回过寝室。”

“因为要上体育课,我回来换鞋。”

“用了多长时间?”

“前后不过几分钟,我就离开了。”

“换双鞋子的确不需要多长时间,但是,监控显示你足足逗留了10多分钟,你怎么解释?”

可能他也未想到我去调看监控,顿时愣在那里。

“高同学,如果你有什么难事跟老师说,老师一定会帮你的,你只要……”

“老师,反正我没拿!”还没等我说完他就打断我的话,一脸决绝的神情。

我再也控制不住自己的情绪。

“高同学,若想人不知,除非己莫为。如果有谁认为自己在作恶时没有人发现,岂不知他的良心在观照自己吗?你能坦然面对自己吗?你能经得起灵魂的拷问吗?”

“老师,我真的没拿王同学的钱。”他在嘶喊。

“高同学,我们班出了这样的事儿,如果查不清楚,我只能上报学校,或者报警。”

“老师,没拿就是没拿,随你怎么说。”

谈话已无法进行下去,僵持无益,毕竟他已被我逼进角落,只是负隅抵抗而已。如果适当地迂回,事情也许会柳暗花明?

“好吧,高同学,我们先谈到这儿,下晚自习后我再找你。”

我突然收兵,他倒显得有些不知所措。望着他离去的背影,我若有所思,直到他隐没在薄薄的夜幕里。

晚上九点半下晚自习后,与往常一样,我按部就班地进行着晚寝前的点名工作,这时312室的寝室长慕同学向我跑来,“张老师,不好了，高同学发飙了。”我瞬间晕眩，但还是下意识地向 312 寝室跑去，门口有几个其他班级的学生在围观，312 寝室内涌进了许多一班的学生，高同学站在窗台上一只脚已经跨了出去，一只手握在了窗框上，可能是因为用力过猛，金属链条已被拉断。他的脸上似乎印着泪痕，我慢慢地来到了寝室中间，控制着自己的声音，平静地问：

“高同学，你要干什么？”

“我要证明自己的清白，我要做人的尊严。”

“你都不珍惜自己，要尊严有意义吗？”

“如果遭人非议，没有尊严地活着，更没有意义。”

这哪像一个行为过激的人，头脑清楚，思维敏捷。我猜测，他是在装腔作势，但是我却不敢赌，更不敢冲到窗前，强行把他拽下来。

“那么，你告诉老师，谁污你的清白了？谁侵犯你的尊严了？”

“我们班的同学都认为是我拿了王同学的钱，人前人后指责我。”他激动起来。

“我的确在初中时拿过同学的东西，可并不能说明到高中后还会做这样的事情。”他满脸委屈，泪眼汪汪，令人气恼的是我只是在小范围内仅局限在 312 室了解此事，曾告诫他们不要扩散，没想到一班的学生，还有少数其他班级的住宿生还是知道了。难怪刺激高同学有如此极端的行为。我只能叹息少年人心里不装事儿。事已至此，只能随机应变了。

“高同学，什么事情都是可以说清楚的，你先下来。”

“老师，他们这样冤枉我，让我在这个学校怎么待下去啊！”他的目光凄楚、无助、绝望，却没有要下来的意思。

反而是他的话让我内心一震。的确，如果“罪名坐实”，他将怎样度过今后的高中生活呢？就在那一刻，我的心忽然柔软起来。环视一下围观的学生，严正地问：“你们有谁看到高同学拿王同学的钱了吗？或者你们有什么证据证明这件事是高同学干的？仅仅是凭借高同学初中时做的事吗？一个人的昨天等同于他的今天或未来吗？你们这样推测和议论是负责任的吗?”在我冷峻地逼视下,有的学生低下了头,因为事情闹到现在这个地步,他们是无法推卸责任的。斜眼望去,高同学在还窗台上,我却不敢贸然向前,不知是他无助的眼神,还是他的话深深地触动了我,我把手伸进了口袋,拿出了钱夹。

“高同学,老师给你看一样东西。”我慢慢向窗前靠近,同时举起手来。

“看,这就是王同学丢失的300元钱。就在你们上第一段晚自习的时候,我到312寝室仔细搜寻,原来是王同学不小心把钱掉到了衣柜后面的缝隙里。”话音刚落,围观学生的脸上立刻流露出欣喜的表情,只有高同学愣在那里。可能我的动作从未有过这样快,在他犹豫之间我抓住了他把在窗框上的手。

“高同学,事情已经搞清楚了,你还要像个笑话一样站在这里吗?”

这时,反应快的同学上前帮我把懵懵懂懂的高同学扶下了窗台,有的同学把毛巾递给他擦脸。

“同学们,不管是你们今天在校,还是将来走出校门,你们的一言一行都是负有责任的,如果妄言妄为,人云亦云,不仅让自己悔恨,而且还会给你的朋友、同学造成心灵的伤害。当然,人的一生会遭遇各种各样的误解,只有勇敢、坦然地去面对,或者知错就改,才会赢得真正的尊严。”

周围静悄悄的,学生们默然无语,却若有所思,包括满脸沉重的高同学。我语意双关的话,他们听懂了吗?

“也请你们记住,无论生活顺遂,还是身处逆境,都要相信你的朋友、你的伙伴、你的同学,信任是一种做人的品格,而谨言慎行更是一种美德。”我停顿了一会儿,随即大声说:“那么,就请312寝室的同学伸出你们的手。”他们即刻明白。这也是我平时处理学生矛盾时惯用的方式。王同学清澈的目光望向高同学,快步向前,抓住了高同学一双略显迟疑的手,紧紧握在一起,四目相对,真诚地向高同学道歉,而其他的同学也纷纷围了上来，数不清的手伸向了高同学，看到这一幕，我悄悄地离开了，心里却五味杂陈。这是一个顺理成章的结局吗？肯定不是，我的预设在事件的真实演变面前早已被冲击得面目全非。但是，我自始至终坚持以真诚之心面对学生，用爱去呵护学生，这并非是我动摇了对高同学的判断，而是开始赋予高同学新的信任和期待，因为我看到了他眼中悔恨的泪水。就寝的铃声响了，注定又是一个不眠之夜，可以确定的是，今天失眠的不仅仅是我一个人。

接下来是学生们一段忙碌的日子，大考在即，他们迎考、备考、参加模拟，我也同样感受着他们的喜怒哀乐。312 室也并未有什么异样，只是比平时多了些笑声，而高同学也少了些冷漠，多了些热情，显得更加沉稳。在例行检查内务时，还是偶尔能看到，有的学生照常把钱款摆在书架上，可再也没有发生丢失的事情。不知不觉，半年时光匆匆而逝。2016 年高考结束，我校取得了有史以来最好的成绩，所有教职员工为此欢欣鼓舞，作为本届的一名老师，我也由衷地感到自豪。

暑假来临，我又接到了管理夏令营的任务。一天，当我正在办公室忙得满身汗水，突然传来一阵有节奏的敲门声，在我应答之后，门口站着一位青春帅气的小伙子。

“是高同学啊！快进来，毕业后再没见到你，能考得这样好，老师向你表示祝贺啊！”打量着高同学，他并没有表现出应有的兴奋，却有几分沉郁。

“张老师……”他快步向前一把抱住我，顿感肩头发热，不知是我的汗水，还是他的泪水。

“谢谢您给了我——机会！”

“高同学，让我们坐下说话吧，你都让我喘不上气来了。”

“老师，您知道我这半年是怎样过来的吗？”

我没有回答，想听他说。

“老师，每当看到同学们真诚的目光，尤其是王同学，我都不敢直视，最主要的是我无法面对自己，夜晚常常失眠，这真是一种煎熬和折磨啊。我只能在学习上更加努力，经常主动帮助王同学解题。”

“我能够了解。”

“老师，我好几次来到您门前，却没有勇气敲一下。”

“可你今天毕竟来了。”

“我就是想彻底地打开自己。”

“高同学，知识的获取相对比较容易，而人格的确立是需要灵魂反复磨砺的，你所说的煎熬和折磨是其必经的过程。”

“老师，能问您一个问题吗？”

“当然。”

“您早就知道是我拿了王同学的钱吗？”

“是的！”

“您从来都没有相信过我吗？”

“不！我相信你，相信你能改变。”

“谢谢您对我的信任。噢，老师，这是我从书店买的一本书《教育无悔》和300元钱，您拿着。”

“高同学，你能这样反观自己，老师从心里为你高兴。书，老师收下了，你临行之际老师也没有时间去给你买礼物，你就用这钱给自己买个小礼品吧！”

“不！老师，您已经送给我礼物了，我会珍存一辈子的。”

望着他转身离去，还是那个背影，却没有了往日的飘浮，多了沉稳与自信，渐渐地消逝在殷红的夕照里。这件事已经过去两年了，每当想起仍旧难以忘怀。虽然当时我已经判断出是高同学拿了钱，但是，我没有揭穿他的谎言，也没有上报学校，而是选择了妥协。当然，做出这样的选择是没有经过深思熟虑的，甚至有违教育原则，但是，当我看到高同学那无助、绝望的眼神和对尊严的渴望，这样一个学生怎么会继续去私自拿别人的东西呢？他只是需要我们再耐心一点，再等待一下，重要的是高同学读懂了我的妥协和宽容。这让我想起苏霍姆林斯基说过:“人类有许多高尚的品质,但是有一种品格是人性的巅峰,这就是人的自尊心。”自尊心是青少年最敏感的角落,是学生向上的潜在力量,是高尚纯洁的心理品质,是人类的道德底线,是生命最隐秘、最脆弱的珍宝。作为教师没理由不去呵护学生的人格尊严。德国哲学家卡尔·雅思贝尔斯说过:“教育是人的灵魂的教育,而非理智认识和知识的堆积。”尤其是青少年时期,教育的阶段性目标是促进学生人格的完成而不仅仅是知识的掌握,就这个意义上来说,真正的教育实际上就是品格教育。可是,面对当今外在的喧嚣浮躁和教育体制的种种问题,在困惑的同时,我只有保持自我内心的冷静和对职业的敬畏。德育之可能、德育之实施,依然任重道远,我愿意在工作中贡献绵力,尽管微末。

生命之花的绽放是绚丽的,生命之果的收获是幸福的。但是从种子破土到硕果累累,它所穿越的一个个日夜,一个个季节,都是寂寞的,从萌芽、拔节、馥郁至繁盛,所经历的风风雨雨,所遭遇的种种风险,需要我们用忠诚、信念和爱去呵护、担当和坚守。如果没有对教育的深刻理解和感悟,没有对教育艺术和教育智慧的深厚累积,我们如何能把一个个青春的生命带到成功乃至卓越?教育,需要我们不断地去反思、去探索、去践行。

一张通报批评的背后

侯祥霞

故事源于一次正常的住宿生宿舍内务检查，当检查到425宿舍时，J同学的床铺干干净净，整整齐齐，没有一点儿褶皱，书架没有丁点儿灰尘，各种学习用书从左到右、从高到低有序地排列着，似乎告诉人们：它们也是有生命的。目光最后落在书桌上，书桌也是干净无灰尘，可是映入我眼帘的却是一部手机突兀地躺在书桌上，非常醒目、非常刺眼……

怎么办？从她的内务整理可以看出，这是一位严格执行住宿生内务管理规定的同学，同时又违反了学校的规定。不容我多想，第一时间给她的班主任发了信息，紧接着给她的妈妈打电话。电话通了，我详细说了孩子在学校住宿的具体情况，并问孩子今天带手机了，作为家长是否知晓且孩子的行为已违反了校纪校规，按规定扣违纪5分并在楼层张贴通报批评。当我一口气说完这些话时，里面传来压抑着的隐隐约约的啜泣，然后是一声叹息：“老师，孩子带手机我确实不知道，不过，孩子一向是比较听话懂事的，我是单亲家庭，孩子从小就跟着我过，在她成长的过程中，所有的大小事情都是她自己处理的，包括她外婆和舅舅之间有了矛盾，都是她去调解。我的工作较忙，无暇顾及她，这孩子都是自己一个人长大，我欠她的太多了……鉴于孩子是初犯，能否原谅她这一次，给她一个改正错误的机会，等孩子周末回来，我一定抽出时间和她好好谈谈。”“在你的眼里，孩子是乖巧听话懂事，可是，孩子违反学校的规定，违纪扣5分是必需的，至于通报批评，学校的规定是要张贴的，除了让孩子自己意识到错误之外，也起到警示其他同学的作用。”“老师，能否不张贴，您口头通报批评一下，”接着，电话那端陷入久久的沉默，似乎在等待着我肯定的答复。大约两分钟后，我说：“您孩子非常有主见，这样，等您孩子下了晚自习课，我找她聊聊。”说完，和J同学妈妈道了再见并挂了电话。

整整一天，我都在思考怎样和J同学说，既不能伤害了她的自尊心，又要让她引以为戒并以她为例子去警示其他同学。

晚自习下课后，照例巡房，我看她在书桌前认真地写作业，只是和她说了句“在你有空的时候来找我”后就离开了，因为当天的作业较多，不想过多地打扰她。

第二天中午，我正在低头工作，“咚咚咚”，三声敲门声，“老师，我可以进来吗?”“进来，”我抬起头，是J同学。我搬来椅子，让她在我对面坐下。我看了她一眼，她连坐姿都是那么的中规中矩，腰板挺得笔直，两腿并拢，两手空心拳放在腿上，手上还拿着一张纸条。我不禁想：这样一个严格要求自己的学生，是什么样的动机促使她违反学校的规定呢？就在我思考着这个问题时，J同学开口了：“老师，我错了，这是我的检讨书，请老师原谅我这一次，以后不会再发生这样的事了。您看我今后的表现吧。”话没说完的时候，她的眼泪早已下来了，话说完时已是泣不成声，并把那张检讨书递给了我。看得出来，这眼泪里有后悔，还有担心，担心假如妈妈知道情况后会为她着急(她不知道我已和她妈妈交谈了此事)。等她抑制住自己的哭泣，我用很温和的语气面带微笑地对她说：“你的行为已违反了校纪校规，按规定扣5分，并张贴通报批评，你怎么看?”说完，我仍然微笑地看着她，等她的回答，并把学校德育处的通报批评递给了她。她认真读完，沉默了好几分钟后说话了：“老师，扣违纪5分，我接受了，那个张贴通报批评，能不能看我期中考试的成绩，若成绩超过平时，那个通报批评能不能不张贴?”“那你现在的成绩在班上处于什么水平?”“中等。”“有没有考虑到若期中考试成绩低于平时，那你怎么办？”良久的沉默，然后听到一个非常自信的声音：“老师，我没有想期中考试成绩比平时低，我想的只是超过平时。”“那好，通报批评我可以暂时不张贴，还有两周就要期中考试了，我在等你的期中考试成绩，但是口头通报批评，我还是要说一下的，希望给其他同学以警示，你没意见吧？”“口头通报批评，我没意见。”“希望这次事件不要在你的心里留下阴影，放下这事，好好复习，争取期中考试拿出好成绩来见我。下午第一节课时间快到了，你快走吧，不要迟到了。”“老师，再见！”J同学面带笑容，身轻如燕地飞奔向教室……

在此后的两周时间，我每天都有关注她：晨起，床铺一如既往的干净整洁，书桌书架的摆放有序无灰尘，晚寝二段自习认真地学习，不闲聊，班级里的黑板报都是她亲力亲为。又是一个午后，J同学兴高采烈地跑来告诉我：她的期中考试成绩比她预想得要好。“老师，通报批评可以不张贴了吧？”

现在，每当我看到办公桌上那个盖有鲜红印章的通报批评或在其他楼层看到“通报批评”四个大字时，我不由自主地就会想：如果当初我没有和J同学以及她的家长及时沟通，在她们事先不知道的情况下把这份通报批评张贴出去，后果会是怎样？会不会伤害一个少年自尊倔强而又敏感的心？会在她的成长道路和稚嫩的心灵留下怎样的痕迹？

晨　练

——一个“问题生”的转变

侯宝金

晨练作为中华中学的特色品牌之一，是每天早上的一道亮丽风景线，也一直是学校领导、部门主抓的重点。因6:15就进行晨跑，生活老师起着举足轻重的作用。从叫学生起床到操场列队整装待发，都离不开生活老师的大量付出。在冬天天还没亮的时候，要让一个睡在温暖被窝里的孩子，爬起来到操场跑步，而且要间距相等、节奏一致、队列整齐，其难度可想而知，况且这样的要求还将年复一年地延续下去。

从高一进入高二时，一名同学（暂且称为小D同学），因其自身“特殊问题”，难以控制好自己的行为，冲动劲上来想怎么做就怎么做。在班级午休时间不打招呼玩“失踪”出去打球；在宿舍旁若无人地又唱又叫抒发心中郁闷，生活老师及时劝阻也要很长时间才能恢复常态。每天早上起床对他是一项“重大考验”，尤其是在他高二的时候，每天保证他按时到操场参加晨跑，对负责他的生活老师来说是个巨大的挑战。看到别的同学都起床了，只有他还赖在床上不起，我立刻走到他的床前，叫他名字喊起床，接着就是拍床板，看他没啥反应，开始掀被子、拽枕头，他才哼两声之后伸着懒腰起来。一段时间后感觉效果没那么明显，总是被动地喊他起床双方都感觉很吃力，换一种方式尝试一下，在保证他到操场不迟到的前提下，他无外乎就是想在床上多赖几分钟呗，那好，我在“最后时刻”叫他：“嗨，小D，还有8分钟啦，我在操场准时等你，不见不散。”听到他的“好嘞”，我才半信半疑地走向操场，心里还在想他是否能做到？果然，他都是在最后铃声响起前插进了方阵，也让我放下了一颗悬着的心。从被动管理到自主管理，适合的才是最好的，这样才能调动主观积极性，培养自主管理能力。

“一朵花开不是春，百花齐放春满园”，学校要求每个住宿生(特殊伤病除外)必须参加晨练，目的是增强学生体质。然而，有个别学生怕苦怕累，找各种理由偷懒耍滑中途掉队或少跑。小D不属于这类人，只是有时脑子很“拧”，钻进“牛角尖”出来慢一些。需要多关心他，与他交流，让他觉得他得到了充分的关注和信任，思想捋顺了行动才没有“顾虑”。“每天晨跑完成率一直保持较高的水准，达到一个都不能少的”要求，这就是学校的初衷。

为了打造中华中学晨练这块品牌，生活老师在幕后做了大量的工作。从晚上宿舍点名，记录和核实休息与见习的人员，到早上应对突发情况，以及反复督促同学尽快到操场，目的是让应参加锻炼的人一个都不能少。在中学时代打好身体基础，也体现学校对素质教育的重视。但是仍有个别学生还没有完全意识到它的重要性，所以生活老师今后还应把工作细致化，最大限度地让学生发挥自己的主观能动性，把高中晨练当作他们今后美好回忆中“一道亮丽的风景线”。

化茧成蝶

刘明凤

我校是一所寄宿制品牌学校，而生活老师这个岗位相比于其他职业有其特殊性和非凡的重要意义。说其特殊，是因为它不是通常意义上传道、授业、解惑的知识传递者，而是引领学生学会生活、学会学习、学会与人相处及与世界相容的另一种意义上的监护人；说其重要，是因为生活老师在与学生朝夕相伴的生活中，对其世界观的塑造、人格的形成有着巨大的影响。生活老师虽然没有一定的教材，但是生活中事无巨细、点点滴滴，都是我们智慧地教育学生的素材。陶行知先生说："生活即教育"。世界上还有什么职业首先要锻铸自己的灵魂再去塑造他人，并且以自己全部的生命培育他人生命的光辉，生活老师即是。所以，当我从一名企业员工走到生活老师的岗位上，既忐忑又有些茫然，同时也感到了责任的重大。在学校领导的正确领导和其他生活老师的关心和帮助下，我通过自己的努力与实践，认真完成每一天的工作，现在已经成为一名合格的生活老师了。

A同学是住校生中的一员，每次遇到我都是低着头走过去头也不抬。在一次与她班主任的谈话中得知A同学的学习情况，在那之后我特别留意该同学。每个星期日返校晚寝点名时我都会做同样一件事，询问同学们有没有带手机，如果带了就主动交上来，大多数同学都能自觉地把手机交给我保管。但我问到A同学的时候她总是摇头说没带手机。

记得在一天早晨叫起床的时候，刚走到A同学宿舍门前时突然听到手机讲故事的声音，原来是A同学拿着手机很淡定地从卫生间走出来，她一回头看到我站在门外就匆匆忙忙地把手机揣进上衣口袋里。我走到她身前说道：“把刚才放进口袋的东西交给我吧！”她磨磨蹭蹭地把手机掏了出来，“我手机里什么游戏都没有装，就连电话卡都没有，是我妈妈给我用来做英语听力用的，不信我打开给您看。”她振振有词地说。打开手机的同时我看到主页面上显示是没有电话卡，但是上面下载了好多东西包括小说、懒人听书等。对她进行一番教育之后，她低头不语。但叫她把手机交给我的时候她极不情愿，说：“为什么手机要上交，我每天还要做英语听力。”我用不容商量的语气说道：“手机今天必须上交，如果你确实需要用，可以到我那边拿，用完及时归还。每个学生都应该遵守‘零手机’管理。”听到我这么一说，只好把手机交到我手里转身就走了。

等学生走后，我给A同学的班主任发了个信息告知她在宿舍的情况，同时给她妈妈打了电话把孩子带手机没上交的事告诉了她。A同学妈妈第一反应就是：“你有没有用过激的话语说我家孩子？她从小是爷爷奶奶带大的，自理能力比较差，我工作比较忙也没时间管她，她带手机不交我也知道，因为她手机上连电话卡都没有，根本玩不起来，只是用来听英语听力的。”我把今天早晨所看到的和A同学班主任告诉我她成绩下降的情况一一告诉了她。A同学的妈妈本来是质问我的语气变成了对孩子的愤怒，说道：“等她回来非要揍她一顿不可。”我便说道：“孩子已经长大了，打是解决不了问题的，要跟她讲道理，她应该能听得进去，毕竟是为她好。”A同学妈妈用很抱歉的话语说：“谢谢您告诉我孩子在学校的情况。”并表示不会让孩子带手机到学校了，如果确实需要，她会打电话或发信息告诉我的。

自从那次后我再也没有看见A同学带手机到学校。晚自习下课回到宿舍她能自觉地坐到桌前“自主学习”，通过努力她的成绩也在慢慢地提升。每次遇到我时都会笑嘻嘻地与我打招呼。在日常工作当中，有许多类似的案例带来难以言喻的感动，就好像我在栽培孩子们的生命之树的同时，我的灵魂也得到了洗礼。

走过去，你就能走下去

陆　琦

2018届高三(6)班的薛同学是我在高二时接手带的。一开始他给人的印象是不善言辞，所以平常我不会主动找他闲聊，只是默默地观望。因为他有便秘的毛病，每周晚上都有一两次长时间蹲在公厕，要去查看才会放心，也无意间牵扯了我的精力。

有次家长会上他父亲与我说到了他的身世，原来他小时候在父母离异后又经历了一次全麻手术，可能对大脑及内分泌有影响，性格上有些执拗，希望我在日常生活中多鼓励孩子。我明白家长的良苦用心，那一次我们交流了很久。

其实家长的愿望就是孩子能顺利地考上大学，在学校平安健康，这本是生活老师的职责所在，在对待特别的孩子有时话不在多，精炼的话语就是一贴心灵良药。三模后我在QQ群里第一时间看到学生们的成绩单，对比前面两次模考，发现他的成绩比二模低了近50分，班级名次从第8名落到了第38名，出于对他性格的了解，我思索着应对的策略。第二天是周三，他妈妈按平时的习惯要来送些饭菜，可是这一次没有等来他。天色已晚，我跟他妈妈说，“你回去吧，他这次是心里有坎，等我找机会跟他谈谈。”晚自习时我在走廊来回踱着，搜肠刮肚想到一句“金玉良言”。

当晚放学，我等在路口，夜幕下看他背着沉重的书包、低着头急匆匆地过来了。我等他靠近时一把拉住他，说：“等会儿我想跟你聊聊，可以吗?”他不置可否，面露疑惑。我搂着他一同进到了我房间，按着他坐下，问他：“你是不是感到很沮丧，因为考得不好。”他不吭声，我继续说：“我平时不太与你交流，并不表示我不关心你，实际上你的历次大考我都记得，你从一模的全班 18 名落到了 38 名，这次数学只考了 81 分。”他耷拉的眼皮弹了几下，“老师，那你怎么看这样的分数？”他喃喃道。我以过来人的语气告诉他，“你还真问对人了！你可能觉得我这么努力，怎么还考得这么差？你考得差、别人考得好，是你的问题提前暴露了而别人还没有，你应该感到庆幸才是！很多年前我的一个客户的孩子跟你的情况差不多，看到模考成绩不理想后对向往的大学已不敢奢求，他妈妈悄悄给他写了张卡片，有一句是：走过去，你就能走下去。后来他孩子的高考成绩比模考整整高了 50 分！如愿跨入了仰慕已久的理想大学。这些都是办谢师宴时他妈妈自己讲述的，而我是当时的主摄像，我给那张纸条还拍了特写镜头呢！”我仿佛置身那天热闹喜庆的现场，手舞足蹈，带动着他的情绪。“希望你正视自己的短板，抛开杂念，顺势而为，争取最好的结果。老师还要关照你一句，无论你今后身在何方，请记住人生就是自我救赎的过程，经历时水火之间，回头看浮云一片。”那天谈话以后，我没有再找过他。高考成绩揭榜的当晚，他父亲发了条短信给我：成绩出来了，348 分，谢谢陆老师……

真心希望薛同学心平心静、自信自强、感恩惜福地过好每一天。如果有一天再相遇，我还要送他一句话：你只管优秀，老天自有安排。

走下去，不放弃。与每一位生活老师共勉。

摆脱自卑　重拾自信

朱　瑜

记得上一届的学生中，有位小方同学，长得很文静，说话也总是轻声细语的。有一天她轻轻推开我宿舍的门问道："老师，我能跟您聊聊吗？"经过简短的交谈我明白了，眼前这位16岁的女孩，因为高一下学期的第一次月考成绩非常不理想，而陷入自卑的困扰中。如果期中考试成绩仍然不理想，那她将有可能无法进入实验班学习，但她入学的成绩却是非常优秀的。为此，她很自卑，怕和同学们在一起，怕他们瞧不起自己。在学习上遇到问题，她不敢求助老师和同学，怕自己被人嘲笑。她感觉自己很无能、很懦弱，处处受人欺负。以至于她翻开书本却看不进一个字，满脑子都是"考试考不好"的恐惧。

"你找老师想要干什么呢？"我有意问道。"我不想像现在这样，我想振作起来，可我感觉到我的自卑心理很重，不知该怎么办。"小方心事重重地说。

我平静地说了一句："你感到自卑，这很自然，也很正常呀。"小方抬起头，以惊奇的目光盯着我，好像我说的是错话、反话。

我解释说："难道不是吗？你进入高中的第一学年，成绩一落千丈。你知道你现在的成绩已大不如前，感到脸上无光，浑身不自在，你认为别人肯定瞧不起你，你自己也轻视自己，情绪十分低落，这种情感是正常的。假如你考试成绩一落千丈，老师、家长都认为问题严重，而你自己反而无所谓，那才叫不正常呢，意味着你的认识出现了偏差。而你并没有啊。”小方听罢，神色黯然地点头称是。

“自卑并没有错，自卑感并不是什么坏的情感或是心态扭曲的征兆。相反，你自卑说明你有上进心、有羞耻感。‘知耻而后勇’嘛，现在你已能‘知耻’了，这是第一步，这是前提呀。”

小方静静地听着。

“在人的一生中，任何人都会不断地遭到自卑感的冲击，因为没有人是完美的，都有这样或那样不完美的方面，任何人的一生都不会一帆风顺，都会遇到这样那样的挫折，人在生活中时刻都可能产生自卑感的。自卑是人在追求更加优越的社会地位和更加完美的人生体验中必然要出现的心理反应。”

小方听得很专心，在我们目光对视的一瞬间，我拉住她的手说道：“你知道吗，我有时也会自卑的，其实这世上每个人都有可能遭遇自卑，但不同的人可能有不同的对策：第一种人自惭形秽，被自卑所压倒，在消沉中萎靡不振，在忧郁的情绪中不能自拔，形成恶性的自卑情绪，在自卑的沼泽中越陷越深，最终告别了成功的机缘。第二种人是极端个人主义者，由于挫折的刺激产生了相当强烈的反抗心理，对他人充满敌意，急于改变自卑的现状。由于这种人缺乏社会责任感和合作精神，与他人格格不入，极端自私自利，蓄意阻挠他人进步，而这种人往往会不断遭遇失败碰壁的结局。第三种人能正视自己的自卑，分析挫折的原因，勇敢地克服和超越自卑，最大限度地激发个人的内在潜能，使自己走出困境，迈向成功。同时，他们也很清楚人是社会动物，优胜劣汰的自然法则在人类社会同样适用。人与人既有冲突，也有合作，自我的成功需要在合作中达成。人需要主动协调与他人的关系，形成良好的人际往来，为自己学业成功和快乐的生活创造良好的人际氛围。”

小方的眼睛逐渐明亮起来，眉头也舒展了，轻轻地吐了一口气，将身体靠在椅背上。

接着，我给了她一些具体的指导。

第一，进行积极的心理暗示，心理暗示就好像给人贴上了一个标签，人常常会如标签所标明的那样发展。有人把这叫作“标签效应”。在某个大学里有位教授做过这样一个试验，以100位学生作为试验对象，将其分为两组，每组各50人。第一组分配了红色胶囊包装的“兴奋剂”，第二组则分配了蓝色胶囊包装的“镇静剂”。实际上胶囊里面的药粉调了包。结果吃了红色胶囊的一组绝大多数都很兴奋，而吃了蓝色胶囊的一组则大多很平静。可见，是他们不同的心理暗示抑制了身体用药后的生化反应。其实现实常常就是这样，当我们自认为是怎样时，我们的神经系统便会传达一个不容置疑的指令，“命令”我们随之发生相应的改变。所以，赶紧给自己贴一个积极的标签：我是个定了目标就能实现的人。经常这样想，就会出现积极的标签效应——你的目标就真的能够实现了。

第二，制定并完成每一个小目标，别总想着自己定的目标一下子就能实现，先做好眼前的每一件极小的事。比如，彻底弄懂一道数学题，记住一个英语单词，背诵一篇古文，等等。这些事情虽小，可大目标正是靠它们累积起来的，而小目标又是很容易实现的。所以要学会把大目标分解为若干层次的小目标，小目标可以分散我们对大目标的注意力，而着眼于一个个较容易达到的小目标，能够减轻心理压力，增强信心，逐渐实现那个最终的目标。

第三，学习，不可否认，是一件辛苦的事情。所以每天都给自己留下一定的时间，做一些自己喜欢的事。做自己喜欢的事，就是让心情放松，就是让身体得到休息，当你身心都愉悦了就会有一个良好的情绪状态。而积极的情绪状态会提升学习效果，从而提高学习成绩。

小方记下我的建议后笑了：“老师，谢谢您，我现在开始相信我是能行的了，您的建议真的给了我很多自信心。”“不，我没有给你，是你开始相信自己能行了！我只是帮助你相信而已。”

后来小方通过自己的努力如愿以偿分到了实验班，并且高考也取得了不错的成绩。

品牌寄宿制学校的管理
——关注特殊学生的自信成长

芮巧玲

生活老师的工作是辛苦烦琐的，每天面对这群有思想有活力的孩子们，我最大的感受就是充实。在这群孩子中，也有极少数的学生存在自卑、忧郁、恐慌等问题，在生活学习中表现出异常行为，这就需要我们予以关心、理解、鼓励和帮助，帮助他们树立自信心，这也体现了中华中学的“四自”教育理念。

我今天讲的A同学是个性格内向、喜欢独来独往的孩子，见到我时也从不打招呼，在宿舍区很少听到她的声音，起先我以为她只是少言寡语，在一次晚寝点名时才发现她属于特殊情况的孩子。那晚我走到她们寝室点名，发现她不在宿舍，就问其他同学，同学悄悄告诉我她躲在柜子里，我打开柜子问她在干什么，她看到我时表情非常惊慌，嘴里不停唠叨说:“我在玩，我在玩……”。到了晚寝时间，同学们都安静地躺在床上，而她却在厕所里不知干什么。平时的她也是早早就上床了，我意识到事情没有我想得那么简单，那晚我在她们宿舍门口巡查了好久。第二天我问了她们的寝室长，才知道她不止一次躲在柜子里，因为她觉得在柜子里才有安全感。我把她的情况向学校和班主任做了汇报，并拨通了她妈妈的电话，她妈妈不以为意地说“没什么事，估计和同学闹着玩的。”之后的几次沟通也没引起她的重视。

没过多久，期中考试刚结束，点名时又发现她躲在柜子里，这次我没打开柜子，怕她受到惊吓直接走了。那晚我一夜无眠，除密切关注她的情绪外，也在思考如何去和她妈妈沟通。第二天早晨我又找到寝室长问明情况，原来是这次没考好，躲在柜子里哭。同寝室的同学还告诉我，她有时话说到一半好好地突然就蹲下来流眼泪，别人问她怎么了也不理会。她和寝室长聊天时说发现自己在初中时就有焦虑症倾向，有时会不停地抓头发，自己也想改变这种状况却不知该怎么办。我让寝室的成员多关心她、鼓励她，让她感受到宿舍的温暖，有什么心事说出来大家一起想办法，同时让她们如发现异常行为及时告诉我，以免发生意外。

我约谈了小 A 妈妈，把情况详细地告诉她。在这次沟通中才发现小 A 的这种性格和她的家庭有很大的关系。在她小时候父母因脾气暴躁经常会吵架，只要一吵架她就会产生恐惧感，一个人躲在房间里偷偷地哭。随着高中学习的压力越来越大，初中时期的一点优越感荡然无存，父母对她的学习要求又高，每次的聊天话题就是要她考入一所好的大学，她焦虑的情况越来越严重，所以才会有躲在柜子里的一些异常行为。找到了原因，我让妈妈多关心关心她，聊一些她感兴趣的话题，知道她内心的真实想法，学习上结合她的成绩制定目标，做一些切合实际的学习计划，让她的心情慢慢地放松下来，缓解她的心理压力和焦虑，这次的谈话终于让妈妈明白了孩子的身心健康最重要。

渐渐地我发现小 A 的脸上有了笑容，见到我能主动和我打招呼了，宿舍里经常能听到她和同学们的谈笑声。

转化特殊学生是一项长期的艰巨任务，需要家长和学校的密切配合，家庭的环境和教育对孩子的心理和性格影响起着重要作用，只要我们对他们多一份关心，他们就多一份信心，正如德国哲学家雅思贝尔斯所说，“教育就是一棵树摇动另一棵树，一朵云推动另一朵云，一个灵魂召唤另一个灵魂。”

宽严相济、恩威并施

周　琪

关于住校生的管理，许多老师都有自己独到的方法，而我认为把握与学生相处的度也非常重要。我并非不希望与学生做朋友，但随着工作年限的增加、接触孩子数量的增多，我明白了“距离产生美”的真正含义。与学生走得太近，虽然有利于了解学生，也深受学生欢迎，但过于柔和会使教师的威严感大打折扣，“命令”的执行力当然可想而知。而一味只用“凶”的办法来对付学生，在当下也越来越得不到学生认可了。以前的学生犯了错，你对他发火，他们会害怕，会乖乖听从处罚。而现在学生完全不一样，你跟他发火，他会跟你对着干。所以作为生活老师的我们不可过柔，亦不可过刚，要刚柔并济。

在住校生中建立威信之后，在宿舍管理工作中应当以柔为主，以宽大为怀。要善于容学生之短，容学生之错，学生的过失，只要不是原则性错误，我一般以柔和方式处理。因为学生很多错误都是在成长过程中的错误，随着年龄的增长，他们也会意识到以往的幼稚可笑及不懂事之处，我们若能以发展的眼光宽以待之，他们必会心存感激。我平时关心爱护他们，有孩子生病我会嘘寒问暖，平时和颜悦色，然而面对他们的错误我会毫不留情，否则将会因为自己的过度宽容而使不自觉的同学得寸进尺，以至于毫无顾忌地胡作非为，以为老师软弱可欺。我经常听到有的家长向我反馈：“孩子说，周老师平时可随和了，但一发起火来我们都怕。”这种状态我很喜欢，其实我们有不少生活老师都是这种风格。要让每个孩子感到老师和蔼可亲，同时在想犯错的时候要掂量掂量能否承担得了老师的怒气。

曾有一位小汪同学，成绩在班里排在末尾，可以说根本就无心向学，还经常故意捣乱惹任课老师生气，对此他不以为耻还很是洋洋得意。从班主任以及教过他的老师那里了解到：他性格乖戾，还曾经扬言谁都管不了他。第一次在宿舍区见到这位同学果然让我心头一紧，他的眼睛里透出来的是让人冰冷的寒意，嘴角时时还露出轻蔑的冷笑。我当时就暗下决心，这个学生我一定要收服！想收服他，我就不能只盯着他不良的行为习惯看，不能只盯着他的成绩看，不能只揪着他桀骜不驯的性格。

一次在二段晚寝巡视时，他在走道里与同学聊天，我便把他叫到一边，他也不看我，冷冷地问了一句："有事吗？"我笑笑说："没事，聊聊，就是想问问你对'老师'这个职业的看法。"他在鼻子里哼了一声："什么老师？还不都是为了赚钱，哪有什么太阳底下最光辉的职业？"我没有生气，其实他这样说也已在我的意料之中，便立刻针锋相对地说："对，你说的很对！老师本质上说，就是个职业，老师不是上帝、不是神仙，也要吃饭，也要生活，也要养家糊口，你说当老师是为了赚钱是对的！我们与工厂工人从某种角度上来说本就一样，只不过工人的产品是有形的实物；而老师的产品是无形的，不仅是知识的传授，更是做人的教育，而这些是要靠你和你的同学来体现。但老师这个职业，尤其是你现在所面对的生活老师，更有他的特殊性。正因为产品的无形，所以说老师的工作是个良心活。有些可做可不做的事情就要看这位老师的责任心了，大多老教师都是竭尽所能、尽心尽责的。而且你需要理解的是，老师也不容易，工厂机器是不会主动有'对抗'情绪的；而学生是有思想的人，有自己的想法，有的还会与老师对抗。你说呢？"我严厉并且耐心解释着，他没再说话，但我看得出他似乎理解了一些，或是对我有了初步的认识。

这次谈话我觉得虽有一点点进展，但他依然一副"随心所欲"的神态，内务卫生打扫马虎，晚寝时不时与同学聊天，更重要的是，据我观察他是有手机的，在我校"零手机"的大环境之下，居然继续我行我素地使用，必须加以整治！

之后有一天学生上床休息后，我想与他家长联系了解下他在家里的状况，便拨打了他登记留下的家长号码，却两次都被挂断，过了一会一条短信过来说："你是谁？我现在不方便接电话。"我脑中灵光一现：莫非他留的是他自己的手机号？我马上悄悄来到宿舍门口偷偷从门外往里看，同时再次拨打，果然看到他的被子里有了亮光。我纠结了，收还是不收？左思右想，我明白：这时如果我冲进去没收他的手机，虽然维护了学校的制度，但前面的努力等于白费，而且必将把他推到我的对立面去，以后将更无法走入他的内心。

回到自己宿舍我开始想对策，我最终决定先退一步，暂不收他的手机，却与他发信息交谈，但装作他就是家长。我在信息里如此这般把他在学校表现好的方面都以汇报家长的口吻说了一遍。可能他一直都是被老师告状挨批，没想到我竟会表扬他。之后一段时间我一直装作不知道手机号的事情，又继续表扬了几次，明显他脸上的表情温和起来，见到我主动向我打招呼。直到有一天他主动找到我说他家长换手机号码了，我知道这次真的是家长号码，但我并没有点破他，依然装作不知。在平时我注意多关心他，哪怕他有一点点的进步我都及时表扬，渐渐地他越来越开朗，不再那么偏激乖戾，经常主动找我谈心，说他的快乐和苦恼，连他对班上哪个女生有好感这种比较私密的事情都会告诉我。当然后来我已不再退让、也无需退让了。他再犯任何错误我都毫不留情地批评，但是他都能接受，同时也代为保管了他的手机。我很庆幸自己没有蛮干，而是采用了迂回的方式，一时的退让只是为了更好的前进。你只有让学生在内心里真正接受了你，你的批评才能被接受，才会有效。

作为生活老师，工作琐碎，所面对的孩子正处于青春叛逆期，各个孩子性格又千差万别，很多时候突发事件瞬息万变。而我们只能凭着一颗关爱之心，运用自己那点小智慧来面对这一切。而学生在他们性格发展的这一重要时期，很多时候一些细节会让他们改变人生，改变观念。正确地去引导他们朝着健康、正确的方向发展是我们应该做的，而最好的途径是通过一些小事情，注意寻找一些契机打动他们的内心，通过激励，逐步建立他们的自信心，这些会让学生终身受益的。

悉心插柳，有意栽花

——引导学生“自行管理”，促使学生“自信成长”

顾燕明

生活老师实践使我深深体会到，生活老师工作也是一门教育科学，需要不断研究和探索。工作尽管千头万绪，但不外乎管理与教育两大任务。如何管理和教育，我不断思索，通过四年多的工作实践，我认为贴近学生生活，引导学生树立正确的世界观、人生观、价值观，培养学生形成良好的思想品质及生活习惯，让学生学会“自行管理”，使学生能茁壮健康地“自信成长”，是我们管理、教育的目标和责任。

家长把孩子送到学校交给老师，本身就是对学校和老师的信任。因此，作为生活老师，就有义务、有责任通过言传身教，帮学生树立正确的三观，督促培养学生形成良好的生活习惯，通过生活和学习，培养学生“自行管理、自信成长”。

回想起我到中华中学的第一年，在刚开学的一段时间，高一新生从家里来到学校，大多数同学内务卫生根本就不会做，每天清晨 6 点 15 分还要按时晨跑。我这个新老师带着新学生，每天忙得不亦乐乎。看着宿舍一片狼藉，我满腔热忱地动手做了起来，仅仅是打扫和整理宿舍就会用掉整个上午的时间，甚至到吃中饭都忙不完。我想孩子们在家娇生惯养的，卫生不会打扫，房间不会整理，很正常，清晨晨跑从不迟到，已经很不容易了，内务卫生不会做，来不及做，我就代劳吧，省下时间让他们多睡觉多学习。一个月下来，我带的孩子们很多都不做内务卫生，他们知道我会帮他们收拾好，就像家里妈妈一样。这是爱吗？缺乏管理和教育的爱是溺爱。结果技能大赛中我带的班级几乎没有取得过好名次。我重新审视自己的工作方法，为什么别的老师带的学生能做好，我带的学生不会做？因为我对学生溺爱有加，管理不足。反思过后，我决定内务卫生一定要让学生自己做，这是住校生必须具备的生活技能，一切代劳只会让他们丧失动手能力。于是，我从头开始，每个宿舍手把手地教他们拖地、擦镜子、整理书桌。渐渐地，同学们也能按照要求，把自己的学习、内务、卫生安排得井井有条。家长也反馈说，发现孩子住校后懂事多了，回家时自己的事情会自己做了，知道体会大人们的辛苦了。

通过这段经历，我真正体会到真爱是存在心底的，对学生身体和学习的关心固然很重要，但是他们该尽的责任和义务也是必须由他们自己完成，教会并督促学生学会“自行管理”，也是我的责任。

做好内务卫生仅仅是“自行管理”的第一步，培养提高学生的规则意识和各项管理能力，是我接下来要落实的工作重点之一。首先，鼓励学生积极报名参加住校生自主管理委员会，我会挑选有责任、有担当的学生来辅助我做常规检查工作，包括内务卫生检查、晨练点名领跑、晚寝点名和晚寝纪律检查、浴室门口维持秩序执勤。愿意承担责任和兼顾学习工作的锻炼对学生日后进入社会必定会带来有利条件。很快，自管会成立了，我们在德育处的领导下，对自管会成员进行培训，先是手把手教，然后带着学生一起做，再过渡到让学生独立完成工作。一段时间下来，我惊喜地发现，自管会的同学各司其职，每项工作都做得很到位，学生在适应中渐渐成长，远远超出了我的预期。在工作中，学生的自我约束和“自行管理”能力得到了锻炼和提高，我这个新老师也特别有成就感。

然而，与学生相处的过程中，总有一些学生不太合群，平时也不太跟我及周围的同学交流。仔细观察后发现，这些学生分为几种情况：一是家庭因素造成的，有的学生总觉得没有别的同学家庭条件好，有些自卑；二是自身原因造成的不自信，学习成绩不好，总觉得受人歧视；三是性格内向，怕跟人交流。针对以上几种不同的情况，我也采取不同的方法来激发他们的自信心。

首先，在宿舍内不问学生的家庭情况，对学生一视同仁，但是尽可能地多给条件差一些的学生表现的机会，好让他们感觉到自己是受老师重视的，也是受同学欢迎的，慢慢消除自卑，建立自信，如此良性循环。

对于学习成绩差的同学，引导他们建立一个短期目标，争取每次考试都能有个小进步，或者跟自己较个真，把每次考试的排名记录下来，并分析进步在哪里，不足在哪里，哪里潜力最大，采取同学互补或是找老师辅导等措施，反复给他们传递一个信念：跟自己较劲，做最好的自己。边鼓励、边督促，在同宿舍互帮互学的氛围中，同学们慢慢加深了友谊，有些自认为受歧视的同学也融入集体当中，感受到了集体的温暖，尤其是有特长的学生，充分让他们展示特长，大家取长补短，其乐融融。

对于性格内向的学生，不能操之过急，平时找机会多跟他们交流，挖掘他们的优点，为了不使他们边缘化，私下里我也会跟他们同宿舍性格较活泼的同学叮嘱，平时不要把性格内向的同学晾在一边，大家集体活动或者闲聊时也带上内向的同学，多一些体贴和关心，不要让内向的同学在学校感到孤独无助。孩子们都是善良的，听了我的话，生活中都会主动接近我指定的同学，有活动大家一起参加，有快乐一起分享，时间长了，这些内向的学生也开始敞开心扉，不再有距离感，能够在宿舍轻松地跟室友交流，把宿舍当成第二个家，与人相处也慢慢有了自信。

四年多来，在培养学生“自行管理、自信成长”的过程中，我不断总结提高，学生一茬接一茬更替，每批学生都各有特点，我也在努力探索，跟学生们一起成长，为成为那个最好的自己而不断前行。

自行管理之守护健康

耿建青

少年强则国强，少年智则国智。新时代更注重学生德智体美劳的全面发展，由此学校推出“四自”教育来帮助学生更好地成长。先给大家分享一个体现自我管理的小事例。

有一天中午放学，我在门房值班，看见一位高三同学手里拿着桶装的泡面走进来，我便上前把她叫住，问她：“你没吃饭吗？拿泡面去宿舍吃?”她回答“是”。我说：“吃泡面对身体不好，没有营养，你们正是长身体的时候，要吃些有营养的食品。”她耸了耸肩：“我时间紧啊。”我正色道：“学校安排的时间应该是够用的，其他同学不是都在食堂吃饭吗？你要把时间安排好，这样就不会觉得手忙脚乱了。何况学校有规定学生不可以把泡面带进宿舍的，泡面的味道较大，会影响其他同学。”她努了努嘴，冲我点点头，向我保证下次不会了，低头转身匆匆出了宿舍的大门。望着这个女孩瘦削的背影，我想她一定是经常不好好吃饭才这么纤瘦的吧，一个学生这样不吃正餐可不行，不知道她会不会遵守对我的承诺。

过了几天，我再次看见她拿着泡面遮遮掩掩地进了宿舍大厅，于是喊了她的名字，她愣了一下，转头后惊讶地发现是我，估计她心里在想，每天这么多学生进进出出，我怎么会记住她的名字。我把她叫到值班室，问她：“不是答应我说不吃泡面了吗，怎么又吃上了?”她回答我的理由仍然是时间来不及。这次我没有让她离开，并带着她找到了她的生活老师反映了这一情况，生活老师也很重视，根据对她几日的观察和同学的反映，我们发现她吃正餐的次数很少，却经常去小卖部买零食果腹。我找到她，跟她谈心：“我知道你们高三学习任务重、时间紧，但正是如此，你才更应该好好吃饭，吃零食不仅会损害身体健康，而且无法提供足够的营养，这样会使你上课无法集中精力，导致学习成绩下降，你看你，本来是想提高学习成绩的，现在却把作息弄得一团糟，不是违背了你的本意了吗？”她沉默着点点头。

生活老师问她哪里时间不够用，并根据具体情况给了她一些合理的建议，在生活老师耐心的帮助下，她也在不断地改变，现在很少看到她去买零食了，她也开心地告诉我们在调整了饮食习惯后，学习有了很大进步，为此我们感到由衷的高兴。

从这件小事上可以看到同学们在成长。学生们不但在生活上要学会自我管理，在学习上也要学会自我管理，这能使学生更有规划地发展。为自己确定一个合理的准则，遵守准则才有正确的前进方向，在“四自”的成长道路上，愿学生们能茁壮成长，走向自己属意的未来。

“四自”教育下的寝室生活管理

王世存

我们中华中学对住校生实行的“自我教育、自行管理、自主学习、自信成长”的“四自”教育，取得了良好的效果。如今看到住校的同学们有条不紊地生活和学习，自信地行走在成长的大道上，作为见证他们进步的生活老师，我无比高兴。

一、民主自由立规矩

“没有规矩、不成方圆”，我们在对学生实施“四自”教育的过程中，注重解决好“规矩”的问题。

在开学之前，我们生活老师首先做足功课，充分准备，在学校《学生手册》各项规章制度的基础上，根据寝室特点，制订了《寝室管理日常行为细则》《楼规楼纪特别提示》等日常学习生活指南及奖罚细则规定。这些规定成系统、简洁、贴近生活。这就是住校生要遵守的“规矩”的雏形。

开学后，组织新生成立“四自”管理委员会，选出寝室长，组织他们带领全体学生学习生活指南，对奖罚细则进行讨论、修改、审议、表决通过，形成寝室生活条例。这就是他们自己定下的“规矩”。

二、扎实充分学规矩

"思想是行动的先导",要让"规矩"落地,使学生亲身感受到"规矩"之痛,"规矩"之乐,学生们充分理解和感受"规矩"是非常重要的。为此,我们把各项规定进行张贴宣传,各寝室召开室员会议进行认真解读。为了更好地促进良好风气的盛行,我楼层注重文化阵地的发挥:张贴励志标语,同学们关心的"我们为什么要晨跑?""为什么要午休?""为什么要做好内务、卫生、物品摆放?"等问题在楼道走廊的墙上都能得到较完整满意的答案。使全体成员人人知晓,自觉遵守,引导学生在日常生活中自觉自愿地做好每一天的事情,处理好每一个细节,形成长治久效的比学赶超的寝室优良风气。

三、公开严格行规矩

规矩制定以后,我们要解决的是执行难的问题。我楼层全体人员,每天从楼层醒目的综合管理板报上清楚地看到:自己当天做得怎样?室友们做得如何?有什么存在问题需要改进的?每到月底就能看到:本月自己的表现怎样?室友们做得如何?相互之间的差距在哪里?具体是什么原因?人人将自己的生活表现与楼规楼纪紧密联系在一起,人人珍惜自己的每一分。同时,我们的学生家长在开放日走进楼层,就能在第一时间看到自己孩子在寝室生活的表现,与室友之间有个明显的对比,这样大大地促进了家校联合教育的有效管理。同时,也解决了问题学生处理难的问题,有效地促进良好楼纪楼风的不断改善。

加强引导,是我们的主要方式,对好人好事,拾金不昧、助人为乐的典型事例,大力表扬,并加分以资鼓励。对晨跑过程中受到主持人点名表扬的方阵,当天参跑人员每人加一分。反之,加跑一圈,以示警示。获得加分的同学在当日常规检查表中和月底统计评比排名时的数据上就显示出来了。

四、公正评价守规矩

每月一评的"星"级寝室、期中(终)各项评"优"过程中,同学们积极参与,热情高涨,纷纷毛遂自荐,写参选理由申请。通过评优,有效地促进了楼规楼纪的进一步提高。"星"级寝室的评比,依据本月寝室门前逐日常规检查记录表中的数据进行统计、排名,综合平时表现,有违纪的实行一票否决制;对寝室长有一条特别规定,如某寝室连续两个月评比均倒数第一名(也就是实行末尾淘汰制),该寝室长就主动让贤,这一规定有效地促进了当月成绩倒数的寝室,在下个月一定会有显著的提高。优秀自管会成员在寝室中起着表率作用,他们有着较高的问题处理能力,工作中尽心尽责、大胆有效的检查管理,及时、确当的实时评语,得到同学们的一致认可。

生活习惯与学习成绩是紧密联系的,没有良好习惯,休息不好,就没有充足的精力上足 45 分钟课程。每次月考或期考成绩的对比就充分地说明了这一点。观察学生是进步还是退步,同起伏较大的同学进行交流,结合寝室生活进行分析,找到存在问题,探讨改进的措施,强调有好的生活习惯,才会有好的学习习惯,该休息时不好好休息,就没有充足的精力去搞好学习,让他们明白学习与休息之间的关系。

严把时间节点,在什么时间段,必须去做好该时间段的事。晚寝二段自习,同学们做到了:等同班级自习课的纪律和时效。晚寝就寝提示音乐最后一声停下,同学们做到了:人人在床,没有一点讲话声,看不到一盏亮灯。

有同学对寝室生活感慨地说:"'四自'教育下的寝室生活,我们享受到了主人的感觉,享受到了家的温馨,我们身心得到充分锻炼,也意味着我们由稚嫩走向成熟。早晨6点15分，我们迎着朝霞，精神焕发地晨跑；晚上22点30分，我们在轻柔的音乐声中，进入甜蜜的梦乡”。在“四自”教育下的寝室生活培养了学生独立处理问题的能力，使学生自强自律，不再是事事依赖父母的孩子，学会了在进步时收敛喜色，在落后时冷静分析，纵使高考临于面前，亦能谈笑不改颜色，这样的自行成长，绽放喜悦的光芒。

我坚信，我们中华中学在“四自”教育下的寝室生活管理会越来越好。

中华中学班主任与生活老师基本功大赛

2018 年中华中学班主任、生活老师基本功竞赛方案

为进一步落实“立德树人”的根本任务，加强我校德育队伍建设，同时也为我校选拔优秀班主任参加 2019 年南京市班主任基本功大赛，为培养“南京市德育青优”和“南京市德育学科带头人”候选梯队做好准备工作，学校将举行“中华中学第五届班主任、生活老师基本功大赛”。本着“以赛促建”“赛训一体”的原则，本次竞赛关注班主任以理论研修为基础、反思实践为重点的班主任工作研究能力，聚焦班主任设计实施主题教育活动的能力，考查班主任掌握、运用相关政策和德育原理加强中小学生思想道德教育的能力，提升班主任建班育人的基本功。

（一）大赛组委

组　长：毕泳慈

副组长：周立新

组　员：张海宁、李钟全、刘青

（二）参赛对象及名额分配

（1）参赛对象为我校高中部全体现任班主任和生活老师。

（2）名额分配为特等奖 2 名，一等奖 4 名，二等奖 10 名，三等奖若干名。

（三）比赛时间

2018 年 11 月 19 日～11 月 23 日

（四）竞赛内容和形式

竞赛分为笔试、面试和班会课展示三个部分。

1. 笔试(权重30％)。要求参赛选手在规定时间内完成德育相关基础知识题。相关德育基础知识题是指班主任、生活老师应知应会的基础性题目，主要涉及学校德育工作的基本内容，采取“单项选择”“判断”和“论述”三种题型。笔试时间为40分钟。

2. 班会课展示(权重40％)。围绕“家校共育”主题，按组委会排定的班会课时间，完成一堂班会课教学。课后请向组委会提供班会活动方案设计，方案要体现活动过程的教育性和完整性，一般包括主题名称、年段、活动背景、活动目标、活动准备、活动过程(每个环节的设计意图，用【】简单标出)、活动总结。设计方案2000字左右(所有文本文字标题为黑体四号字加黑、正文用宋体小四号字、首行缩进2字符，行间距20磅。)

3. 面试(权重30％)。要求选手在规定时间内完成教育叙事并回答评委提问。在叙事和回答提问的过程中，充分展现教育理念和教育智慧。进行教育叙事的时间不超过5分钟。

（五）评分原则

1. 面试评分原则：

(1) 基本素质评价：包括仪容仪表、语言表达、思维逻辑、临场应变等。

(2) 专业素养评价：包括专业素养掌握程度、教育观念更新程度、教育目标适切程度、教育方法创新程度、教育效果体现程度等。

(3) 个性特色评价：包括个性表现、思路新颖、活动富有独创性等。

2. 活动方案评分原则：

(1) 主体性。凸显学生的主体地位，面向每一个学生的个性发展，尊重他们的特殊需要和兴趣爱好；强调学生的参与体验和亲身经历，重视学生在活动过程中的自我生成和创造性建构，充分为学生的自主性发挥开辟广阔的时空。

(2) 针对性。贴近学生、贴近生活和贴近实际，聚焦一个主题，注重正面引导，紧密联系学生需求和班级实情开展教育活动。

(3) 适切性。根据教育规律和学生年龄特点设计活动，目标贴切，主题鲜明，内容丰富，学生活动空间较大；形式多样，生动活泼，为学生所喜闻乐见。

(4) 操作性。教育设计体现结构化，具有清晰的层次感，富有内在的逻辑性；实施步骤具体，过程完整，操作性强。

(5) 创新性。锐意进取，立意新颖，方法和形式生动、多样，求新忌陈，不落俗套，具有时代特点，富有创意，体现新思路、新角度、新特色和新水平。

(6) 规范性。方案书写含有必要的元素，符合规范的设计体例；语言文字生动流畅，富有感染力。

(六) 参考资料

(1) 教育部《中小学德育工作指南》。

(2) 教育部《中小学班主任工作规定》。

(3) 教育部《中小学生守则(2015 年版)》。

(4) 江苏省教育厅组织编写的《班主任专业基本功》(齐学红、黄正平主编，于 2017 年 7 月在南京师范大学出版社出版)。

(七) 奖项设置

笔试前 10 名选手进入班会课展示和面试环节(生活老师不参加班会课展示)，最终根据笔试 30%、班会课 40%、面试成绩 30%进行综合折算评奖(生活老师按笔试 50%、面试成绩 50%进行综合折算)。

班会活动方案设计每位班主任均可单独向德育处投稿(具体要求同前)，德育处将遴选出优秀作品推荐参加南京市第二届优质班会课案例的评选。

南京市中华中学　德育处、团委

2018 年 11 月

中华中学“家长开放日”活动

家校共育　成就幸福人生

——中华中学第七届“家长开放日”活动方案

（一）活动主题

家校共育　成就幸福人生

（二）指导思想

1. 向社会展示学校办学理念，展示师生风采和教育教学成果，拓展家校真情沟通渠道，搭建合作育人平台，更好地凝结家校情感，激发共创美好未来的热情。

2. 调动家长参与学校管理的积极性，吸纳家长的合理化建议，进一步完善学校管理，增进合作共赢，携手发展。

3. 让家长走进学校，参与评价；走进教室，关注课堂；走近专家，学习智慧；走近孩子，倾听心声。

4. 通过以“青春·感恩·责任·成长”为主题的十八岁成人仪式教育，使学生建立自觉的成人意识，做好成人的思想准备，培养学生对家庭与社会的责任意识和参与意识，锻炼学生自强、自立的人格。

5. 利用“家长开放日”这一载体，增强学校和教师主动接受家长和社会监督的意识，提高学校管理的科学性、民主性和开放性，进一步提高办学水平，办人民满意教育，建文明和谐校园。

（三）活动时间

2018 年 3 月 28 日(遇雨调整至 3 月 30 日）6:00～13:30

（四）具体安排

具体安排见表 1、表 2 和表 3。

表 1　高一年级“家长开放日”活动一览表

<table>
<tr><th colspan="2">时　间</th><th>内　容</th><th>地　点</th><th>责任部门</th></tr>
<tr><td rowspan="12">上午</td><td>6:00</td><td>家长委员会委员签到集中</td><td>阶梯教室(一)</td><td>德育处、年级组</td></tr>
<tr><td>6:10～6:40</td><td>体验清晨生活</td><td>操场</td><td>团委、年级组、体育组</td></tr>
<tr><td>6:40～7:00</td><td>早餐</td><td>食堂一楼</td><td>总务处</td></tr>
<tr><td>7:10～8:10</td><td>高一家委会会议</td><td>博爱楼 508</td><td>德育处、年级组</td></tr>
<tr><td>7:25～8:05</td><td>走进缤纷课堂(一)</td><td rowspan="4">各班教室(家长学校讲座在阶梯教室二)</td><td rowspan="3">教务处、年级组</td></tr>
<tr><td rowspan="2">8:15～8:55</td><td>走进缤纷课堂(二)</td></tr>
<tr><td>家长学校——做智慧的高中生家长(8:15～9:45)，家长可自行选择参加相关活动</td></tr>
<tr><td>9:05～9:45</td><td>班会——感悟亲情、共享成长</td><td>德育处、年级组</td></tr>
<tr><td>10:00～11:10</td><td>亲子讲座——高考招生政策分析与解读</td><td>二楼报告厅</td><td>德育处、高一年级组</td></tr>
<tr><td>11:20～11:50</td><td>增进有效沟通——高一年级学科教学面询</td><td>回廊大厅</td><td>教务处、高一年级组</td></tr>
<tr><td>11:30～13:30</td><td>助力高考——高校招生(包括自主招生)咨询</td><td>图书馆一楼</td><td>教务处</td></tr>
<tr><td>11:30～13:30</td><td>共赴心灵之约——心理面询</td><td>图书馆二楼——学生阅览室</td><td>信息中心</td></tr>
<tr><td rowspan="2">下午</td><td>11:50～12:50</td><td>午餐</td><td>食堂一、二楼</td><td>总务处</td></tr>
<tr><td>12:30～13:30</td><td>校车送往地铁二号线</td><td>学校南大门</td><td>总务处</td></tr>
</table>

表 2　高二年级"家长开放日"活动一览表

<table>
<tr><th colspan="2">时　间</th><th>内　容</th><th>地　点</th><th>责任部门</th></tr>
<tr><td rowspan="11">上午</td><td>6:00</td><td>家长委员会委员签到集中</td><td>阶梯教室(一)</td><td>德育处、年级组</td></tr>
<tr><td>6:10～6:40</td><td>体验清晨生活</td><td>操场</td><td>团委、年级组、体育组</td></tr>
<tr><td>6:40～7:00</td><td>早餐</td><td>食堂一楼</td><td>总务处</td></tr>
<tr><td>7:10～8:10</td><td>高二家委会会议</td><td>博爱楼 308</td><td>德育处、年级组</td></tr>
<tr><td>7:25～8:05</td><td>走进缤纷课堂</td><td rowspan="2">各班教室</td><td>教务处、年级组</td></tr>
<tr><td>8:15～8:55</td><td>班会——遇见更好的自己</td><td>德育处、年级组</td></tr>
<tr><td>8:15～9:45</td><td>家长学校——做智慧的高中生家长</td><td>阶梯教室(二)</td><td>德育处、高二年级组</td></tr>
<tr><td>10:00～11:10</td><td>"青春·感恩·责任·成长"——十八岁成人仪式</td><td>大操场</td><td>校办、德育处、团委、总务处、信息中心、年级组</td></tr>
<tr><td>11:20～11:50</td><td>增进有效沟通——高二年级学科教学面询</td><td>回廊大厅</td><td>教务处、高二年级组</td></tr>
<tr><td>11:30～13:30</td><td>助力高考——高校招生(包括自主招生)咨询</td><td>图书馆一楼</td><td>教务处</td></tr>
<tr><td>11:30～13:30</td><td>共赴心灵之约——心理面询</td><td>图书馆二楼——学生阅览室</td><td>信息中心</td></tr>
<tr><td rowspan="2">下午</td><td>11:50～12:50</td><td>午餐</td><td>食堂一、二楼</td><td>总务处</td></tr>
<tr><td>12:30～13:30</td><td>校车送往地铁二号线</td><td>学校南大门</td><td>总务处</td></tr>
</table>

表 3　高三年级"家长开放日"活动一览表

<table>
<tr><th colspan="2">时　间</th><th>内　容</th><th>地　点</th><th>负 责 人</th></tr>
<tr><td rowspan="10">上午</td><td>6:00</td><td>家长委员会委员签到集中</td><td>阶梯教室(一)</td><td>德育处、年级组</td></tr>
<tr><td>6:10～6:40</td><td>体验清晨生活</td><td>操场</td><td>团委、年级组、体育组</td></tr>
<tr><td>6:40～7:00</td><td>早餐</td><td>食堂一楼</td><td>总务处</td></tr>
<tr><td>7:10～8:00</td><td>高三家委会会议</td><td>博爱楼 606</td><td>德育处、年级组</td></tr>
<tr><td>7:25～8:05</td><td>走进缤纷课堂</td><td>教室</td><td>教务处、年级组</td></tr>
<tr><td>8:15～9:45</td><td>高三二模分班质量分析会</td><td>教室</td><td>高三年级组</td></tr>
<tr><td>10:00～11:10</td><td>"青春·感恩·责任·成长"——十八岁成人仪式</td><td>大操场</td><td>校办、德育处、团委、总务处、信息中心、年级组</td></tr>
<tr><td>11:20～11:50</td><td>成人门留影</td><td>大操场</td><td>校办、年级组</td></tr>
<tr><td>11:30～13:30</td><td>助力高考——高校招生(包括自主招生)咨询</td><td>图书馆一楼</td><td>教务处</td></tr>
<tr><td>11:30～13:30</td><td>共赴心灵之约——心理面询</td><td>图书馆二楼——学生阅览室</td><td>信息中心</td></tr>
<tr><td rowspan="2">下午</td><td>11:50～12:50</td><td>午餐</td><td>食堂一、二楼</td><td>总务处</td></tr>
<tr><td>12:30～14:00</td><td>校车送往地铁二号线</td><td>学校南大门</td><td>总务处</td></tr>
</table>

中华中学“十八岁成人仪式”活动

青春·感恩·责任·成长

——中华中学2018届高三年级“十八岁成人仪式”

（一）主题

青春·感恩·责任·成长

（二）时间

2018年3月28日上午10:00～11:10

（三）地点

学校大操场

（四）主持

张玥,等

（五）要求

全体学生着秋季校服,老师和家长着正装出席典礼。

（六）流程

1. 高三学生入场式(全体高三教师在红毯两侧迎接学生入场)(见图1)。

2. 升国旗,唱国歌。

3. 毕泳慈校长成人礼致辞。

4. 家长代表发言。

5. 学生代表感言。

6. 集体成人冠礼仪式(林庆老师负责)。

7. 学生向家长献茶、共读书信,家长为孩子佩戴成人徽章(戴俊老师负责)(见图 2)。

8. 感谢师恩,学生代表为班主任献花,班主任代表发言(见图 3)。

9. 高二学生代表向高三学生送祝福(李钟全老师负责)。

10. 校长、书记赠送成人纪念册和读本(见图 4)。

11. 成人宣誓(徐飞书记领誓)(见图 5)。

12. 高三学生、家长走成人门,合影留念。

中华中学德育处、团委、高三年级组

2018 年 3 月

图 1　走红毯

图 2　向父母敬茶

图 3　与班主任温暖相拥

图 4　徐飞书记为各班代表赠送读本

图 5　成人宣誓仪式

中华中学住校生生活技能大赛活动

快乐生活　自信成长

——中华中学2018年住校生生活技能大赛方案

（一）比赛目的

生活即教育。我们旨在通过生活技能大赛以赛促规范养成，以赛促习惯培养，让学生提高独立生活能力，养成良好的生活习惯；检测急救知识，展示生活技能，促进学生健康生活和快乐学习。

（二）比赛时间

9月26日（周三）12:30～13:30（午休时间）；16:30～17:30（团队活动课）

（三）比赛地点

体育馆、生活区

（四）比赛规则

1. 评委构成：每班上报男女各1名住校生做评委，共26名，通过抽签确定各项目评委。

2. 项目及规则：

（1）宿舍内务整理大赛（中午12:30评比）比赛规则：① 参赛人员：全体宿舍成员；② 评比方式：采取男女生互查方式，即男生生活老师带领13名男生评委随机抽查每班女生1个寝室，共13个寝室，女生生活老师带领13名女生评委随机抽查每班男生1个寝室，共13个寝室。被抽查寝室采取轮序抽签方式确定，即2班评委为1班抽签确定男/女生被抽查宿舍，3班评委为2班抽签确定男/女生被抽查宿舍，以此类推，直至 13 班为 1 班抽签确定男/女生被抽查宿舍为止。检查评比采用扣分制，具体规则见评分表；③ 评奖：按平均分（去除最高分和最低分）排名先后实行差额评奖，取前 20 名，具体名额分配为：男女生一等奖各 2 个，二等奖各 3 个，三等奖各 5 个。

（2）叠被子比赛（需自备学校统一发放的 1 床被子，2 床暖席（用于铺地））比赛规则：① 比赛限时：8 分钟（从装被套开始至按要求叠好被子结束）；② 参赛人员：每班男女生各 1 名，共 26 名；③ 评比方式：各位评委对叠好的 26 套被子（男女各 13 套）进行打分，叠好的被子应为三叠，理想尺寸应为：长 57 cm、宽 48 cm、高 24 cm，整体饱满、不塌陷，水平面和竖直面平整、无褶皱（见图 1），具体评分细则见评分表；④ 评奖：得分计入班级总分。

（3）叠校服比赛（需自备洗净晾干的170 型号秋季校服 1 套、暖席 1 床）比赛规则：① 比赛限时：5 分钟；② 参赛人员：每班男女生各 1 名，共 26 名；③ 评比方式：各评委对叠好的 26 套校服评分，原则上叠好的校服上衣为二叠三层，衣领向外在最上端，拉链拉严，帽子放在中间层（如领取校服时的式样），叠好后的理想尺寸应为：长 33.5 cm、宽 30 cm；裤子应为三叠，理想尺寸应为：长 36 cm、宽 27.5 cm（见图 2），具体评分细则见评分表；④ 评奖：得分计入班级总分。

（4）缝扣子比赛（学校统一提供针线）比赛规则：① 比赛限时：2 分钟；② 参赛人员：每班男女生各 1 名，共 26 名；③ 评比方式：通过抽签产生的 7 名评委对 2 分钟内各班级成功缝扣子的数字进行统计；④ 评奖：按所成功缝制扣子数目多少由高到低排序，进行折算后的得分计入班级总分（见图 3）。

（5）洗袜子比赛（学校提供袜子）比赛规则：① 比赛限时：3 分钟；② 参赛人员：每班男女生各 1 名，共 26 名；③ 评比方式：按班级比赛，抽签确定的评委按表评分；④ 评奖：得分计入班级总分（见图 4）。

（6）健康素养竞答培训材料每班赛前到校医室领取（《急救技能实操》《中国公民健康素养 66 条》）。比赛规则：① 比赛形式：抽签答题，答对加分，答错不扣分；② 参赛人员：每班男女生各 1 名，共 26

名;③ 评比方式:校外专家现场评判及点评;④ 评奖:得分计入班级总分。

3. 选手赛前材料准备:

(1) 缝扣子、急救知识竞答、洗袜子比赛用个性化班牌,叠被子、叠校服比赛用个人姓名牌。以上各类型牌子要求一张 A4 打印纸大小,能站立,班名、姓名醒目,比赛时自行带至比赛场地。宿舍文化布置,要求阳光健康,积极向上,张贴于宿舍醒目位置,便于拍照留念(各宿舍集体准备)。

(2) 叠被子比赛选手自备学校所发被子 1 床,暖席 2 床由本班级评委协助,自行带至比赛场地,叠校服同学自备洗净晾干的秋季校服 1 套(170)、暖席 1 床,自行带至比赛场地。

4. 简明比赛流程表(见表 1):

表 1　简明比赛流程表

全体高一住宿生→各个宿舍→宿舍内务整理大赛(12:30 分评比)
↓
26 名选手→体育馆指定区域→叠被子、叠校服比赛(16:30 同时进行)
↓
26 名选手→体育馆指定区域→健康素养竞答
↓
26 名班级代表→体育馆指定区域→缝扣子比赛
↓
26 名班级代表→体育馆指定区域→洗袜子比赛

5. 其他未尽事宜德育处有权临时调整,最终解释权归德育处。

德育处、年级组

2018 年 9 月

图 1　被子叠成豆腐块

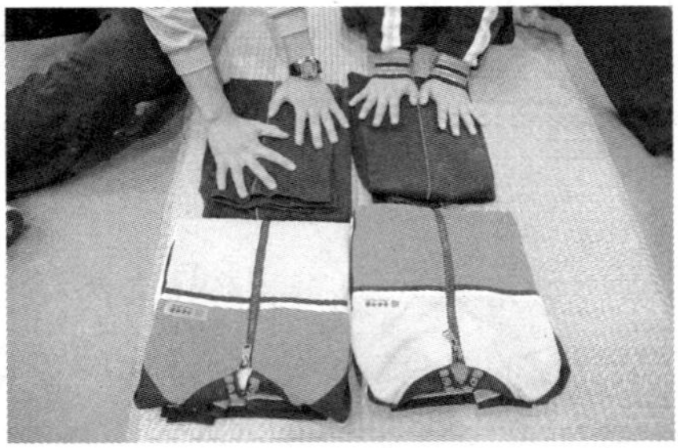

图 2　校服叠回出厂样

图 3　重拾缝扣子技艺

图 4　洗袜子竞赛

中华中学学生诚信教育

中华中学“无人监考，诚信考试”活动实施方案

（一）活动目的

“诚乃做人之根，信乃处事之本。”为营造“诚信考试光荣、违纪作弊可耻”的舆论氛围，激励学生的荣誉感，学校决定于本学期期末考试期间在高一、高二年级学生中开展“无人监考，诚信考试”活动。无人监考考试是诚信的示范，是诚信的榜样。开设无人监考考场，旨在促进我校学生良好考风的形成，培养学生“自我教育、自行管理、自主学习、自信成长”的意识，它不仅考查学生的知识水平，更是检验诚信的试金石。

（二）活动过程

1. 德育处、团委会、学生会和各班班主任针对本次活动对学生进行诚信教育和报名参加“无人监考，诚信考试”活动的宣传、动员。

2. 由学生本人向班主任申请参加无人监考考试，班主任对申请人进行全面考察，确定名单后上报年级组，由年级组长汇总后将名单统一上报德育处(电子稿)。德育处将把考生名单统一张榜公示，接受全校师生监督。

3. 德育处组织参加无人监考考试的学生签订《“无人监考，诚信考试”考生承诺书》。

4. 教务处将为参加“诚信考试”活动的学生专门安排考场和考

试座位，学校也将在考试结束后对考试期间做到诚信参考的同学给予表彰。

（三）活动细则

1. 无人监考考试，就是在考试过程中，考场中不设监考教师，考生自我约束、自我监督。

2. 高一、高二年级各设无人监考考场8个（每个考场32人，共512人），高一涵盖9门考试科目，高二涵盖语文、数学、外语三门学科。每个考场各设负责老师一名，负责金属探测器的使用和试卷的发放、填写考场登记表等工作。开考前工作与普通考场要求相同。考试开始前5分钟，负责老师分发试卷，指导学生填写相关考试信息，并作必要的考试说明，考试开始10分钟后老师离开考场。

3. 在考试过程中，各年级场外巡考老师将进行诚信考场的巡视，以便回答学生因试卷印刷不清或错误产生的问题，及时发现和处理突发事件，解决学生的正当要求。

4. 考试结束前15分钟，负责老师进入考场，进行试卷的收取、整理工作。

5. 参加无人监考考试的学生须提前15分钟到达考场，按照学校编排的座位就座。

6. 考试过程中学生应遵守考试纪律，自觉维持考场秩序，考生不得提前交卷，不得以任何理由随意离开考场，若有特殊情况，如有疑问、上厕所或需要借文具等，需待监考教师或楼道巡视老师在场时，得到许可后，方可操作。考试结束铃声一响，学生必须立即停止答卷，等待负责老师回收试卷，保证考试的顺利完成。

7. 考试过程中摄像机全程摄像，德育处将抽查部分考场的考纪情况。

（四）活动总结

1. 对报名参加无人监考的学生姓名、所在班级，将在一定范围和时间内张榜公示，公布监督联系方式，接受广大师生的监督和评议。

2. 考试过程中，如发现有学生作弊等问题，请及时向德育处反映，考试后请认真做好考风考纪问卷调查，如实反映考场和试卷情况。

3. 如确认诚信考场考生有作弊行为，将取消该学生当场考试成绩，进行严重校纪处分，本班级在学期评优过程中一票否决。

4. 加强对“诚信考试”过程中学生“自行管理、自我教育”的记录和宣传，对参加无人监考考试并信守承诺的学生载入诚信档案并颁发诚信荣誉证书。

中华中学德育处、团委

2019 年 1 月

《中华中学考试考生守则》

1. 严格履行《中华中学学生诚信考试承诺书》的相关内容，自觉服从监考老师的管理。

2. 只准携带 2B 铅笔、0.5 毫米黑色墨水的签字笔、直尺、圆规、三角板、无封套橡皮、小刀、空白垫纸板和透明笔袋进入考场，其他任何物品不准带入考场；考场内不得自行传递文具和其他用品等。否则按违规论处。

严禁携带各种具有发送或者接收信息功能的设备（如手机、小灵通、对讲机等）、电子存储记忆录放设备、手表（考场内设置时钟）以及涂改液、修正带、透明胶带等物品进入考场。凡携带者，考前如不交出，开考后一律按违规论处。

3. 入场时，监考老师将使用金属探测器检查违规物品，所有学生须自觉接受检查；入场后，须对号入座。

4. 除外语科目外，笔试一律用现行规范汉语言文字作答。作答选择题时，必须用 2B 铅笔在答题卡上按照填涂示例将对应的选项涂满、涂黑；作答非选择题时，必须使用 0.5 毫米黑色墨水的签字笔在答题卡规定的区域内答题；作图时，用2B铅笔绘、写清楚，线条及符号等须加黑、加粗。不准用规定以外的笔答题，不准用规定以外的语言文字答题，不准在规定的答题卡答题区域外作答，不准在答题卡上做任何标记，否则答题无效。

5. 在考场内须保持安静，不准喧哗，不准交头接耳、左顾右盼、打手势、做暗号，不准夹带、旁窥、抄袭或有意让他人抄袭，不准传抄答案或交换试卷、答题卡、草稿纸。

6. 遇试卷分发错误及试题字迹不清等问题，可举手询问；涉及试题内容的疑问，不得向监考老师询问。

7. 所有学生不得提前交卷，考试结束信号发出后必须立即停止作答，将答题纸正面朝上平放在桌面上，等待监考老师收齐答题纸以后再离开考场。

8. 对违反考试纪律和规定的行为，将依据《中华中学学生手册》惩处条例相关规定予以处理，并记入档案。

中华中学教务处

2019年1月

《中华中学学生手册》(节选)

第三章　惩　处

第八条　对违纪程度不同的学生分别给予通报批评、警告、严重警告、记过、留校察看、劝退、开除学籍处分。

…………

3. 凡有以下情形之一者，给予严重警告处分

(1) 考试作弊者。

…………

中华中学德育处

2019年1月

《中华中学学生诚信考试承诺书》

每一场考试，既是一次文化知识的考试，更是一次道德品质的考试。在考场上，我们每一位中华中学的学子不仅要接受文化知识的检验，更应该用诚信的考试构筑诚信的人生。

让我们牢记“珍爱诚信，拒绝作弊”，让我们从我做起，从现在做起，努力营造公平、公正的考试环境！

我是中华中学高________年级________班学生，在本次考试中作如下郑重承诺：

1. 我已认真学习《中华中学考试考生守则》和《中华中学学生手册》惩处条例。

2. 我保证按有关要求参加每一场考试。

3. 我自觉遵守考试纪律，如有违反，自愿接受处理。

承诺人签名：

中华中学德育处

2019年1月

“无人监考，诚信考试”

——《中华中学学生诚信考试承诺书》

本人自愿参加学校组织的诚信考试，愿意在考试中自觉遵守各项考试规定，实事求是，杜绝一切形式的考试作弊行为。现郑重承诺：

1. 严格遵守考试的规定和守则，保证按规定的程序和要求参加考试，如有违反，自愿按学校有关违规违纪处理办法接受处理。

2. 坚决服从监考教师管理，自觉遵守考试纪律。

(1) 按时进入考场，按指定座位就座。考试开始后15分钟仍未进入考场或考试进行中擅自离开考场者，甘愿接受自动放弃考试论处。

(2) 进入考场后，自觉保持肃静，不随意走动，不在考场内睡觉，不做与考试无关的活动。

(3) 只携带必要的文具进入考场，不将纸张、书籍、书包和通信工具等物品带入考场。

(4) 独立完成答卷，杜绝相互讨论、抄袭等。如被发现，自愿接受一切处理。

(5) 在规定时间内完成所有答卷，绝不拖延。交卷后立即离开考场。不在考场内、外停留、喧哗、影响他人考试。

本人已认真阅读上述考场规则，并保证严格遵守考场纪律，维护考试秩序，做一名诚实守信的中华中学人。如有违反，我愿意接受学校有关规定的处理。

班级：高(　)(　)班

承诺人(签字)：

年　　月　　日

诚信考场监考要求

1. 开考前工作与普通考场监考要求相同(但不需要金属探测器和屏蔽仪)。

2. 开考后，监考教师在10分钟后离开考场，考试结束前15分钟回到考场，做好收卷准备工作。

3. 考试过程中，监考教师必须到考场巡视两次以上，以便能及时处理考试中可能出现的问题。

4. 监考教师在开考前须向考生说明：考试过程中考生不得提前交卷，不得以任何理由随意离开考场，若有特殊情况，需待监考教师在场时，得到许可后，方可短时间离开考场。

第一场考试前，请诚信考场的监考教师在考前 15 分钟向全体学生宣读《诚信考场学生须知》。

《诚信考场学生须知》

1. 所有考生必须对号入座。

2. 严禁携带各种违禁物品进入考场。考试过程中，任何学生不允许向其他同学借文具或其他物品，否则视为作弊。

3. 开考后，监考教师会在 10 分钟后离开考场，考试结束前 15 分钟回到考场，做好收卷准备工作；考试过程中，监考教师会到考场巡视两次以上，还有场外监考教师会多次巡视，以便及时处理考试中可能出现的问题。

4. 考试过程中考生不得提前交卷，不得以任何理由随意离开考场，若有特殊情况如对试卷有疑问或需要上厕所，必须有监考教师或场外巡视老师在场并得到许可。

5. 如发现有学生作弊等问题，请及时向德育处反映。考试后请认真做好考风考纪问卷调查，如实反映考场和试卷情况。

6. 各考场均为标准化考场，全程摄像录音，德育处将抽查部分考场的考纪情况。

7. 如经确认诚信考场考生有作弊行为，将进行严重校纪处分，本班级在学期评优过程中一票否决。

场外监考员职责

1. 负责所指定的诚信考场的巡查工作。

2. 每场考试开考后 10 分钟到达指定的诚信考场，直到本场考试结束前 15 分钟监考教师到场。

3. 巡视期间随时处理、记录偶发事件(违纪、作弊、乱下座位、借用文具、擅自离开考场等)。

4. 考试过程中,负责检查考场电波钟走时是否准确。

5. 每科考试结束后,向考务办公室报告所负责的考场情况以及监考教师工作情况。

6. 工作期间不得随身携带手机等具有发送或者接收信息功能的设备。

7. 其他特殊情况随时向考务办公室汇报。

诚信考场考生感想

很开心在期末考试中再次在诚信考场,这对我们不仅是一次考验,更是莫大的信任。

在我所在的诚信考场,本次考试全程没有任何作弊、打闹及交头接耳的现象,秩序良好。监考老师也都尽职尽责,按时收发试卷。

希望下次仍然能够在诚信考场进行考试!

——程程

学校开展诚信考试和设立诚信考场的活动是非常有意义的一件事,不仅能培养学生独立自主的品质,还考验了学生是否具备诚信的品质。能较完备真实地考察我们最近的学习状况,让我们更加熟悉高考形式以及认识到诚信考试的重要性,给我们敲响警钟。但与此同时,诚信考场可能还存在着一些弊端,如座位的排列问题。希望在学校努力开展诚信考试活动的基础上能再考虑减少这些弊端,保证学生能有一个更加良好的考试环境。

——王沭平

学校设立诚信考场对于我们来说是一次诚信的考验,每个考生都应严格遵守考试纪律,本着诚信考试的原则,诚信考场更应如此。

在这次考试中，监考老师按时收发试卷，考场秩序良好。

这是一次非常有意义的体验！

——郭雨菲

几乎参加了学校组织的每一次诚信考场活动，这是学校给予我们的一种信任，似乎觉得不参加就有点对不起这份沉甸甸的信任了。

两天的考试过程中，据我所知，没有发生一起作弊现象。在诚信考场的同学们都只把时间、精力用来答题。

——焦宸

在这次期末考试中，我报了诚信考场。在考试过程中，我发现考场纪律非常好，并且在没有老师的监督之下，我感受到了自由和放松，这让我的心态有了极大的改善。我很平静，也感受到了一种自律的氛围，让我能静下心来认真考试。我很感谢学校能给予我这样一个名额，对我这样信任！希望下次考试我还能坐在诚信考场里，书写一份令人满意的答卷！

——陈涨

这是我第一次参加诚信考场考试，在没有监考老师的情况下，同学们都能做到诚实守信，没有作弊的现象。这次体验让我感受到了诚信的快乐，下次我还会报名诚信考场的。

——严笑然

学校的这次活动很有意义，给予我们信任，我们应该好好珍惜，在无人监考的环境中考出满意的成绩。

——徐渭清

能有机会参加这次诚信考场考试，感觉非常新鲜，这是我第一次在诚信考场考试，体验到了无人监考，这项举措有利于锻炼学生的诚信品质，还可以提高学生的自控能力，诚信考场每一个人都很坚守考场制度，这非常好，要中途没有老师就更能达到完全的无人监考了。

——张磊

我发现考场纪律非常好，感觉自己考试时受氛围影响，考试期间很淡定。支持诚信考场，希望自己下次还能参加。

——高明

这次诚信考场考试氛围良好，考试纪律也很好，同学们都能做到诚实守信，没有作弊现象。但是空调设置有问题，希望在学校努力开展诚信考试活动的基础上能再考虑减少这些弊端，保证学生能有一个更加良好的考试环境。

——黄博锐

在考试过程中，我发现考场纪律非常好，并且在没有老师的监督之下，同学们都自觉遵守纪律。这种自律的氛围，让我能静下心来认真考试。我很感谢学校对我的信任！希望下次考试我还能坐在诚信考场里，书写一份令人满意的答卷！

——李宇豪

在本次考试中，我参加了诚信考场，考场内纪律很好，没有任何违反考纪的行为。大家都能做到诚实守信，为其他考生营造了良好的考试环境。我很赞同学校设置诚信考场，这为我们提供了一个自我监督的考试环境，更好地完成自己的考试内容。

——郭绮雯

这是我第一次参加诚信考场考试，考场内纪律和气氛都很好，虽然没有老师的监考，但是没有任何违反考场纪律的行为，希望下次还能参与。

——汪郁涯

我很荣幸能够参加此次的诚信考场，这是一个很好的活动。考场纪律良好，即使没有监考老师，同学们也能够自觉地遵守考场的纪律，没有违反考试纪律的行为，希望下次还能够继续参加此类活动。

——薛智文

中华中学“零手机”的实施与管理

《中华中学“零手机”班级学生诚信承诺书》

亲爱的同学：

随着时代的发展和社会的进步，校园内学生手机的使用目前已经成为广大家长和学校关注的热点。我们也清楚地认识到，手机作为一种新型综合性工具，在信息时代是不可或缺的。但是通过调研，我们发现在现实的教育教学管理中，手机在带来便利的同时也给你们的学习和生活产生了一些消极影响。如：

1. 手机对人体有辐射，尤其会给正在成长的你们带来身体危害。

2. 手机越来越智能化，除了打电话、发短信，还有游戏、上网、听音乐、看电影、拍照录像等多种功能，而这些娱乐功能很容易让学生着迷，甚至陷入其中不可自拔，给学校正常的教育、教学和管理秩序带来不良影响。

3. 容易助长班级相互攀比的坏风气，额外增加家庭的经济负担。

4. 手机为考试作弊提供了条件，不利于大家养成诚信的品质。

5. 使用手机会带来各种校园安全风险(如偷盗)。

鉴于以上原因，更重要的是应相当一部分家长的强烈要求，学校在全校范围内推行“零手机”试点班级活动，以加强校园内学生手机的有效管理，同时促进学生更好地实现“自我教育、自行管理”。目前自发申请的班级已达36个，现将各方讨论的《中华中学“零手机”试点班级管理草案》告知如下：

1. 试点班级享有如下权利：

(1) 全体成员可以在需要时免费使用学校为本班配备的老人机电话。

(2) 在学校各项评选中，同等条件下优先考虑。

2. 试点班级应尽如下义务：

(1) 全体成员不携带手机进校园。

(2) 若遇特殊情况需要携带手机进校园，应主动交由班级集中管理。

3. 违纪处理：

(1) 若在班级试点期间发现学生违背诚信，或在学校组织的随机调查过程中发现学生未履行承诺，将视具体情况作出相应处理。

(2) 若班级累计有 3 人次以上违纪，学校将取消试点班级资格。

诚信签名

我是中华中学高________年级________班学生，现郑重承诺：

1. 我已认真阅读《中学中学“零手机”班级学生诚信承诺书》。

2. 我将自觉享有“零手机”班级成员的权利，自觉履行应尽义务。

3. 在执行过程中，我如违背诚信，将自愿接受处理。

承诺人：________

年　　月　　日

《中华中学“零手机”管理告家长书》

尊敬的家长：

您好！在您的关心和支持下，中华中学良好的学风与校风日益浓厚。与此同时，随着时代的发展和社会的进步，校园内学生手机的使用目前已经成为广大家长和学校关注的热点。我们也清楚地认识到，手机作为一种新型综合性工具，在信息时代是不可或缺的。但是通过调研，我们发现在现实的教育教学管理中，手机在给学生带来便利的同时也给他们的学习和生活产生了一些消极影响。如：

1. 手机对人体有辐射，尤其会给正在成长的青少年带来身体危害。

2. 手机越来越智能化，除了打电话、发短信，还有游戏、上网、听音乐、看电影、拍照录像等多种功能，而这些娱乐功能很容易让学生着迷，甚至陷入其中不可自拔，给学校正常的教育、教学和管理秩序带来不良影响。

3. 容易助长学生之间相互攀比的坏风气，额外增加家庭的经济负担。

4. 手机为考试作弊提供了条件，不利于学生养成诚信的品质。

5. 使用手机会带来各种校园安全风险（如偷盗）。

鉴于以上原因，更重要的是应相当一部分家长的强烈要求，学校在全校范围内推行“零手机”管理活动，以加强校园内学生手机的有效管理，同时促进学生更好地实现“自我教育、自行管理”。现将《中华中学“零手机”班级管理条例》告知如下，期待您的宝贵意见：

1. 班级享有权利：全体成员免费使用学校为本班配备的老人机电话。

2. 班级应尽义务：

（1）全体成员不携带手机进校园。

（2）若遇特殊情况需要携带手机进校园，应主动交由班级集中管理。

（3）请家长如实将学生拥有手机和携带手机的真实情况及时告知班主任和生活老师，便于家校合作，共同做好“零手机”的管理工作。

3. 违纪处理：若发现学生违背诚信，或在学校组织的随机调查过程中发现学生未履行承诺者，将视具体情况作出相应处理。情节严重者，将给予校级处分。

各位家长，让我们家校携起手来，一起净化学生成长的环境。谢谢！

中华中学德育处

2018 年 8 月

……………剪……………切……………线……………

回　执　单

我是高________班________同学的家长，已知晓学校“零手机”管理的规定，愿意配合学校工作，一起对孩子加强管理和教育。

意见建议：____。

家长签名：________

年　　月　　日

关于正确使用学校统一配发通信设备的使用说明

各“零手机”班级：

为规范各班对学校统一配发通信设备的使用，特作如下说明：

1. 使用时间及地点

时间 1：每天中午 11：20～12：30；下午 17：45～18：30。地点：本班教室内。

时间 2：晚上 21：30～22：00（高一、高二）、22：00～22：30（高三）。地点：生活老师宿舍。

备注：其他时间手机应处于静音状态，紧急情况下学生若需电话可以向管理员申请。家长如需和学生联系，也可以发短信留言于手机中。

2. 存放和管理要求

(1) 各班级需指定男女生(住校生)各1名作为手机管理员。

(2) 手机平时应锁入班级(宿舍)储物柜中,放假时不得带离学校,需要妥善保管。班级公用机原则上不得带回宿舍使用。

(3) 学生使用手机打电话原则上不能超过3分钟。

3. 充电及其他要求

(1) 使用手机通话过程中不得充电,充电时手机必须处于关机状态。

(2) 管理员每周打开手机后盖检查一次手机电池,如发现有隆起、变形等情况及时上报德育处,并立即停止使用该手机。

(3) 若因使用不当造成手机损坏的,各班级应进行赔偿。

特此说明!

中华中学德育处

2018年9月

中华中学“零手机”管理班级考核方案

目的:有效推进“零手机”管理工作,不断巩固已有成果,激励学生更好地进行“自我教育、自行管理”。

细则:每学期对“零手机”管理班级进行两次考核(期中、期末),由自评(20%)、互评(30%)、他评(50%)三部分构成(具体见表1)。

表1 “零手机”管理班级考核表

	自评(20%)	互评(30%)	他评(50%)	总评
无人带手机到班或者到宿舍,即使个别带来,班级都能有效管理好(20分)				

续表

	自评(20%)	互评(30%)	他评(50%)	总评
班级或宿舍均无人使用自带手机(20分)				
班级管理公共手机的同学认真履职、管理严格(20分)				
同学爱惜使用公共手机,不过度占用公共资源,话费支出合理(20分)				
班主任对"零手机"试点情况及时关注,有效管理(20分)				

评价:每学期汇总两次考核总分,对各年级班级进行评比,评比结果纳入先进班集体的考核,同时排名前三分之一的班级授予"零手机"示范班级,并给予班级活动经费奖励。

中华中学德育处

2018年9月

中华中学青年干部先锋夏令营活动

铭记历史　勇于担当　做新时代的青年先锋

——南京市中华中学 2018 年“暑期青年先锋夏令营”

（一）活动目的

本次活动目的在于用优秀传统文化和国家取得的成就丰富优秀学生干部的精神世界，提高学生干部在工作中的沟通、协调、适应能力，凝聚优秀学生干部的智慧和才气，并进一步增强学生干部的荣誉感和使命感，激发他们的战斗力，让他们勇做学生管理的“排头兵”，乐当同学青春的“领路人”，从而更好地促进学生干部发展自己、服务全局，为己、为校、为家、为社会做出积极贡献。

（二）活动对象

校学生会干部以及高一、高二班长、团支书、学生班主任助理。

（三）活动流程

活动流程如表 1 所示。

表 1　活动流程表

<table>
<tr><th>日期</th><th>篇章</th><th>地点</th><th>时间</th><th>内容安排</th><th>负责人</th></tr>
<tr><td rowspan="7">8 月
30 日</td><td rowspan="4">干部
能力篇</td><td>博爱楼
阶梯教室 2</td><td>9:00～9:30</td><td>开营仪式，
活动流程说明</td><td>刘青</td></tr>
<tr><td>博爱楼
阶梯教室 2</td><td>9:30～11:00</td><td>专家讲座</td><td>南京林业大
学法学博士
虞卓</td></tr>
<tr><td>博爱楼
阶梯教室 2</td><td>11:00～11:20</td><td>下午活动布置</td><td>刘青</td></tr>
<tr><td>食堂一楼</td><td>11:30～12:00</td><td>午餐</td><td>总务处</td></tr>
<tr><td>午休</td><td>高一(1)～
(13)班教室</td><td>12:00～13:20</td><td>各班级分组，
教室午休</td><td></td></tr>
<tr><td rowspan="2">素质
比拼篇</td><td>高一(1)～
(13)班教室</td><td>13:30～15:30</td><td>无领导小组
讨论</td><td>教师待定，
学生会干部</td></tr>
<tr><td>博爱楼
阶梯教室 2</td><td>15:45～16:00</td><td>当日总结</td><td>刘青</td></tr>
<tr><td rowspan="6">8 月
31 日</td><td rowspan="3">铭记
历史篇</td><td>博爱楼
阶梯教室 2</td><td>8:30</td><td>集合，当天
活动说明</td><td>待定</td></tr>
<tr><td>南京市
档案馆</td><td>9:00～11:00</td><td>参观南京市档案
馆，铭记历史
(仪式待定)</td><td>楮老师等</td></tr>
<tr><td>食堂</td><td>11:30～12:00</td><td>午餐</td><td>总务处</td></tr>
<tr><td rowspan="3">分享
交流篇</td><td>高一(1)～
(13)班教室</td><td>12:00～13:20</td><td>各班级
教室午休</td><td></td></tr>
<tr><td>博爱楼
阶梯教室 2</td><td>13:30～15:50</td><td>观看电影《战狼》，并展开讨论、交流</td><td>待定</td></tr>
<tr><td>博爱楼
阶梯教室 2</td><td>16:00</td><td>闭营式，活动
总结表彰</td><td>张海宁</td></tr>
</table>

无领导小组具体安排

（一）讨论时间

2018年8月30日下午13:30～15:30

（二）讨论地点

高一(1)～(13)班

（三）讨论素材

情景:经过五天的艰辛努力,登山队终于登上了海拔7500米的山峰,在返回下降到3000米的高度时,突然发生了雪崩,此时气温零下20度左右,周围是冰雪世界,所幸大家都未受伤,并留下了一些必要的生存装备和物品。

第一个问题:为尽早返回安全地带,请将所剩物品按照求生的重要程度进行排序。

A. 压缩饼干

B. 求生卡

C. 火柴

D. 指南针

E. 匕首

F. 保暖睡袋

G. 手电筒

H. 紧急避难帐篷

方式:(1) 请用抽签方式,决定发言的顺序。

(2) 陈述自己的顺序并阐述理由(每人陈述时间为5分钟,依次进行)。考查应变临场发挥能力。

第二个问题:一个成功的领导者,可能需要具备很多特质,比如:善于鼓舞人、能充分发挥下属优势、处事公正、能坚持原则又不失灵活性、办事能力强、幽默、独立有主见、言谈举止有风度、有亲和力、有威严感、善于沟通、熟悉业务知识、善于化解人际冲突、有明确的目标、能通观全局、有决断力等。

请你从上面所列的特质中选出3个你认为最重要的特质并选出1个最不重要的特质，并分别说明理由。

要求：(1) 整个小组自由讨论，并在讨论时形成一个决议，对问题达成共识(10分钟)。

(2) 小组选派一名代表在讨论结束后向主考官报告讨论情况和结果(3分钟)。

第三个问题：针对刚才自己的发言，现在每个人给自己刚才的表现做一个评价，另外说说，还有哪个同学的表现给你留下了比较深刻的印象，为什么？

(四) 无领导小组讨论的具体流程

1. 介绍讨论要求，并抽签确定发言顺序，发纸给发言者作为列提纲用。

2. 第一个问题：

方式：(1) 请用抽签方式，决定发言的顺序。

(2) 陈述自己的顺序并阐述理由(每人陈述时间为5分钟，依次进行)。考查应变临场发挥能力。

3. 第二个问题：

要求：(1) 整个小组自由讨论，并在讨论时形成一个决议，对问题达成共识(10分钟)。

(2) 小组选派一名代表在讨论结束后向主考官报告讨论情况和结果(3分钟)。

4. 第三个问题：自由发言，记下发言者的评价。

5. 注意事项如下：

(1) 选手依序号顺序每人阐述观点，依次发言。

(2) 自由讨论(在此期间,各评委只观察并依据评分标准为每位选手打分(见表 2),不准参与讨论或给予任何形式的诱导)。

(3) 讨论结束,收回选手发言构思提纲,报告讨论结果(5 分钟),评委点评(5 分钟)。

表 2 评分表(第 组)

选手 \ 评分标准		沟通能力	分析能力	人际合作能力	计划性能力	组织协调能力	附加评分	总分
编号	姓名							
1								
2								
3								
4								
5								
6								
7								
8								
9								
10								

6. 评分表中各项评分满分为 10 分,附加分为评委对选手其他方面的评估,无领导小组讨论的评分规则具体如下:

(1) 沟通能力:语言表达准确简洁、流畅清楚,能很好地表达自己的意思,善于运用语音、语调、目光和手势(得 2 分)。语言表达一般,条理基本分明,基本能够表达自己的意思,运用适当的语音、语调、目光和手势(得 1 分)。说话吞吐,言语表达不清,不能表达自己的意思,不会运用适当的语音、语调、目光和手势(得 0 分)。

(2) 分析能力:分析问题全面透彻、观点清晰、角度新颖,概括总结不同意见的能力强(得 2 分)。分析问题基本透彻、观点基本清晰、角度一般，基本能够概括总结不同的意见（得 1 分）。分析问题不够透彻、观点不清晰、角度不好，不能概括总结不同的意见（得 0 分）。

（3）人际合作能力：能够尊重别人，善于倾听他人的意见，善于把众人的意见引向一致（得 2 分）。基本能够尊重别人，可以倾听别人的意见，协助别人把众人的意见引向一致（得 1 分）。不能尊重别人，不能倾听别人的意见，自己的看法无法融入众人的意见（得 0 分）。

（4）计划性能力：解决问题的思路清晰周密，逻辑性和时间观念强，准确把握解决问题的要点（得 2 分）。解决问题的思路基本清晰周密，逻辑性和时间观念较强，能把握解决问题的要点（得 1 分）。解决问题的思路不清晰周密，逻辑性和时间观念不强，不能把握解决问题的要点（得 0 分）。

（5）自信心：能够积极发言，敢于发表不同意见，善于提出新的见解和方案，在强调自己的观点时有说服力（得 2 分）。发言次数一般，不同意见很少，提出的新见解和方案很少，强调自己的观点时有一定的说服力（得 1 分）。发言很少，不敢发表不同意见，不能提出新的见解和方案，强调自己的观点时没有说服力（得 0 分）。

（6）组织协调能力：善于消除紧张气氛并创造一个大家都想发言的气氛，能有效说服别人，善于调解争议问题（得 2 分）。不善于消除紧张气氛和创造一个大家都想发言的气氛，说服别人的情况很少，偶尔调解争议问题（得 1 分）。情绪紧张，不能创造一个大家都想发言的气氛，不能说服别人，不能调解争议问题（得 0 分）。

（五）活动流程

全体同学分为 13 个组，10 位选手。其他为评委和计时员。

（1）评委宣布规则，用 PPT 给出题目。

（2）组织讨论。

（3）评委打分。

（4）宣布结果。

“铭记历史篇”具体安排

（一）时间安排

2018年8月31日8:30～11:00

（二）具体安排

1. 8:30在阶梯教室2集合点名，整队。

2. 8:30在南大门分两路纵队出发，穿校服，带校旗和横幅。由褚仁宝、庄文品、汪亚萌老师负责。

3. 9:00左右到达南京市档案馆，从大门进入，有讲解员。

4. 参观1个小时左右，在负一楼报告厅举行仪式，出门在标志性建筑前合影留念，徒步返回学校。

青春激昂　筑梦中华

——南京市中华中学2018年“暑期青年先锋夏令营”

“分享交流”篇具体安排

（一）时间安排

2018年8月31日13:30～15:50

（二）具体安排

1. 13:30～15:00，在阶梯教室2观看电影《战狼》。

2. 15:00～15:50，高一(1)～(13)班教室讨论交流，形成文字材料。

参考问题：

(1)《战狼》中哪一个镜头最能触动你，引起你内心或愤怒、或悲伤、或喜悦的情绪波澜？为什么？

（2）《战狼》系列尽管取得了很高的票房，但这并不代表它是一部完美的电影，你觉得电影哪里可以做得更好？

（3）《战狼 2》宣传海报上，一直印着一句话，即“犯我中华者，虽远必诛”，对此你怎么看？

（4）有人认为《战狼》系列之所以大火，无非是在打爱国牌、情怀牌，这是一种对爱国主义的过度消费，对此你怎么看？

（5）你对《战狼》中冷锋在指挥现场不听指挥擅自行动的举动有什么看法？联系社会生活，你认为电影中这一段剧情现实吗？为什么？

3. 要求：

（1）各小组认真讨论，共同商量确定要发言的角度（可以选择上面问题的 1～2 个角度，也可以从其他角度），确定角度后每个小组成员都要思考和发言，确定一名同学做记录，最终形成电子稿，发送至邮箱 llq6128@126.com，作为今年夏令营的成果材料。

（2）电子稿格式：

青春激昂　筑梦中华

——南京市中华中学 2018 年“暑期青年先锋夏令营”

“分享交流”篇《战狼》观后感 第____组

××

高一（　）班

高二（　）班

2018 年 8 月 28 日

中华中学体育文化艺术节活动

我运动　我健康　我阳光

——中华中学2018年体育节活动方案

以体育节为平台，在丰富多彩的活动中，增强体质，挖掘潜力，激发兴趣，展现特长；在奋勇拼搏、不断超越中，弘扬奥运精神，培养自信、勇敢、坚韧意志，提高抵御挫折的意识和能力，促进身心健康，培养健全人格；在享受运动的快乐中，展现集体风采，促进班级交流，增进友谊，培养学生团结合作、公平竞争及团队精神等良好品质，培养爱集体、爱学校的责任意识，全面提升中华学子的综合素养。经学校研究，在第5～9周开展2018年校园体育节活动。

（一）活动时间

2018年9月25日至10月28日(第5～9周)

（二）活动主题

我运动、我健康、我阳光

（三）组织机构

2018年校园体育节组委会

主　任：毕泳慈　徐　飞

副主任：李　兵　邓　葵　宋　辉　王圣华　周立新　李朝军

委　员：陆　俊　夏新峰　钱　华　陈义永　濮阳康和
张海宁　刘　青　李钟全　陶德华　陶　佳

姚发权　陈晓浒　张业宏　牛　刚　严龙文

周　勇　袁　杰　韩恩峰　郭　楠　吕　姝

张　云　吕文斌　于钦霞　姜玉华　唐锦丽

戴　俊　卞姗姗　夏小强　谢　伟　徐建权

吴　虔

仲裁委员会

主　任:王圣华

副主任:李朝军

成　员:陆　俊　张海宁　刘　青　郭　楠　姜玉华　唐锦丽

1. 宣传组:由校办、德育处、团委组成。

组　长:夏新峰　张海宁　刘　青

主要任务:负责本次活动的宣传报道、摄影、总结表彰、资料归档等工作,德育处还需牵头负责各项文化类赛事评比工作。

2. 竞赛组:由教务处、工会、体育组组成。

组　长:钱　华　牛　刚　姜玉华　唐锦丽

主要任务:负责所有师生体育竞赛的编排,裁判员的培训、安排,体育器材的安排,比赛场地的整理等工作。

3. 志愿者组:由德育处、团委负责选拔、培训。

组　长:张海宁　刘　青

主要任务:负责协助裁判、安全保卫、常规检查评比、广播宣传等工作。

4. 后勤、保障组:由总务处、信息中心、工会组成。

组　长:张业宏　陶德华　牛　刚

主要任务:负责需要添置的设备器材、奖状、奖品的采购,信号系统保障、教工比赛项目组织、卫生救护、安全保卫等工作。

（四）活动安排

具体活动安排见表 1。

表 1　活动安排

时间	内容	要求	负责人
第 5 周到第 9 周各年级体锻课上课时间	50 米跑集体项目	集体项目竞赛方法及规则见附件十一	年级工作小组、体育组
	立定跳远集体项目		年级工作小组、体育组
	引体向上/仰卧起坐集体项目		年级工作小组、体育组
9 月 25 日	广播操评比	见附件二	德育处、年级组、体育组
10 月 15 日	体育节会徽、标语制作评比	见附件一	德育处、团委、体育组、语文组、美术组
10 月 19 日	体育节运动展板制作评比	见附件三	德育处、团委、体育组、美术组
10 月 19 日	体育节开幕式评比	见附件四	组委会
10 月 19 日和 20 日	田径运动会	见《秩序册》	教务处、工会、体育组
10 月 20 日	体育道德风尚奖评比	见附件七	德育处、团委、学生会、大队部
10 月 22 日	体育节摄影评比	见附件六	德育处、团委、美术组
10 月 22 日	微视频制作评比	见附件五	德育处、团委、信息中心
10 月 27 日	体育节龙舟比赛	见附件八	教务处、体育组
10 月 24 日	体育节优秀组织奖评比	见附件九	德育处、团委、体育组

（五）总结表彰

本届体育节的比赛根据不同项目设立不同奖项（包括团体奖、个人奖、体育道德风尚奖、优秀组织奖等）。

（六）活动要求

1. 高度重视、思想认识到位。这次体育节是我校一件盛事，必将开拓我校体育健康工作的新局面，各班要高度重视，采取切实可行的措施，加强组织与领导，充分调动学生的参与积极性，确保整个体育节的活动质量和效果。

2. 精心组织、工作落实到位。各项活动要根据组委会的统一部署，认真组织、策划、实施，做到专人负责，确保工作落实。

3. 讲求实效、宣传发动到位。工作思路要清晰，活动目的要明确，宣传工作要到位，努力使全校师生了解并积极参与活动。要充分利用各种宣传力度，扩大体育节在学生甚至家长中的影响，创造体育节的品牌效应。

4. 实事求是、总结到位。各位教师要认真负责，善始善终，活动前广泛发动，活动中严密组织，活动后认真总结。同时做好各类活动资料的收集、整理、归档工作。

5. 正确处理开展活动与学习的关系，保障正常的教育教学秩序。

中华中学体育节组委会

2018 年 9 月

附件一：

体育节会徽、标语制作评比

1. 活动对象：初一、初二、高一、高二年级各班（会徽）；高中各班级（标语）。

2. 活动时间：2018 年 10 月 15 日

3. 活动主题：我运动、我健康、我阳光

4. 设计要求：

(1) 作品要具有鲜明的象征意义和体育韵味，力求反映我校体育运动会的内涵和特点，充分展现我校的文化底蕴和独特的人文精神，体现“更高、更快、更强”的体育精神。

(2) 作品要求寓意深刻、创意独特，表达正确、图案清晰，具有鲜明的时代特征、丰富的艺术表现力、强烈的视觉冲击力和直观的整体美感，符合当代艺术美学要求。

(3) 作品应在各种载体和环境中易于制作运用，易于推广传播，适用于各种场合。

5. 递交要求：电子稿图片，并配上简要文字说明（10 月 15 日前提交，逾期视为弃权）。

6. 评比说明：

特等奖：1 名（也将作为学校本次体育节的会徽标志）

一等奖：3 名

二等奖：7 名

三等奖：15 名

本项奖励将作为体育节各班优秀组织奖加分项目：特等奖加 3 分、一等奖加 2 分、二等奖加 1.5 分、三等奖加 1 分。

附件二：

广播操评比

1. 活动对象：初一年级、高一年级

2. 活动时间：9 月 25 日

3. 评比细则：

(1) 班级学生在统一指挥下进场，进场做到“静、快、齐”，队形合理、美观。

(2) 做操动作整齐到位，节奏准确，精神饱满。有 1 人做操不认真扣 0.1 分，不整齐扣 0.2 分，节奏不准确扣 0.2 分，扣完 1 分为止。

(3) 班级学生在统一指挥下退场，退场同样做到"静、快、齐"，迅速回到指定座位。

(4) 比赛序号、轮次由各班体委抽签决定。

(5) 出勤分 2 分，少 1 人扣 0.2 分，扣完 2 分为止。由德育处统一进行打分。

4. 奖项设置：

(1) 评选出一等奖 3 名、二等奖 4 名、三等奖 6 名。

(2) 本项奖励将作为体育节各班优秀组织奖加分项目：一等奖加 6 分、二等奖加 5 分、三等奖加 4 分。

附件三：

体育节运动展板制作评比

1. 活动对象：初中、高中年级各班

2. 展板主题："历届世界运动员风采展示"(届时由各班抽签决定制作内容)

3. 展板尺寸：长 1.2 m、高 1.1 m

4. 评比时间：10 月 17 日中午前，各班将展板(KT 板)交至德育处。

5. 制作要求：

(1) 主题鲜明、积极向上。

(2) 版面设计具有美观性。

(3) 内容具有新颖性和创新性。

6. 评比说明：

一等奖：5 名

二等奖:8 名

三等奖:12 名

本项奖励将作为体育节各班优秀组织奖加分项目：一等奖加 4 分、二等奖加 3 分、三等奖加 2 分。

附件四：

体育节开幕式评比

1. 活动对象:初、高中部各年级开幕式方阵

2. 活动主题:我运动、我健康、我阳光

3. 展示要求：

(1) 时间 4 分钟以内。

(2) 服装统一、步伐整齐、精神饱满、口号嘹亮、效果良好。

(3) 表演内容新颖、标志和设计有年级特色。

(4) 自备音乐和解说词,解说词恰当、得体、有号召力。

4. 评比说明：

最佳组织奖:初、高中部各 1 名

最具活力奖:初、高中部各 1 名

最佳创意奖:初、高中部各 1 名

附件五：

体育节微视频评比

1. 活动对象:高一、高二年级全体学生

2. 征文主题:我运动、我健康、我阳光

3. 活动要求：

(1) 微视频不超过 2 分钟(容量不超过 100 M),展现班级体育节的风采。

(2) 以电子的形式上交(mp4 格式),文件名为:高×年级×班。

(3) 视频要求为:展示班级在体育节活动中的方方面面,内容体现班级特色,展现班级积极进取的精神风貌。

(4) 上交截止时间为:2018 年 10 月 22 日下午 14 点前,每班限提交 1 个,逾期视为弃权。

4. 奖项设置:

(1) 每个年级设一等奖 1 名、二等奖 3 名、三等奖 4 名。

(2) 本项奖励将作为体育节各班优秀组织奖加分项目:一等奖加 4 分、二等奖加 3 分、三等奖加 2 分。

附件六:

体育节摄影评比

1. 活动对象:高一、高二、高三年级各班

2. 活动时间:10 月 19 日和 20 日

3. 活动主题:我运动、我健康、我阳光

4. 内容要求:

(1) 必须是本届体育节所发生的事情。

(2) 健康向上,有一定的构思创意和艺术表现力,能形象、生动地展现本届体育艺术节的精彩瞬间。

5. 参赛作品规格要求:电子图片(jpg 格式,原图),请注明作者班级、姓名、作品题目,并配上简要文字说明(以独立文档形式提交,不要插入图片)。

6. 评比说明:

一等奖:3 名

二等奖：6 名

三等奖：15 名

本项奖励将作为体育节各班优秀组织奖加分项目：一等奖加 2 分、二等奖加 1.5 分、三等奖加 1 分、优秀奖加 0.5 分。

上交截止时间为：2018 年 10 月 22 日下午 17 点前，每班限交不超过 5 张，逾期视为弃权。

注：运动会期间（10 月 19 日～20 日）每班允许 2 位同学携带手机，用于拍摄微视频及运动员照片，不得用于他用，如有违反，一经查实将取消“道德风尚奖”。

附件七：

中华中学 2018 年体育节“体育道德风尚奖”评分标准

为办好本届体育节，激发师生的主人翁意识和责任感，促进班集体建设，增强班级凝聚力，提高师生爱班、爱校的热情，体育节特设“体育道德风尚奖”。具体评分标准如下（总分 100 分）：

1. 运动员文明参赛，服从裁判（25 分）。

（1）认真组织报名，及时上交报名表，确保报名无误（5 分）。

（2）准时检录，服从检录老师的安排，由检录老师带队入场，并整体带出，不在赛场逗留（10 分，未准时检录的同学取消比赛资格，不服从教师安排或未准时检录或比赛结束后未随检录老师集体及时离开比赛场者扣分 1 分/人次。若确实有原因不能够参加比赛，务必提前半小时向检录老师说明，说明情况的不列入扣分范围）。

（3）比赛时服从裁判的安排，发生问题，及时联系班主任通过合理的方式、渠道沟通，由班主任直接向仲裁委员会（主任：王圣华、李朝军；委员：张海宁、刘青、陈义永、郭楠、姜玉华、唐锦丽）提出仲裁，避免过激行为（10 分，如有不服从裁判等违反竞赛规程者，取消比赛成绩，且该项目按零分计算）。

2. 非运动员做文明观众（40 分）。

（1）准时到达指定地点就座，不随便缺席或离开观众席（10 分，班级无明显违纪行为，评分为分等级扣分，1 分一个等级，如差距较小可适用 0.5 分差距进行评分。比赛期间，班级同学随意在班级或宿舍闲逛，或有违规打球现象等，按 0.5 分/人次进行扣分）。

（2）注意安全，不跨越护栏线，不随便进入比赛场地。文明观看比赛，不做与比赛无关的事，如打扑克、下棋、玩手机游戏等。为运动员加油请使用文明语言，不喝倒彩（10 分，无比赛任务的同学随意进入比赛场地按 0.5 分/人次进行扣分，若冒用志愿者身份随意进入场地按 1 分/人次进行扣分；班级如出现打扑克、下棋、打球、玩手机游戏等明显违纪行为，按 0.5 分/人次进行扣分；喝倒彩等按 1 分一个等级进行扣分）。

（3）每天比赛过程中或结束后，请将本班观众席清扫干净，不留废弃物（10 分，评分为分等级扣分，1 分一个等级，如差距较小可适用 0.5 分差距进行评分）。

（4）开幕式、闭幕式班级学生全体安静有序，按照要求认真参与（10 分，开幕式 5 分，闭幕式 5 分，评分为分等级扣分，1 分一个等级）。

3. 宣传积极、有效（30 分）。

（1）班级宣传标语悬挂在指定区域，醒目、大方，内容积极向上，渲染气氛效果好（10 分）。

（2）校运会期间，各班由专人负责，组织同学撰写稿件，积极投稿（20 分，投稿数量满分 6 分，稿件录用数满分 14 分，学校根据各班投稿数和稿件录用数评分。稿件必须使用统一下发稿纸，原创手写，严禁抄袭、重复使用稿件，否则该项目按零分计算）。稿件要求如下：

① 稿件数量：每半天各班级投稿数量达 30 篇则得满分 2 分，多余稿件不计分，三个半天共计 6 分。

② 稿件内容:积极向上,能表现出运动员奋力拼搏的顽强斗志、团队的强大凝聚力、班集体良好的精神风貌。务必原创,切忌空洞。

③ 稿件字数:不少于 100 字。

④ 稿件书写:手写、工整、大方。

⑤ 稿件纸张:用统一下发稿纸。

⑥ 每篇稿件上须署上班级名称。

⑦ 不符合以上③④⑤⑥条件的稿件一律作废。

⑧ 稿件录用:各班级每半天保证用稿 2 篇,其余稿件根据质量高低决定是否录用。

4. 附加分(5 分)。

学校根据工作需要安排部分学生担任校运会青年志愿者,负责安全检查、协助裁判和体育道德风尚奖评分等工作,给认真履行职责、表现突出、被评为“志愿者标兵”的学生所在的班级每人次加 1 分。

说明:体育道德风尚奖各年级个数为:初一:4 个,初二:4 个,初三:4 个,高一:5 个,高二:6 个,高三:6 个。

5. 说明:

(1) 同等条件下,德育处将征求年级组长意见,由年级组长根据各班级在运动会期间的表现进行取舍。

(2) 运动会期间凡被发现或被举报并证实学生冒名顶替或其他作弊等恶劣事件,该生所在班级将被取消参加“体育道德风尚奖”的评比资格。

(3) 如有其他不清楚事宜,请提前和德育处、团委联系。

附件八：

体育节龙舟比赛获奖加分

1. 比赛时间:10 月 27 日

2. 比赛对象:高一部分学生

3. 奖项设置:按照南京市所获奖项,每名运动员分别为班级加:一等奖:2 分,二等奖:1.5 分,三等奖:1 分。

附件九：

体育节优秀组织奖评比

1. 活动对象:高中部各班级

2. 加分项目和加分规则见表 2。

表 2　加分项目及规则

加分项目	加分规则
校运会团体总分	第一名:15 分　第二名:13 分　第三名:11 分　第四名:9 分　第五名:8 分　第六名:7 分　第七名:6 分　第八名:5 分
体育道德风尚奖	各班加 8 分
体育节会徽、标语制作评比	特等奖:3 分　一等奖:2 分　二等奖:1.5 分　三等奖:1 分
广播操评比	一等奖:6 分　二等奖:5 分　三等奖:4 分
体育节运动展板制作评比	一等奖:4 分　二等奖:3 分　三等奖:2 分
体育节摄影评比	一等奖:2 分　二等奖:1.5 分　三等奖:1 分　优秀奖:0.5 分

续表

加分项目	加分规则
体育节微视频评比	一等奖:4 分　二等奖:3 分　三等奖:2 分
体育节龙舟比赛	按照南京市所获奖项,每名运动员分别为班级加: 一等奖:2 分　二等奖:1.5 分　三等奖:1 分

3. 体育优秀组织奖各年级个数为:高一:6 个,高二:6 个,高三:6 个。

附件十:

志愿者

1. 对象:高一、高二、高三年级各班推选 5 名志愿者(尽量 3 名男生和 2 名女生)

2. 服务时间:10 月 19 日～20 日

3. 要求:

(1) 无运动项目最佳。

(2) 名单(请注明性别)请于 10 月 12 日下午下班前传给吕悦。

(3) 出勤能严格按照规定时间要求签到,到达任务指定地点,不迟到早退,无任务时始终在志愿者总部候命。

(4) 执勤时坚持佩戴袖章,能严格服从老师和组长的任务分配,认真按照要求完成各项任务,主动承担苦活、脏活,不发牢骚,不说怨言。

(5) 能认真记录并及时上交相关表格,无一例投诉事件或安全事故,认真的态度获得全体师生的一致好评。

附件十一：

集体项目竞赛方法及规则

集体项目竞赛方法及规则见表 3。

表 3　集体项目竞赛方法及规则

<table>
<tr><td colspan="3">人员</td><td>高中各班全体学生。</td></tr>
<tr><td colspan="3">比赛办法
运动员资格</td><td>1. 各项目在同年级组体锻课内进行比赛。
2. 运动员资格审核根据《2018 年运动会竞赛规程方案》执行。</td></tr>
<tr><td rowspan="6">比赛办法</td><td rowspan="3">50 米</td><td>准备</td><td>东、西跑道标注 50 米起点、终点线。</td></tr>
<tr><td>方法</td><td>(1)～(6)班东跑道；(7)～(13)班西跑道，按学号统一进行。</td></tr>
<tr><td>规则</td><td>1. 每组学生统一听裁判发出“跑”的口令，跑向终点比赛结束。
2. 发令前各人不得踏线或抢跑。每人只能跑一次 50 米。</td></tr>
<tr><td rowspan="3">立定跳远</td><td>准备</td><td>东、西跑道由外向内画 13 组起跳线，由皮尺标注远度刻度线。</td></tr>
<tr><td>方法</td><td>1. 各班分别成一路纵队站于各自的起点线后，按学号比赛。
2. 听到“开始”令时试跳，以身体最近落点记录成绩。每人连续试跳 2 次，以最好成绩作为最终成绩。其余同学以此类推。</td></tr>
<tr><td>规则</td><td>1. 发令前不得踏线或抢跳。
2. 双跳起跳前不能腾空。</td></tr>
</table>

续表

<table>
<tr><td rowspan="3">比赛办法</td><td rowspan="3">引体向上(男)、仰卧起坐(女)</td><td>准备</td><td>引体向上:双杠;仰卧起坐:垫子。</td></tr>
<tr><td>方法</td><td>1. 引体向上:各班分别成一路纵队站于单杠区域按学号比赛。双手正手握杠,直臂悬垂开始,听到“开始”令时,下颚过单杠计数1次。
2. 仰卧起坐:两脚自然弯曲,双手抱头,听到“开始”令时,两肘触膝盖为1次。</td></tr>
<tr><td>规则</td><td>1. 引体向上:直臂悬垂开始,下颚过单杠。
2. 仰卧起坐:帮助者两手按压脚踝;比赛者两手抱头,臀部紧贴地面,两肘触膝盖计数1次。</td></tr>
<tr><td colspan="3">计分与录取办法</td><td>1. 各年级集体项目录取前八名。
2. 各班报齐全班总人数参加比赛,可获得基本分5分;所取名次依据各项目的班级平均数。
3. 录取名次对应体质健康标准测试项目判定成绩。如遇平均成绩并列,以达标优秀率高的班级名次列前(%小数点后两位),平均成绩再并列,依次以达标良好率高的班级名次列前,以此类推。
4. 各项比赛成绩汇总计入运动会团体总分。</td></tr>
</table>

中华中学国防教育活动

南京市中华中学 2018～2019 学年度
学生国防教育训练计划

（一）指导思想

通过军事训练和教学，使学生掌握基本军事知识和技能，增强国防观念和国家安全意识，强化爱国主义、集体主义和革命英雄主义观念；加强组织性和纪律性，培养学生吃苦耐劳和艰苦朴素的毅力和意志，养成严谨、勤奋、踏实的作风，促进学生综合素质的提高，为中国人民解放军培养后备兵员，为国家培养社会主义事业建设者和接班人打好基础。

（二）组织机构

组长：毕泳慈、章明

副组长：宋辉、周立新、李荣浩

组员：张海宁、郭楠、全体班主任、部队训练教官

（三）受训对象

高一年级（约 680 人）

（四）训练时间

2018 年 8 月 17 日至 2018 年 8 月 22 日

（五）受训地点

南京市中华中学校内

（六）训练内容及日程安排

训练内容由中华中学、陆军工程大学、南京市建邺区红十字会、兴隆消防中队协商安排，具体见表 1；日程安排见表 2。

表 1

日程	时间	内容	负责人	场地
8 月 17 日	7:40～8:00	7:40 在各班级集中、报到	班主任	高中部
	8:00～10:00	动员大会、统一内务	教官	大礼堂、宿舍
	10:15～10:55	校史介绍	教官、班主任	阶梯教室 2
	11:05～11:45	参观校史馆、观看宣传片	教官、班主任	教室、校史馆
	14:30～15:10	班会	班主任	教室
	15:20～16:00	军姿、稍息、立正、跨立	教官	训练场
	16:10～16:50	军姿、稍息、立正、跨立	教官	训练场
	17:00～17:40	齐步的行进与停止	教官	训练场
	18:40～19:40	复习当天训练内容	教官	训练场
	19:50～20:50	复习当天训练内容	教官	训练场
		拳术训练(3 个班)	教官	训练场
8 月 18 日	8:10～9:00	齐步的行进与停止	教官	训练场
	9:10～10:00	正步的行进与停止	教官	训练场
	10:15～11:45	高中生涯规划讲座	班主任、教官	大礼堂
	14:30～17:40	急救基本技能训练	医生、教官	各班教室
	19:50～20:50	正步的行进与停止(齐正步互换)	教官	训练场
		拳术训练(3 个班)	教官	训练场

续表

<table>
<tr><th>日程</th><th>时间</th><th>内容</th><th>负责人</th><th>场地</th></tr>
<tr><td rowspan="10">8月19日</td><td>8:10～9:00</td><td>齐步、正步的行进与停止</td><td>教官</td><td>训练场</td></tr>
<tr><td>9:10～10:00</td><td>齐步与正步互换</td><td>教官</td><td>训练场</td></tr>
<tr><td>10:15～11:45</td><td>观看励志电影</td><td>教官、班主任</td><td>教室</td></tr>
<tr><td>14:30～15:10</td><td>班会</td><td>班主任</td><td>教室</td></tr>
<tr><td>15:20～16:00</td><td>齐步正步互换</td><td>教官</td><td>训练场</td></tr>
<tr><td>16:10～16:50</td><td>齐步正步互换</td><td>教官</td><td>训练场</td></tr>
<tr><td>17:00～17:40</td><td>跑步的行进与停止</td><td>教官</td><td>训练场</td></tr>
<tr><td>18:40～19:40</td><td>复习前期训练内容</td><td>教官</td><td>训练场</td></tr>
<tr><td rowspan="2">19:50～20:50</td><td>复习前期训练内容</td><td>教官</td><td>训练场</td></tr>
<tr><td>拳术训练(3个班)</td><td>教官</td><td>训练场</td></tr>
<tr><td rowspan="6">8月20日</td><td>8:10～9:00</td><td>跑步的行进与停止</td><td>教官</td><td>训练场</td></tr>
<tr><td>9:10～10:00</td><td>跑步的行进与停止</td><td>教官</td><td>训练场</td></tr>
<tr><td>10:15～11:45</td><td>“我的高中生活”演讲比赛</td><td>教官、班主任</td><td>大礼堂</td></tr>
<tr><td>14:30～17:40</td><td>消防演习及校园安全讲座</td><td>兴隆消防中队、总务处</td><td>训练场、大礼堂</td></tr>
<tr><td rowspan="2">19:50～20:50</td><td>分列式训练、分列式合练</td><td>教官</td><td>训练场</td></tr>
<tr><td>拳术训练(3个班)</td><td>教官</td><td>训练场</td></tr>
</table>

续表

日程	时间	内容	负责人	场地
8月21日	8:10～9:00	齐步、正步、跑步的行进与停止	教官	训练场
	9:10～10:00	齐步、正步、跑步的行进与停止	教官	训练场
	10:15～11:45	军训征文竞赛	教官、班主任	教室
	14:30～15:10	班会	班主任	教室
	15:20～17:40	分列式训练、分列式合练	教官	大操场
	19:00～21:00	联欢晚会	校领导、教官	大礼堂
8月22日	8:00～11:40	初高中结业典礼合练、结业典礼	教官	训练场
	11:40	学生收拾行装、离校	班主任、生活老师	宿舍
说明	遇有特殊情况，如天气变化无法按计划进行时作适当调整。			

表2　国防教育训练期间一日作息时间表

时间	内容
6:00	起床
6:15～6:35	操场集合跑操
6:35～7:30	广播操
7:30～7:55	早餐
7:55～8:10	整理内务
8:10～9:00	第一节课
9:10～10:00	第二节课
10:15～11:45	主题教育
11:45～12:30	午餐
12:30～14:10	午休

续表

时间	内容
14:30～15:10	第五节课
15:20～16:00	第六节课
16:10～16:50	第七节课
17:00～17:40	第八节课
17:40～18:30	晚餐
18:40～19:40	第九节课
19:50～20:50	第十节课
21:00～21:30	洗澡
21:30～22:00	军训小结
22:00	熄灯

（七）班主任须知

1. 工作要求：

(1) 全面了解国防教育训练工作的目的、内容和要求，对本次活动安排了然于心。

(2) 对学生进行有效的动员，尤其要加强训练纪律和安全教育，教育学生严格按照训练要求，不擅自使用器械，在指定地点活动，对特殊学生要重点关注。

(3) 全程参与训练管理(6:15～21:00)，按照年级组安排参与夜间值班巡视，增强与相关连队教官的沟通与交流，了解班级训练内容与训练状况，协助教官及时解决班级问题。

(4) 了解、关爱每一位学生，抓住教育时机，用自己的热忱与耐心帮助学生及时解决思想、心理及生活中的种种困难，融洽师生关系。

(5) 将中华中学日常行为规范的培训、班集体的凝聚活动、对班级学生的摸底了解、班委干部的考察挑选、住校生宿舍安排等工作巧妙融入训练活动的过程中，让训练更扎实、更高效。

(6) 悉心领会“身教重于言传”的内涵，训练期间以自己的勤苦自律、乐观、自信感染调动学生，做好学生的表率。

(7) 出现意外情况时，及时与家长进行有效沟通，并做好善后工作。

(8) 认真组织学生参加各类主题教育活动，指导学生精心准备，参与主题演讲、联欢会、征文等活动。

(9) 用心发掘学生中值得珍存的瞬间，形成图片、文字和视频资料，开学在学校展出交流。

(10) 德育处工作人员、年级组长、班主任与医生要在现场配合参训教官，保证训练活动顺利进行，保证学生安全。所有工作人员在训练期间全程管理学生，有特殊事情一定要履行请假手续。

(11) 班主任一定要了解清楚学生是否有重大既往病史（应力性骨折、重大手术）或心脏病、哮喘等，如有此类学生请上报年级组处理。

2. 需备物品：

(1) 班级全体同学的基本信息资料及学生家庭有效联系方式。

(2) 手机、手机充电器、照相机等。

(3) 需要演出的同学的乐器、道具、音乐等。

(4) 常规住宿必备用品，如换洗衣服、毛巾等私人物品。

（八）学生训练要求

1. 严格遵守训练规范。受训学员须切实做好训练前的各项准备工作，以严肃认真的态度参加训练活动。严格按照教官指令进行训练和休息，训练时严格遵守训练纪律，服从教官指挥，不喝水、不吃零食、不交头接耳。按教官指令，统一休息，休息时也要服从教官管理，在指定地点喝水、休息，不允许随意闲逛或影响其他班级训练。训练成果突出的学生将有机会成为学校国旗班学生，未来一年将负责学校每周的升旗仪式。

2. 严格作息,按时起床,按时出操,按时就寝,不迟到,不早退,不无故缺勤。整个训练期间禁止会客,禁止擅自出学校。如遇特殊情况,须向班主任提交书面申请,经核实后,方可持班主任签字的假条进出校园。

3. 注意训练安全。训练期间不允许携带训练所需用品以外的其他物品,特别是手机等贵重物品,注意财物安全,若擅自携带,丢失等后果自负。患有先天性心脏病或其他不适宜参加剧烈运动疾病的同学应事先说明情况,并出具相关医生证明;训练期间身体感到不适时要立即报告教官和班主任或医生,防止意外事故发生。

4. 遵守集会纪律。统一集会时,按照教官或班主任指令,整队进场,在指定位置就座。期间,严格遵守纪律,服从指挥,认真参与活动,不交头接耳,不做与活动无关的事情。

5. 遵守就餐规范。训练期间,学生一律在校内集体用餐,不得自买、自带其他食品,不带零花钱,未经学校许可,亲属不得探望学生或送食物。(1) 就餐时,各班集体整队有序进入食堂二楼餐厅,行进中须保持安静,不得嬉戏打闹,不得打冲锋。(2) 以班级为单位,到指定窗口排队领餐,然后到本班规定区域就座。未接到就餐指令前,不得开餐。(3) 本班教官下达就餐指令后方可食用。就餐期间,不得交头接耳,不得敲打餐盘碗筷,注意勤俭节约。(4) 就餐后将餐盘碗筷放到指定位置,食物残余倒入垃圾桶,自行清理好桌面后,经允许方可离开。离开时不得拥挤、哄闹。

6. 明确内务规范,搞好内务整理。

书桌:(1) 书桌上只能摆放水杯、书、文具、台灯。书竖直放置,按大小整齐摆放,由第一层靠右摆放起。(2) 热水瓶靠书桌金属挡板外放置;鞋子放置书桌底,不超过三双;拖鞋放在床边扶梯的第一、二层,靠右放置(两张床位各一层,如单独床位,拖鞋放一层)。(3) 离开宿舍时,椅子推进书桌内。

晾衣竿：三道杆，从里向外有序放置。

床上：(1) 被子三折，放在有挡板一端内侧。(2) 枕头放在被子外侧。被单(垫子)不拖在床外。床上无其他物品。

日用品：(1) 洗脸毛巾：叠好，放在洗脸池上方的两层架子上，上面放 2 条毛巾，下方 3 条。(2) 洗脚毛巾：放在台面下的架子上，5 条毛巾分别和下方脸盆对应整齐放置。(3) 洗衣粉、洗发液等一般放个人柜子内，也可以和待洗的衣物一样放在脸盆内。(4) 脸盆：两个脸盆正对盖好，整齐靠窗外一侧摆放在洗脸池下方。(5) 刷牙杯：按序号整齐放置在洗脸池靠房间一侧。

卫生工具：(1) 扫帚和簸箕统一放在门后。(2) 拖把放在卫生间内，靠窗户拐角摆放。

7. 参加训练的学生须每天及时认真撰写训练日记，并积极参加中华中学国防教育征文，征文主题：(1) 弘扬伟大抗战精神，同心共筑强大国防。(2) 牢记历史不忘忧患，富国强军匹夫有责。(3) 发扬军训传统，成就辉煌明天。(4) 中国梦、强军梦、青春梦、少年梦。各主题均可分立若干副题。征文要求：(1) 作品必须为原创，紧扣主题，融思想性、知识性、可读性于一体，文字优美，语言流畅，感染力强，体裁不限，题目自拟，字数控制在 800 到 1200 字。(2) 作品页面为 A4 大小，标题用二号宋体，正文为仿宋三号，单倍行距。(3) 另附页注明作者姓名，学校，联系方式；指导教师姓名，单位，联系方式。开学一周内各班进行交流并选 3～5 篇国防教育征文交德育处参加评比。学校将选择优秀的军训征文送至南京市教育局参与江苏省国防教育征文比赛。

8. 学校将择优选出部分学生参与 2018 年南京市中学生国防知识竞赛。

9. 各班同学自带以下个人用品：(1) 生活日用品：凉席、枕头、枕席、一床被子和一只塑料盆、牙膏、牙刷、肥皂、洗发液、毛巾、脸盆、饮水杯或塑料瓶(能装温水)、被套、枕巾、换洗衣服、衣架、拖鞋、球鞋、腰带、手纸等。(2) 常备药品:感冒药、止泻药、消炎药、创可贴、风油精、999 皮炎平等(每位学生必须明确自己过敏药物名称)。

(九) 训练考核及评比

1. 集体奖:评选出国防教育训练先进集体。通过队列会操、内务评比、广播操和跑操、集会纪律、演讲比赛等项目汇总评选出国防教育训练先进集体 7 名(初中部 4 名)。由训练领导小组、各班教官及班主任担任评委,学校给获奖班级颁发奖状。

2. 个人奖:评选优秀学员。在整个训练工作中积极认真参加训练,成绩优秀,有较强的组织纪律性,并能成为同学的表率,有较强的核心力量。由教官、班主任和各班级同学共同推选出每班 10 个候选人,再由领导小组审批确定人选。学校给获奖者颁发荣誉证书及奖品。

3. 考核方法:学生训练与教学的成绩分为优、良、合格、不合格四个等级。具体方法如下:(1) 学生必须遵守军训教学的各项规章制度,并把学生遵守规章制度和参加训练的态度与表现作为对学生军训成绩进行评定的重要依据。由教官和班主任负责记录考核。(2) 根据学生自我评价和同学间互相评价的意见来综合评定学生军训成绩并记入该生学籍档案。

(十) 应急预案

1. 各班主任带齐本班学生家长通讯录,便于和家长联系。

2. 密切注意训练中学生的动态,发现学生有身体异常情况,及时妥善处理,并在第一时间通知军训领导小组,及时将其送往医院。

3. 要求训练过程中做到谁发现谁受理制度,发现人应立即招呼就近人员,控制局面,尽最大努力阻止事态的进一步发展;发现伤情或病情,及时与班主任和家长取得联系,说明基本情况,并由学生或家长办理请假手续。情况严重的实行先救治后补办原则。

4. 训练前为全体参训学生购买相应人身意外医疗保险。

第三部分
成果与影响

在上级领导的关心下，在全体中华中学人的共同努力下，学校的“四自”教育在社会上、在同行中、在家长与学生的心里赢得了越来越高的认可度，取得了一些成果及荣誉。

近年来学校获奖情况统计(部分)

近年来学校获奖情况如表1所示。

表1　近年来学校获奖情况统计表

序号	奖励名称	获奖时间	授奖部门
1	2018年度“师德建设年”第三方满意度奖	2018年12月	南京市教育局、中共南京市委教育工委
2	2018年南京市中小学生健康教育主题活动优秀组织奖	2018年12月	南京市教育局
3	“生命・生活・生态”教育课程基地优秀项目	2018年11月	江苏省基础教育课程基地建设指导中心
4	薛安定——第二届南京市德育学科带头人	2018年9月	南京市教育局
5	张艳霞——第二届南京市德育学科带头人	2018年9月	南京市教育局
6	高中生物教研组荣获第九届(2014～2017年)“南京市普通中小学、职业学校先进教研组”称号	2018年8月	南京市教育局
7	高中化学教研组荣获第九届(2014～2017年)“南京市普通中小学、职业学校先进教研组”称号	2018年8月	南京市教育局
8	高中语文教研组荣获第九届(2014～2017年)“南京市普通中小学、职业学校先进教研组”称号	2018年8月	南京市教育局

续表

序号	奖励名称	获奖时间	授奖部门
9	刘青——2018年度南京市中小学班主任基本功大赛二等奖	2018年8月	南京市教育局、南京市教科卫体工会联合会
10	2017年南京市教育新闻宣传工作先进集体	2018年4月	南京市教育局
11	2017年南京教育新闻奖优秀作品二等奖	2018年4月	中共南京市委宣传部、南京市教育局、南京市新闻工作者协会
12	教师发展学院	2018年4月	江苏教育报刊总社
13	2017年南京市教育新闻宣传工作先进集体	2018年4月	南京市教育局
14	2017年度学校安全工作优秀单位	2018年3月	南京市教育局
15	2017年中小学健康促进学校金奖	2018年2月	江苏省教育厅
16	东南大学优质生源基地	2018年2月	东南大学
17	南京大学优质生源基地	2018年1月	南京大学
18	2017年南京市中小学校食堂管理工作先进集体	2018年1月	南京市中小学卫生保健所
19	《扬子晚报》读写研究与推广联盟学校		《扬子晚报》
20	国际文化交流项目铜牌学校		CEAIE - AFS
21	2017年度档案年检先进单位	2017年12月	南京市档案局
22	南京市智慧校园示范学校	2017年12月	南京市教育局
23	南京市文明校园	2017年10月	南京市教育局
24	南京市国防教育特色学校	2017年10月	南京市教育局

续表

序号	奖励名称	获奖时间	授奖部门
25	“网络与数字化环境下的教学实验项目”先进单位	2017年9月	南京市教育局
26	2016～2017学年度南京市普通高中教育发展性评估学校教学管理奖	2017年9月	南京市教育局
27	2016～2017学年度南京市普通高中教育发展性评估教学质量优秀奖	2017年9月	南京市教育局
28	2016～2017学年度南京市普通高中教育发展性评估综合奖	2017年9月	南京市教育局
29	南京市教育系统第10届“师德先进群体”	2017年9月	南京市教育局
30	2016年南京市教育新闻宣传工作先进集体	2017年9月	南京市教育局
31	第二届南京市未成年人礼仪养成教育“四仪”创新案例之成人仪式二等奖	2017年9月	南京市文明办、南京市教育局、南京报业传媒集团
32	戴俊——首届南京市德育优秀青年教师	2017年9月	南京市教育局
33	吴虔——首届南京市德育优秀青年教师	2017年9月	南京市教育局
34	戴俊——2017年度南京市中小学班主任基本功大赛高中组三等奖	2017年9月	南京市教育局、南京市教科卫体工会联合会
35	2016年南京市教育新闻宣传工作先进集体	2017年7月	南京市教育局
36	南京市第六届高中生五四辩论赛一等奖	2017年7月	南京市教育局

续表

序号	奖励名称	获奖时间	授奖部门
37	南京市中小学健康监测哨点学校	2017年6月	南京市中小学卫生保健所、南京市疾病预防控制中心
38	第十四届税收国家文明征文比赛优秀组织奖	2017年6月	南京地税局、南京市教育局
39	学生营养与健康示范学校	2017年5月	中国学生营养与健康促进会、中国关心下一代工作委员会
40	2014～2016年度南京市教育系统关心下一代暨离退休教师工作先进集体	2017年4月	南京市教育局
41	江苏省健康单位	2017年3月	江苏省爱国卫生运动委员会
42	2016年度学校安全工作优秀单位	2017年2月	南京市教育局
43	2016年度学校消防标准化管理示范单位	2017年2月	南京市教育局、南京市公安消防局
44	南京市科教卫体系统工会财务工作先进单位	2017年2月	南京市科教卫体工会联合会
45	2016年度南京市科教卫体系统“安康杯”竞赛优胜单位	2017年2月	南京市科教卫体工会联合会
46	2016年度南京市学校卫生工作先进集体	2017年1月	南京市教育局体卫艺处、南京市中小学卫保所
47	南京市依法治校示范校	2016年12月	南京市教育局
48	南京市女职工工作“微创新”成果奖	2016年12月	南京市总工会女职工委员会
49	“心与心约”心理辅导教师志愿服务项目被评为2016年南京优秀组织单位	2016年12月	南京市教育局

续表

序号	奖励名称	获奖时间	授奖部门
50	“心与心约”心理辅导教师志愿服务项目被评为2016年南京教师志愿者联盟“优秀教师志愿服务项目”	2016年12月	南京市教育局
51	南京市公共机构节能示范单位	2016年12月	南京市机关事务管理局、南京市经济和信息化委员会
52	南京市女职工读书征文优秀组织奖	2016年11月	南京市科教卫体工会联合会
53	南京市中学生艺术团(舞蹈团)	2016年11月	南京市教育局
54	中学生国防知识竞赛一等奖	2016年11月	南京市教育局
55	2016年南京市高中学生应急救护技能大赛团体三等奖	2016年11月	南京市教育局、南京市卫计委
56	军训工作微视频二等奖	2016年11月	南京市教育局
57	南京市2016年职工舞蹈比赛二等奖	2016年10月	南京市总工会
58	南京市2016年科教卫体联合会羽毛球比赛团体亚军	2016年10月	南京市科教卫体工会联合会
59	南京市中小学德育示范基地学校	2016年10月	南京市教育局
60	南京市职工文化示范基地	2016年9月	南京市总工会
61	南京市优秀职工阅读组织	2016年9月	南京市总工会
62	江苏省职工书屋示范点	2016年9月	江苏省总工会
63	2013～2015年度江苏省文明单位	2016年9月	江苏省精神文明建设指导委员会
64	2015～2016学年度南京市普通高中优秀教学管理奖	2016年9月	南京市教育局

续表

序号	奖励名称	获奖时间	授奖部门
65	2015～2016 学年度南京市普通高中教学质量优秀奖	2016 年 9 月	南京市教育局
66	2015～2016 学年度南京市普通高中教学质量突出奖	2016 年 9 月	南京市教育局
67	2015～2016 学年度南京市普通高中教育发展性评估综合奖	2016 年 9 月	南京市教育局
68	江苏省中学中职共青团工作“六个一”团建项目示范学校	2016 年 9 月	共青团江苏省委
69	2016 年“为身边教师点赞”优秀组织奖	2016 年 9 月	南京市教育局
70	卢向林——南京市首届德育学科带头人	2016 年 8 月	南京市教育局
71	杨克俊——南京市首届德育学科带头人	2016 年 8 月	南京市教育局
72	童心向党诗词朗诵比赛二等奖	2016 年 8 月	南京市精神文明建设指导委员会办公室、南京市教育局等
73	2013～2015 年度南京市文明单位标兵	2016 年 7 月	南京市委、市政府
74	全国啦啦操五星级俱乐部	2016 年 7 月	国家体育总局体操运动管理中心
75	李霞——2016 年度南京市中小学班主任基本功大赛高中组二等奖	2016 年 7 月	南京市教育局、南京市教科卫体工会联合会
76	第十三届税收国家文明郑文斌比赛优秀组织奖	2016 年 6 月	南京市地税局、南京市教育局
77	2015 年南京市教育新闻宣传工作先进集体	2016 年 5 月	南京市教育局

续表

序号	奖励名称	获奖时间	授奖部门
78	南京审计大学优质生源基地	2016 年 4 月	南京审计大学
79	南京师范大学优质生源基地	2016 年 4 月	南京师范大学
80	优秀少先队集体	2016 年 3 月	共青团南京市委、南京市教育局、少先队南京市工作委员会
81	2014 年度南京市科教卫体系统工会财务工作先进单位	2016 年 2 月	南京市科教卫体工会联合会
82	2015 年度南京市学校卫生工作先进集体	2016 年 1 月	南京市教育局体卫艺处、南京市中小学卫保所
83	军训工作微视频特等奖	2016 年 1 月	南京市教育局
84	初中部总务处 2015 年度单位内部安全保卫工作先进集体	2016 年 1 月	南京市公安局
85	江苏省模范职工之家	2015 年 12 月	江苏省总工会
86	全国关心下一代工作先进集体	2015 年 12 月	南京市关心下一代工作委员会、南京市精神文明建设指导委员会办公室
87	南京市中学生合唱比赛特等奖	2015 年 12 月	南京市教育局
88	2015 年南京市中小学读书节活动优秀组织奖	2015 年 12 月	南京市教育局
89	2015 年南京市中小学生“卫生保健知识”黑板报比赛优秀组织奖	2015 年 12 月	南京市中小学卫生保健所
90	“红十字救护培训与国防教育结合”工作优秀组织奖	2015 年 12 月	南京市教育局、南京市红十字会

续表

序号	奖励名称	获奖时间	授奖部门
91	2015年度南京市教育系统“崇廉尚德”诗词书画评选活动组织奖	2015年11月	南京市教育工委、南京市教育纪工会
92	2015年南京教师志愿者联盟优秀教师志愿服务项目	2015年11月	南京市教育局
93	2014～2015学年度南京市普通高中教学质量优秀奖	2015年9月	南京市教育局
94	2014～2015学年度南京市普通高中教育发展性评估综合奖	2015年9月	南京市教育局
95	老少三寻访——纪念抗战胜利70周年工作优秀组织奖	2015年9月	南京市教育局
96	第三届南京市学校德育创新奖优秀奖	2015年8月	南京市教育局
97	第三届南京市学校德育创新奖一等奖	2015年8月	南京市教育局
98	全国红十字青少年自救互救知识竞赛三等奖	2015年7月	中国红十字总会
99	南京市劳动关系和谐单位	2015年7月	南京市创建劳动关系和谐企业和工业园区工作领导小组
100	卞姗姗——2015年南京市中小学班主任基本功大赛高中组一等奖	2015年7月	南京市教育局、南京市教科卫体工会联合会
101	赵玉瑾——2015年南京市中小学班主任基本功大赛高中组一等奖	2015年7月	南京市教育局、南京市教科卫体工会联合会
102	南京市教育系统“微型党课”优秀课例一等奖	2015年6月	南京市教育工委

续表

序号	奖励名称	获奖时间	授奖部门
103	南京市教育系统基层服务型党组织示范点	2015年6月	南京市教育工委
104	第十二届税收国家文明征文比赛优秀组织奖	2015年6月	南京市地税局、南京市教育局
105	2014年度江苏省五四红旗团支部(总支)	2015年5月	共青团江苏省委
106	2014年南京市教育新闻宣传工作先进集体	2015年5月	南京市教育局
107	南京市厂务公开民主管理示范单位	2015年5月	南京市创建劳动关系和谐企业和工业园区工作领导小组
108	小小百家讲坛主题演讲活动优秀组织奖	2015年4月	南京市教育局
109	南京市首批中小学科技创新“星光计划”特色示范项目学校	2015年2月	南京市教育局
110	第二届夏季青年奥林匹克运动会先进集体	2014年12月	江苏省委、省政府
111	优秀家长学校	2014年12月	江苏省教育系统关工委
112	南京市首届中小学教师微课竞赛优秀组织奖	2014年12月	南京市教育局
113	“勿忘国耻 圆梦中华”朗诵比赛优秀组织奖	2014年12月	南京市委宣传部、南京市教育局等
114	网上青奥会活动优秀组织奖	2014年12月	南京市教育局、南京市广电集团
115	龙舟运动先进单位	2014年12月	南京市龙舟运动协会
116	全市教育系统南京青奥会工作先进集体	2014年11月	南京市教育局
117	2014年南京市中学生合唱节一等奖	2014年11月	南京市教育局

续表

序号	奖励名称	获奖时间	授奖部门
118	2013～2014 学年度南京市普通高中教学质量优秀奖	2014 年 9 月	南京市教育局
119	2013～2014 学年度南京市普通高中教学质量突出奖	2014 年 9 月	南京市教育局
120	2013～2014 学年度南京市普通高中教育发展性评估综合奖	2014 年 9 月	南京市教育局
121	南京市教育系统第九届“师德先进群体”	2014 年 9 月	南京市教育工委、南京市教育局、南京市教育工会
122	在南京市教育系统“为身边的教师点赞”活动中获最佳贡献奖	2014 年 8 月	南京市教育局、南京市教育工委
123	张玥——2014 年南京市中小学班主任基本功大赛高中组一等奖	2014 年 8 月	南京市教育局
124	第二届全国(中学)校园舞蹈展演优秀组织奖	2014 年 7 月	中国舞蹈家协会、全国(中学)校园舞蹈表演组委会
125	南京市教育系统优秀党建工作论文一等奖	2014 年 6 月	南京市教育工委
126	南京市教育系统先进基层党组织	2014 年 6 月	南京市教育工委
127	江苏省中小学校先进基层党组织	2014 年 6 月	江苏省教育工委
128	2013 年度南京市五四红旗团委标兵	2014 年 5 月	南京团市委
129	2013 年南京市教育新闻宣传工作先进集体	2014 年 5 月	南京市教育局

续表

序号	奖励名称	获奖时间	授奖部门
130	南京市国防教育示范学校	2014 年 5 月	南京市国动委国防教育办公室、南京市教育局
131	2013～2014 年南京市教育局直属学校先进团(总)支部	2014 年 5 月	南京市教育局
132	南京市教卫系统 2013 年度职工互助保障工作先进集体	2014 年 3 月	南京市科教卫体工会
133	南京市阳光体育学校(2014～2015 年)网球	2014 年 3 月	南京市教育局、南京市体育局
134	江苏省健康教育促进学校铜奖	2013 年 12 月	江苏省卫生厅、江苏省教育厅
135	2013 年南京市中学生合唱节一等奖	2013 年 12 月	南京市教育局
136	第二届亚洲青年运动会筹办工作先进集体	2013 年 10 月	南京市委、市政府
137	第二届亚青会文化教育活动参与贡献奖	2013 年 10 月	第二届亚青会文化教育部
138	南京市中小学生艺术团舞蹈团	2013 年 10 月	南京市教育局
139	2010～2012 年度市级文明单位	2013 年 10 月	南京市委、市政府
140	2010～2012 年度江苏省文明单位	2013 年 10 月	江苏省精神文明建设指导委员会
141	南京市中华经典诵读大赛中学生组优秀奖	2013 年 10 月	南京市教育局、南京市语委
142	南京市教育系统第八届“师德先进集体”	2013 年 9 月	南京市教工委、南京市教育局、南京市教育工会
143	南京市校务委员会建设先进学校	2013 年 6 月	南京市教育局、南京市教育工委

续表

序号	奖励名称	获奖时间	授奖部门
144	基层党建工作法一等奖	2013年6月	南京市教育工委
145	南京市教育系统先进基层党组织	2013年6月	南京市教育工委
146	第十届税收国家文明征文比赛优秀组织奖	2013年6月	南京市地税局、南京市教育局
147	南京师范大学就业实习基地	2013年5月	南京师范大学
148	南京师范大学教学实践基地	2013年5月	南京师范大学
149	第三届南京青年奥林匹克文化节亚洲文化小屋测试赛优胜奖	2013年5月	南京团市委
150	全球儿童安全组织伤害干预活动优秀组织奖	2013年3月	全球儿童安全组织
151	南京市学校卫生工作先进单位	2013年1月	南京市疾病预防控制中心
152	江苏省体育传统项目学校(2013～2016年)	2013年1月	江苏省教育厅、江苏省体育局
153	南京市中小学教师学科技能竞赛优秀组织奖	2013年3月	南京市总工会、南京市教育局
154	南京市教育宣传新闻工作先进集体	2013年3月	南京市教育局
155	南京市健康促进学校	2013年1月	南京市教育局、南京市卫生局
156	南京市学校卫生工作先进集体	2013年1月	南京市卫保所
157	南京市数字化校园示范校	2013年1月	南京市教育局
158	南京市中小学科技创新星光基地	2012年12月	南京市教育局

续表

序号	奖励名称	获奖时间	授奖部门
159	江苏省体育传统项目特色学校	2012年12月	江苏省教育厅、江苏省体育局
160	江苏省健康教育促进学校	2012年12月	江苏省教育厅
161	南京市中华经典诵读基地学校	2012年12月	南京市教育局、南京市语委
162	南京市语言文字规范化示范校	2012年12月	南京市教育局、南京市语委
163	奥林匹克教育“同心结”学校	2012年12月	南京青奥(亚青)组委文化教育部、南京市教育局
164	南京市三八红旗集体	2012年11月	南京市妇联
165	南京市阳光体育学校	2012年12月	南京市教育局、南京市体育局
166	2012年南京市中学生合唱节二等奖	2012年12月	南京市教育局
167	南京市第二十届运动会群众体育先进集体	2012年11月	南京市第二十届运动会组委会
168	全国中小学金钥匙科技竞赛“青少年科技教育先进集体”	2012年10月	江苏省教育厅、江苏省科学技术协会等
169	在江苏省“读《伟人瞿秋白》争当‘四好少年’”活动中获优秀组织奖	2012年9月	江苏省少工委
170	第二届南京青年奥林匹克文化节参与和贡献奖	2012年9月	南京市人民政府新闻办公室
171	江苏省数字化学习试点学校	2012年8月	江苏省教育厅
172	南京市普通中小学先进教研组(数学、物理、生物)	2012年8月	南京市教育局
173	江苏省五四红旗团委创建单位	2012年7月	南京团省委

续表

序号	奖励名称	获奖时间	授奖部门
174	中华中学获校舍修建与管理工作先进单位	2012年7月	南京市教育局
175	南京市第四届中小学校艺术展演舞蹈一等奖(中学)	2012年7月	南京市文明办、南京市教育局、南京市文化局
176	南京市第四届中小学校艺术展演精神风貌奖	2012年7月	南京市文明办、南京市教育局、南京市文化局
177	“星光灿烂”党建创新优秀案例	2012年6月	南京市教育工委
178	南京市教育系统先进基层党组织	2012年6月	南京市教育工委
179	南京市无烟学校	2012年5月	南京市爱国卫生运动委员会、南京市教育局
180	南京市青奥示范学校(现代化示范学校)	2012年5月	南京市教育局
181	南京市教育宣传新闻工作先进集体	2012年2月	南京市教育局
182	南京市学校优秀教科室	2011年9月	南京市教育局
183	南京市教育科学研究基地	2011年9月	南京市教育局
184	南京市廉政文化示范点	2011年6月	
185	南京市教育系统先进基层党组织	2011年6月	南京市教育工委
186	南京市平安校园	2011年5月	南京市教育局、南京市公安局等
187	南京市体育舞蹈运动协会先进集体	2011年2月	南京市体育舞蹈运动协会
188	2010年度南京市五四红旗团委	2011年2月	南京团市委

续表

序号	奖励名称	获奖时间	授奖部门
189	南京市学校卫生工作先进集体	2011年1月	南京市中小学卫生保健所
190	南京市中学生舞蹈团承办学校	2010年9月	南京市教育局
191	江苏省艺术教育特色学校	2010年9月	江苏省教育厅
192	南京市教育系统先进基层党组织	2010年6月	南京市教育工委
193	南京市教育系统关心下一代工作和离退休工作先进集体	2010年3月	南京市教育局、南京市教育工委
194	南京市爱国卫生先进单位	2008年12月	南京市爱国卫生运动委员会
195	江苏省模范职工之家	2008年12月	江苏省教育科技工会
196	南京市学校卫生工作先进集体	2008年12月	南京市中小学卫生保健所
197	南京市科技教育特色学校	2008年	南京市教育局
198	南京市教育系统党组织建设工作创新创优成果奖	2008年6月	南京市教育工委
199	2007～2008年度先进基层党组织	2008年6月	南京市教育工委
200	南京市中小学“五室”建设先进学校及示范学校	2008年4月	南京市教育局
201	南京市中小学合格学校	2008年4月	南京市教育局
202	江苏省文明单位	2008年1月	江苏省精神文明建设指导委员会
203	南京市文明单位	2007年12月	南京市委、市政府
204	南京市“三八”红旗集体	2007年11月	南京市妇联
205	南京市教育系统先进基层党组织	2007年6月	南京市教育工委

续表

序号	奖励名称	获奖时间	授奖部门
206	南京市健美操运动后备人才培训基地	2007 年 5 月	南京市健美操运动协会
207	南京市学校卫生工作先进集体	2006 年 12 月	南京市中小学卫生保健所
208	全国教育科学“十五”规划重点课题研究先进单位	2006 年 12 月	中央电教馆
209	江苏省网上家长学校教育实验基地	2006 年 9 月	
210	南京市教卫系统模范职工之家	2006 年 2 月	南京市教育工会
211	南京市文明单位	2005 年 12 月	南京市委、市政府
212	江苏省文明单位	2005 年 12 月	江苏省精神文明建设指导委员会
213	南京市“十五”教育发展先进单位	2005 年 11 月	南京市政府
214	南京市教育系统争创“三高五好”活动先进基层党组织	2005 年 6 月	南京市教育局
215	南京市中学生信息技术活动基地	2005 年 6 月	南京市教育局
216	南京市教育信息新闻工作先进集体	2005 年 3 月	南京市教育局
217	南京市“五四”红旗团委	2005 年 1 月	南京团市委
218	南京市中小学体育基地学校	2004 年 11 月	南京市教育局
219	南京市科技教育特色学校	2004 年 11 月	南京市教育局
220	南京市“民主法制示范单位”	2004 年 11 月	南京市依法治市领导小组
221	中央教育科学研究所华教远程教育科研示范校	2004 年 10 月	中央教育科学研究所

续表

序号	奖励名称	获奖时间	授奖部门
222	第三届中国青少年读写大赛江苏省优秀组织奖	2004 年 8 月	中国青少年读写大赛组委会
223	南京市第三届中小学机器人比赛优秀组织奖	2004 年 7 月	南京市科协、南京市教育局
224	南京市第三届中小学机器人比赛团体一等奖	2004 年 7 月	南京市科协、南京市教育局
225	南京市校园文明网络活动室	2004 年 7 月	南京市教育局
226	全国教育科学"十五"规划重点课题合作研究校	2004 年	中国教育技术协会
227	南京市教育系统先进职工之家	2004 年 3 月	南京市教育工会
228	南京市红旗大队	2004 年 1 月	南京市少工委
229	江苏省中小学标准化实验室	2003 年 12 月	江苏省教育厅
230	江苏省普通中学一级图书馆	2003 年 12 月	江苏省教育厅
231	南京市模范学校	2003 年 10 月	南京市教育局
232	南京市第三届教育科研先进集体	2003 年 9 月	南京市教育局

2014～2018 年学生所获市级（一等奖）及以上部分荣誉

德育类

2014～2018 年学生所获德育类奖项如表 1 所示。

表 1　2014～2018 年学生所获德育类奖项一览表

序号	日期	姓名	内容	奖项	发奖机构
1	2014 年 6 月	冯宇昊	2014 年南京市三好学生		南京市教育局
2	2014 年 6 月	李昕玥	2014 年南京市三好学生		南京市教育局
3	2014 年 6 月	田　菁	2014 年南京市三好学生		南京市教育局
4	2014 年 6 月	林容天	2014 年南京市三好学生		南京市教育局
5	2014 年 6 月	梁新元	2014 年南京市三好学生		南京市教育局
6	2014 年 6 月	邹　坤	2014 年南京市三好学生		南京市教育局
7	2014 年 6 月	汤本昊	2014 年南京市三好学生		南京市教育局
8	2014 年 6 月	杨　行	2014 年南京市三好学生		南京市教育局
9	2014 年 6 月	赵韵文	2014 年南京市三好学生		南京市教育局

续表

序号	日期	姓名	内容	奖项	发奖机构
10	2014年6月	杨　帆	2014年南京市三好学生		南京市教育局
11	2014年6月	紫　嫣	2014年南京市三好学生		南京市教育局
12	2014年6月	林逸程	2014年南京市三好学生		南京市教育局
13	2014年6月	崔秋惠	2014年南京市三好学生		南京市教育局
14	2014年6月	凌嘉宇	2014年南京市三好学生		南京市教育局
15	2014年6月	王　憋	2014年南京市三好学生		南京市教育局
16	2014年6月	何润雨	2014年南京市三好学生		南京市教育局
17	2014年6月	陆亭宇	2014年江苏省优秀学生干部		南京市教育局
18	2014年6月	祁慕尧	2014年南京市优秀学生干部		南京市教育局
19	2014年6月	陆亭宇	2014年南京市优秀学生干部		南京市教育局
20	2014年6月	黄非娜	2014年南京市优秀学生干部		南京市教育局
21	2014年6月	黄瀚伦	2014年南京市优秀学生干部		南京市教育局
22	2014年6月	杨　行	2014年江苏省三好学生		南京市教育局
23	2014年6月	紫　嫣	2014年江苏省三好学生		南京市教育局
24	2014年6月	林逸程	2014年江苏省三好学生		南京市教育局

续表

序号	日期	姓名	内容	奖项	发奖机构
25	2014年12月	林　风	勿忘国耻、圆梦中华主题诗词楹联大赛	一等奖	南京团市委
26	2014年12月	严雨萌等60人次	南京市中学生合唱节	一等奖	南京市教育局
27	2015年6月	陈潇小	南京市第十二届“税收·国家·文明”征文评比活动	一等奖	南京市教育局、南京市地税局
28	2015年6月	蔡懋天	2015年江苏省三好学生		南京市教育局
29	2015年6月	李宇迪	2015年江苏省三好学生		南京市教育局
30	2015年6月	万若舟	2015年江苏省三好学生		南京市教育局
31	2015年6月	周生威	2015年南京市三好学生		南京市教育局
32	2015年6月	刘依和	2015年南京市三好学生		南京市教育局
33	2015年6月	毛江汉	2015年南京市三好学生		南京市教育局
34	2015年6月	蔡懋天	2015年南京市三好学生		南京市教育局
35	2015年6月	吕　迪	2015年南京市三好学生		南京市教育局
36	2015年6月	黄叶欣	2015年南京市三好学生		南京市教育局
37	2015年6月	李宇迪	2015年南京市三好学生		南京市教育局
38	2015年6月	马　铮	2015年南京市三好学生		南京市教育局

续表

序号	日期	姓名	内容	奖项	发奖机构
39	2015 年 6 月	万若舟	2015 年南京市三好学生		南京市教育局
40	2015 年 6 月	左欣悦	2015 年南京市三好学生		南京市教育局
41	2015 年 6 月	孙相宜	2015 年南京市三好学生		南京市教育局
42	2015 年 6 月	钟沛然	2015 年南京市三好学生		南京市教育局
43	2015 年 6 月	付一斐	2015 年南京市三好学生		南京市教育局
44	2015 年 6 月	朱启东	2015 年南京市三好学生		南京市教育局
45	2015 年 6 月	庄雅莉	2015 年南京市三好学生		南京市教育局
46	2015 年 6 月	付一帆	2015 年南京市三好学生		南京市教育局
47	2015 年 6 月	宫姝仪	2015 年江苏省优秀学生干部		南京市教育局
48	2015 年 6 月	宫姝仪	2015 年南京市优秀学生干部		南京市教育局
49	2015 年 6 月	袁　帅	2015 年南京市优秀学生干部		南京市教育局
50	2015 年 6 月	吴智群	2015 年南京市优秀学生干部		南京市教育局
51	2015 年 6 月	孙圣修	2015 年南京市优秀学生干部		南京市教育局
52	2015 年 7 月	严雨萌	南京市百万青少年儒雅少年评选活动	探花	南京市委宣传部、文明办、南京市教育局
53	2015 年 8 月	马雨潇	做个守法小公民演讲比赛	特等奖	南京市委教育工委

续表

序号	日期	姓名	内容	奖项	发奖机构
54	2015 年 9 月	毛倬琳	2015 年南京市中小学生艺术展演活动	美术类一等奖	南京市教育局、南京市妇女联合会
55	2015 年 9 月	李铭伟	2015 年南京市中小学生艺术展演活动	书法类一等奖	南京市教育局、南京市妇女联合会
56	2015 年 9 月	徐杨吾一	2015 年南京市中小学生艺术展演活动	书法类一等奖	南京市教育局、南京市妇女联合会
57	2015 年 12 月	袁子辰等 60 人次	2015 年南京市中学生合唱节	特等奖	南京市教育局
58	2016 年 6 月	孙雨秋	2016 年江苏省三好学生		南京市教育局
59	2016 年 6 月	张心怡	2016 年江苏省三好学生		南京市教育局
60	2016 年 6 月	谷　媛	2016 年江苏省三好学生		南京市教育局
61	2016 年 6 月	张天凡	2016 年南京市三好学生		南京市教育局
62	2016 年 6 月	段秋怡	2016 年南京市三好学生		南京市教育局
63	2016 年 6 月	范欣雨	2016 年南京市三好学生		南京市教育局
64	2016 年 6 月	王啸峰	2016 年南京市三好学生		南京市教育局
65	2016 年 6 月	孙雨秋	2016 年南京市三好学生		南京市教育局
66	2016 年 6 月	李　洁	2016 年南京市三好学生		南京市教育局
67	2016 年 6 月	王楚娴	2016 年南京市三好学生		南京市教育局

续表

序号	日期	姓名	内容	奖项	发奖机构
68	2016 年 6 月	夏祯翔	2016 年南京市三好学生		南京市教育局
69	2016 年 6 月	张心怡	2016 年南京市三好学生		南京市教育局
70	2016 年 6 月	陈秋宇	2016 年南京市三好学生		南京市教育局
71	2016 年 6 月	苏　宁	2016 年南京市三好学生		南京市教育局
72	2016 年 6 月	谷　媛	2016 年南京市三好学生		南京市教育局
73	2016 年 6 月	沈欣然	2016 年南京市三好学生		南京市教育局
74	2016 年 6 月	朱振辉	2016 年南京市三好学生		南京市教育局
75	2016 年 6 月	刘延承	2016 年南京市三好学生		南京市教育局
76	2016 年 6 月	陈致琪	2016 年南京市三好学生		南京市教育局
77	2016 年 6 月	张若禹	2016 年江苏省优秀学生干部		南京市教育局
78	2016 年 6 月	张若禹	2016 年南京市优秀学生干部		南京市教育局
79	2016 年 6 月	毛　宁	2016 年南京市优秀学生干部		南京市教育局
80	2016 年 6 月	任　和	2016 年南京市优秀学生干部		南京市教育局
81	2016 年 6 月	钱云佳	2016 年南京市优秀学生干部		南京市教育局
82	2016 年 11 月	付　韫	2016 年南京市国防教育征文	一等奖	南京市教育局

续表

序号	日期	姓名	内容	奖项	发奖机构
83	2016年11月	陈佳禾	2016年南京市国防教育征文	一等奖	南京市教育局
84	2016年11月	袁佳忆	2016年南京市国防教育征文	一等奖	南京市教育局
85	2016年11月	陈蓉徐	2016年南京市中小学生读书节活动	一等奖	南京市教育局
86	2016年11月	汪志阳	2016年南京市中学生国防知识竞赛	一等奖	南京市教育局
87	2016年11月	朱宝龙	2016年南京市中学生国防知识竞赛	一等奖	南京市教育局
88	2016年11月	熊瑶佳	2016年南京市中学生国防知识竞赛	一等奖	南京市教育局
89	2016年12月	李雨晨	暑期社会实践活动先进个人	先进个人	南京团市委
90	2017年5月	陈致琪	南京市首届励志奖学金	一等奖	南京市教育局
91	2017年5月	周　玉	2016年度南京市优秀团员		南京团市委
92	2017年5月	曹宸宇	南京市高中生五四辩论赛	优秀辩手	南京市教育局
93	2017年6月	朱慜怡	南京市第十四届"税收国家文明"征文活动	一等奖	南京市税务局、南京市教育局
94	2017年6月	陈相林	南京市"百名美德少年"	美德少年	南京市教育局、文明办、南京团市委等
95	2017年6月	李邦乐	2017年江苏省三好学生		江苏省教育厅、团省委
96	2017年6月	丁俐文	2017年江苏省三好学生		江苏省教育厅、团省委

续表

序号	日期	姓名	内容	奖项	发奖机构
97	2017 年 6 月	郁　馨	2017 年江苏省三好学生		江苏省教育厅、团省委
98	2017 年 6 月	殷丁韧	2017 年江苏省优秀学生干部		江苏省教育厅、团省委
99	2017 年 6 月	刘天宇	2017 年南京市优秀学生干部		南京市教育局
100	2017 年 6 月	王思凡	2017 年南京市优秀学生干部		南京市教育局
101	2017 年 6 月	吴子悦	2017 年南京市三好学生		南京市教育局
102	2017 年 6 月	许彬炀	2017 年南京市三好学生		南京市教育局
103	2017 年 6 月	李子心	2017 年南京市三好学生		南京市教育局
104	2017 年 6 月	郑依琳	2017 年南京市三好学生		南京市教育局
105	2017 年 6 月	韩　畅	2017 年南京市三好学生		南京市教育局
106	2017 年 6 月	李翔宇	2017 年南京市三好学生		南京市教育局
107	2017 年 6 月	夏文文	2017 年南京市三好学生		南京市教育局
108	2017 年 6 月	李君娴	2017 年南京市三好学生		南京市教育局
109	2017 年 6 月	邵逸轩	2017 年南京市三好学生		南京市教育局
110	2017 年 7 月	程雨菲	第六届南京市高中生五四辩论赛	一等奖	南京市教育局
111	2017 年 7 月	顾语涵	第六届南京市高中生“五四”辩论赛	一等奖	南京市教育局

续表

序号	日期	姓名	内容	奖项	发奖机构
112	2017 年 7 月	曹宸宇	第六届南京市高中生“五四”辩论赛	一等奖	南京市教育局
113	2017 年 7 月	刘昕冉	第六届南京市高中生“五四”辩论赛	一等奖	南京市教育局
114	2017 年 7 月	张钰凡	第六届南京市高中生“五四”辩论赛	一等奖	南京市教育局
115	2017 年 7 月	曹宸宇	第六届南京市高中生“五四”辩论赛	优秀辩手	南京市教育局
116	2017 年 10 月	吴　悦	南京市首届“学宪法、讲宪法”演讲比赛	一等奖	南京市教育局
117	2017 年 12 月	鄂雪怡	2017 年南京市百名儒雅少年	儒雅少年	南京市委宣传部、文明办，南京市教育局、报业传媒集团
118	2018 年 1 月	李梓豪	2017 年南京市国防知识竞赛	一等奖	南京市教育局
119	2018 年 1 月	谯彦康	2017 年南京市国防知识竞赛	一等奖	南京市教育局
120	2018 年 1 月	於乐瑞	2017 年南京市国防知识竞赛	一等奖	南京市教育局
121	2018 年 1 月	张可妍	2017 年南京市国防知识竞赛	一等奖	南京市教育局
122	2018 年 1 月	董心妍	2017 年南京市国防知识竞赛	一等奖	南京市教育局
123	2018 年 5 月	盛羽翔	2017 年度南京市优秀共青团员		南京团市委
124	2018 年 5 月	陈昱多	2017 年江苏省三好学生		江苏省教育厅、团省委
125	2018 年 5 月	尤　杨	2017 年江苏省三好学生		江苏省教育厅、团省委

续表

序号	日期	姓名	内容	奖项	发奖机构
126	2018 年 5 月	王宇璠	2017 年江苏省三好学生		江苏省教育厅、团省委
127	2018 年 5 月	徐新力	2017 年江苏省优秀学生干部		江苏省教育厅、团省委
128	2018 年 5 月	方宇辰	2017 年南京市优秀学生干部		南京市教育局
129	2018 年 5 月	高建红	2017 年南京市优秀学生干部		南京市教育局
130	2018 年 5 月	韩旭韬	2017 年南京市优秀学生干部		南京市教育局
131	2018 年 5 月	徐新力	2017 年南京市优秀学生干部		南京市教育局
132	2018 年 5 月	李　蕊	2017 年南京市三好学生		南京市教育局
133	2018 年 5 月	裴雯萱	2017 年南京市三好学生		南京市教育局
134	2018 年 5 月	张芷瑜	2017 年南京市三好学生		南京市教育局
135	2018 年 5 月	严宇轩	2017 年南京市三好学生		南京市教育局
136	2018 年 5 月	王宇璠	2017 年南京市三好学生		南京市教育局
137	2018 年 5 月	谭　睿	2017 年南京市三好学生		南京市教育局
138	2018 年 5 月	郭玮旻	2017 年南京市三好学生		南京市教育局
139	2018 年 5 月	郑致成	2017 年南京市三好学生		南京市教育局
140	2018 年 5 月	康启洲	2017 年南京市三好学生		南京市教育局

续表

序号	日期	姓名	内容	奖项	发奖机构
141	2018年5月	单晓妍	2017年南京市三好学生		南京市教育局
142	2018年5月	孙丹宁	2017年南京市三好学生		南京市教育局
143	2018年5月	缪 冉	2017年南京市三好学生		南京市教育局
144	2018年5月	袁子雯	2017年南京市三好学生		南京市教育局
145	2018年5月	陈昱多	2017年南京市三好学生		南京市教育局
146	2018年5月	尤 杨	2017年南京市三好学生		南京市教育局
147	2018年5月	陈蓉徐	2017年南京市三好学生		南京市教育局
148	2018年6月	吴 悦	2018南京教育好故事演讲	一等奖	南京市教育局
149	2018年6月	付 韫	第七届南京市高中生“五四”辩论赛	特等奖	南京市教育局
150	2018年6月	汪春晖	第七届南京市高中生“五四”辩论赛	特等奖	南京市教育局
151	2018年6月	魏洪涛	第七届南京市高中生“五四”辩论赛	特等奖	南京市教育局
152	2018年6月	陆昕慈	第七届南京市高中生“五四”辩论赛	特等奖	南京市教育局
153	2018年12月	张楚欣	2018江苏省高中生军事训练营（南京片区）暨南京市高中生国防知识（技能）比赛	射击之星	南京市教育局

续表

序号	日期	姓名	内容	奖项	发奖机构
154	2018年12月	吴　煜	2018江苏省高中生军事训练营（南京片区）暨南京市高中生国防知识（技能）比赛	射击之星	南京市教育局
155	2018年12月	金煜杰	2018江苏省高中生军事训练营（南京片区）暨南京市高中生国防知识（技能）比赛	射击之星	南京市教育局
156	2018年12月	李骏贤	2018年南京市中小学生营养早餐设计比赛	一等奖	南京市教育局
157	2018年12月	胡霜彤静	2018年南京中小学国防教育征文比赛	一等奖	南京市教育局
158	2018年12月	梅　琳	2018年南京中小学国防教育征文比赛	一等奖	南京市教育局
159	2018年12月	黄嘉怡	2018年南京中小学国防教育征文比赛	一等奖	南京市教育局
备注：以上不完全统计自2014年6月始，至2018年12月止。					

学科类

2015 年获奖情况

2015 年物理学科获奖情况如表 2 所示。

表 2　2015 年物理学科获奖情况表

姓名	班级	类别	获奖情况
张天凡	高三(1)班	2015 年度江苏省中学生物理学科奥林匹克竞赛	江苏省一等奖
程鸿宇	高三(2)班	2015 年度江苏省中学生物理学科奥林匹克竞赛	江苏省二等奖
杨　帆	高三(2)班	2015 年度江苏省中学生物理学科奥林匹克竞赛	江苏省二等奖
张天任	高三(1)班	2015 年度江苏省中学生物理学科奥林匹克竞赛	江苏省三等奖

2015 年生物学科获奖情况如表 3 所示。

表 3　2015 年生物学科获奖情况表

姓名	班级	类别	获奖情况
张祎凡	高三(6)班	2015 年全国中学生生物学联赛	全国三等奖
茆庭瑀	高三(2)班	2015 年度江苏省中学生生物学科奥林匹克竞赛	江苏省一等奖
张祎凡	高三(6)班	2015 年度江苏省中学生生物学科奥林匹克竞赛	江苏省一等奖
范欣雨	高三(2)班	2015 年度江苏省中学生生物学科奥林匹克竞赛	江苏省二等奖
庞亦杰	高二(13)班	2015 年度江苏省中学生生物学科奥林匹克竞赛	江苏省二等奖
程鸿宇	高三(2)班	2015 年度江苏省中学生生物学科奥林匹克竞赛	江苏省三等奖

续表

姓名	班级	类别	获奖情况
唐怿宁	高三(2)班	2015年度江苏省中学生生物学科奥林匹克竞赛	江苏省三等奖
张劭文	高二(2)班	2015年度江苏省中学生生物学科奥林匹克竞赛	江苏省三等奖
杨令仪	高三(9)班	2015年度江苏省中学生生物学科奥林匹克竞赛	江苏省三等奖

2015年化学学科获奖情况如表4所示。

表4　2015年化学学科获奖情况表

姓名	班级	类别	获奖情况
甘礼溪	高三(1)班	第29届中国化学奥林匹克竞赛(江苏赛区)	江苏省一等奖
黄晓宇	高三(1)班	第29届中国化学奥林匹克竞赛(江苏赛区)	江苏省一等奖
杨文韫	高二(13)班	第29届中国化学奥林匹克竞赛(江苏赛区)	江苏省一等奖
张天凡	高三(1)班	第29届中国化学奥林匹克竞赛(江苏赛区)	江苏省一等奖
张子信	高三(1)班	第29届中国化学奥林匹克竞赛(江苏赛区)	江苏省二等奖
张天任	高三(1)班	第29届中国化学奥林匹克竞赛(江苏赛区)	江苏省二等奖
陶金峰	高三(1)班	第29届中国化学奥林匹克竞赛(江苏赛区)	江苏省二等奖
孙熠州	高二(13)班	第29届中国化学奥林匹克竞赛(江苏赛区)	江苏省二等奖
马文涛	高三(1)班	第29届中国化学奥林匹克竞赛(江苏赛区)	江苏省二等奖
黄观	高二(7)班	第29届中国化学奥林匹克竞赛(江苏赛区)	江苏省二等奖

续表

姓名	班级	类别	获奖情况
顾颖颉	高三(1)班	第29届中国化学奥林匹克竞赛(江苏赛区)	江苏省二等奖
段秋怡	高三(1)班	第29届中国化学奥林匹克竞赛(江苏赛区)	江苏省二等奖
丁子伟	高二(1)班	第29届中国化学奥林匹克竞赛(江苏赛区)	江苏省二等奖
潘梓铭	高二(6)班	第29届中国化学奥林匹克竞赛(江苏赛区)	江苏省三等奖

2016年获奖情况

2016年数学学科获奖情况如表5所示。

表5　2016年数学学科获奖情况表

姓名	班级	类别	获奖情况
李安然	高三(7)班	全国高中数学联赛	江苏省一等奖
曹钰鑫	高三(13)班	全国高中数学联赛	江苏省一等奖
刘英捷	高三(13)班	全国高中数学联赛	江苏省二等奖
顾语涵	高二(13)班	全国高中数学联赛	江苏省三等奖
张兆阳	高三(13)班	全国高中数学联赛	江苏省三等奖
王欣玥	高三(13)班	全国高中数学联赛	江苏省三等奖

2016年物理学科获奖情况如表6所示。

表6　2016年物理学科获奖情况表

姓名	班级	类别	获奖情况
张懿扬	高三(13)班	全国中学生物理竞赛(省级赛区)	江苏省一等奖
邵逸轩	高三(13)班	全国中学生物理竞赛(省级赛区)	江苏省一等奖

续表

姓名	班级	类别	获奖情况
王柯天	高二(13)班	全国中学生物理竞赛(省级赛区)	江苏省一等奖
庞亦杰	高三(13)班	全国中学生物理竞赛(省级赛区)	江苏省二等奖
王　鑫	高二(1)班	全国中学生物理竞赛(省级赛区)	江苏省三等奖

2016 年生物学科获奖情况如表 7 所示。

表 7　2016 年生物学科获奖情况表

姓名	班级	类别	获奖情况
魏雅芳	高三(7)班	全国中学生生物联赛	全国二等奖、江苏省一等奖
庞亦杰	高三(13)班	全国中学生生物联赛	全国二等奖、江苏省一等奖
袁逸凡	高三(2)班	全国中学生生物联赛	全国三等奖、江苏省一等奖
奚望羽	高三(6)班	全国中学生生物联赛	全国三等奖、江苏省一等奖
魏喻穹	高三(1)班	全国中学生生物联赛	江苏省一等奖
李邦乐	高三(2)班	全国中学生生物联赛	江苏省一等奖
江天明	高三(1)班	全国中学生生物联赛	江苏省二等奖
徐莹妍	高三(2)班	全国中学生生物联赛	江苏省二等奖
郁　馨	高三(13)班	全国中学生生物联赛	江苏省二等奖
许智铭	高三(1)班	全国中学生生物联赛	江苏省三等奖
韩　畅	高三(6)班	全国中学生生物联赛	江苏省三等奖
邵逸轩	高三(13)班	全国中学生生物联赛	江苏省三等奖

2016 年化学学科获奖情况如表 8 所示。

表 8　2016 年化学学科获奖情况表

姓名	班级	类别	获奖情况
江天明	高三(1)班	中国化学奥林匹克(初赛)	江苏省一等奖
苏永泉	高三(1)班	中国化学奥林匹克(初赛)	江苏省一等奖

续表

姓名	班级	类别	获奖情况
魏喻穹	高三(1)班	中国化学奥林匹克(初赛)	江苏省一等奖
袁逸凡	高三(2)班	中国化学奥林匹克(初赛)	江苏省一等奖
张　昊	高二(1)班	中国化学奥林匹克(初赛)	江苏省一等奖
陈文哲	高三(1)班	中国化学奥林匹克(初赛)	江苏省二等奖
陈　曦	高三(1)班	中国化学奥林匹克(初赛)	江苏省二等奖
陈　扬	高三(1)班	中国化学奥林匹克(初赛)	江苏省二等奖
丁子伟	高三(1)班	中国化学奥林匹克(初赛)	江苏省二等奖
洪子涵	高三(1)班	中国化学奥林匹克(初赛)	江苏省二等奖
呼焕然	高二(13)班	中国化学奥林匹克(初赛)	江苏省二等奖
陆清轩	高三(1)班	中国化学奥林匹克(初赛)	江苏省二等奖
陆于洋	高三(1)班	中国化学奥林匹克(初赛)	江苏省二等奖
孙熠州	高三(13)班	中国化学奥林匹克(初赛)	江苏省二等奖
夏宇飞	高三(1)班	中国化学奥林匹克(初赛)	江苏省二等奖
杨文韫	高三(13)班	中国化学奥林匹克(初赛)	江苏省二等奖
杨雨轩	高三(1)班	中国化学奥林匹克(初赛)	江苏省二等奖
江宇豪	高二(1)班	中国化学奥林匹克(初赛)	江苏省二等奖
刘宗熙	高二(13)班	中国化学奥林匹克(初赛)	江苏省二等奖
马　彧	高二(1)班	中国化学奥林匹克(初赛)	江苏省二等奖
斯柏汉	高二(6)班	中国化学奥林匹克(初赛)	江苏省二等奖
孙翰祥	高二(3)班	中国化学奥林匹克(初赛)	江苏省二等奖
王睿鹏	高二(1)班	中国化学奥林匹克(初赛)	江苏省二等奖
王雨欣	高二(1)班	中国化学奥林匹克(初赛)	江苏省二等奖
周诚远	高二(3)班	中国化学奥林匹克(初赛)	江苏省二等奖

2016 年信息学学科获奖情况如表 9 所示。

表 9　2016 年信息学学科获奖情况表

姓名	班级	类别	获奖情况
顾语涵	高二(13)班	全国青少年信息学奥林匹克联赛	全国一等奖
崔泽昂	高二(5)班	全国青少年信息学奥林匹克联赛	江苏省一等奖
陈雨凡	高二(2)班	全国青少年信息学奥林匹克联赛	江苏省三等奖
苏永泉	高三(1)班	江苏省金钥匙科技竞赛	江苏省特等奖
黄昊之	高三(9)班	江苏省金钥匙科技竞赛	江苏省一等奖
江宇豪	高二(1)班	江苏省金钥匙科技竞赛	江苏省一等奖
苗尚青	高一(2)班	江苏省金钥匙科技竞赛	江苏省二等奖
丁江豪	高一(10)班	江苏省金钥匙科技竞赛	江苏省二等奖
毛诗睿	高一(11)班	江苏省金钥匙科技竞赛	江苏省二等奖
刘子昂	高一(7)班	江苏省金钥匙科技竞赛	江苏省二等奖
徐海瑞	高二(2)班	江苏省青少年机器人活动竞赛	江苏省三等奖
郑自远	高二(8)班	江苏省青少年机器人活动竞赛	江苏省三等奖

2017 年获奖情况

2017 年数学学科获奖情况如表 10 所示。

表 10　2017 年数学学科获奖情况表

姓名	班级	类别	获奖情况
翁浩儒	高二(5)班	2017 年全国高中数学联合竞赛	江苏省二等奖
袁　则	高三(13)班	2017 年全国高中数学联合竞赛	江苏省三等奖
谭　睿	高三(3)班	2017 年全国高中数学联合竞赛	江苏省三等奖
丁启凡	高三(6)班	2017 年全国高中数学联合竞赛	江苏省三等奖
赵一骁	高三(3)班	2017 年全国高中数学联合竞赛	江苏省三等奖

2017 年物理学科获奖情况如表 11 所示。

表 11　2017 年物理学科获奖情况表

姓名	班级	类别	获奖情况
曹关皓	高二(1)班	第三十四届全国中学生物理竞赛	全国二等奖
朱立言	高二(13)班	第三十四届全国中学生物理竞赛	全国二等奖
于骐铭	高三(13)班	第三十四届全国中学生物理竞赛	全国二等奖
王柯天	高三(13)班	第三十四届全国中学生物理竞赛	全国二等奖
陈相林	高二(1)班	第三十四届全国中学生物理竞赛	全国二等奖
谭　睿	高三(3)班	第三十四届全国中学生物理竞赛	全国二等奖
曾胤瑜	高二(1)班	第三十四届全国中学生物理竞赛	全国二等奖
周子涵	高二(5)班	第三十四届全国中学生物理竞赛	全国二等奖
冯文韬	高二(5)班	第三十四届全国中学生物理竞赛	全国二等奖
吴昱翀	高三(7)班	第三十四届全国中学生物理竞赛	全国二等奖
王　鑫	高三(1)班	第三十四届全国中学生物理竞赛	全国二等奖
韩旭韬	高三(6)班	第三十四届全国中学生物理竞赛	全国二等奖
陈相林	高二(1)班	全国中学生学科奥林匹克竞赛(江苏赛区)暨第 34 届中国物理奥林匹克竞赛(江苏赛区)	江苏省一等奖
王柯天	高三(13)班	全国中学生学科奥林匹克竞赛(江苏赛区)暨第 34 届中国物理奥林匹克竞赛(江苏赛区)	江苏省一等奖
于骐铭	高三(13)班	全国中学生学科奥林匹克竞赛(江苏赛区)暨第 34 届中国物理奥林匹克竞赛(江苏赛区)	江苏省一等奖
朱立言	高二(7)班	全国中学生学科奥林匹克竞赛(江苏赛区)暨第 34 届中国物理奥林匹克竞赛(江苏赛区)	江苏省一等奖
曹关皓	高二(1)班	全国中学生学科奥林匹克竞赛(江苏赛区)暨第 34 届中国物理奥林匹克竞赛(江苏赛区)	江苏省二等奖

续表

姓名	班级	类别	获奖情况
曾胤瑜	高二(1)班	全国中学生学科奥林匹克竞赛(江苏赛区)暨第34届中国物理奥林匹克竞赛(江苏赛区)	江苏省二等奖
周子涵	高二(5)班	全国中学生学科奥林匹克竞赛(江苏赛区)暨第34届中国物理奥林匹克竞赛(江苏赛区)	江苏省二等奖
冯文韬	高二(5)班	全国中学生学科奥林匹克竞赛(江苏赛区)暨第34届中国物理奥林匹克竞赛(江苏赛区)	江苏省二等奖
吴昱翀	高三(7)班	全国中学生学科奥林匹克竞赛(江苏赛区)暨第34届中国物理奥林匹克竞赛(江苏赛区)	江苏省二等奖
王　鑫	高三(1)班	全国中学生学科奥林匹克竞赛(江苏赛区)暨第34届中国物理奥林匹克竞赛(江苏赛区)	江苏省二等奖
韩旭韬	高三(6)班	全国中学生学科奥林匹克竞赛(江苏赛区)暨第34届中国物理奥林匹克竞赛(江苏赛区)	江苏省二等奖
谭　睿	高三(3)班	全国中学生学科奥林匹克竞赛(江苏赛区)暨第34届中国物理奥林匹克竞赛(江苏赛区)	江苏省二等奖

2017年生物学科获奖情况如表12所示。

表12　2017年生物学科获奖情况表

姓名	班级	类别	获奖情况
周尤佳	高三(13)班	2017年全国中学生生物学联赛	全国三等奖
黄博阳	高三(3)班	第二十六届全国中学生生物竞赛(江苏赛区)	江苏省一等奖
周尤佳	高三(13)班	第二十六届全国中学生生物竞赛(江苏赛区)	江苏省一等奖

续表

姓名	班级	类别	获奖情况
宫　忱	高三(9)班	第二十六届全国中学生生物竞赛(江苏赛区)	江苏省二等奖
吴语萱	高三(12)班	第二十六届全国中学生生物竞赛(江苏赛区)	江苏省二等奖
赵雨潇	高三(3)班	第二十六届全国中学生生物竞赛(江苏赛区)	江苏省二等奖
朱君儒	高三(11)班	第二十六届全国中学生生物竞赛(江苏赛区)	江苏省二等奖
吴子晔	高三(2)班	第二十六届全国中学生生物竞赛(江苏赛区)	江苏省三等奖
斯柏汉	高三(1)班	第二十六届全国中学生生物竞赛(江苏赛区)	江苏省三等奖
毛明玥	高三(4)班	第二十六届全国中学生生物竞赛(江苏赛区)	江苏省三等奖
柴舒晨	高三(2)班	第二十六届全国中学生生物竞赛(江苏赛区)	江苏省三等奖
张钰凡	高三(9)班	第二十六届全国中学生生物竞赛(江苏赛区)	江苏省三等奖
付一斐	高三(13)班	第二十六届全国中学生生物竞赛(江苏赛区)	江苏省三等奖
叶子琪	高三(9)班	第二十六届全国中学生生物竞赛(江苏赛区)	江苏省三等奖

2017年化学学科获奖情况如表13所示。

表13　2017年化学学科获奖情况表

姓名	班级	类别	获奖情况
张云轩	高三(13)班	全国中学生学科奥林匹克竞赛(江苏赛区)暨第31届中国化学奥林匹克竞赛(江苏赛区)	江苏省一等奖
杨源新	高三(1)班	全国中学生学科奥林匹克竞赛(江苏赛区)暨第31届中国化学奥林匹克竞赛(江苏赛区)	江苏省一等奖

续表

姓名	班级	类别	获奖情况
吴锦峰	高二(8)班	全国中学生学科奥林匹克竞赛(江苏赛区)暨第31届中国化学奥林匹克竞赛(江苏赛区)	江苏省一等奖
斯柏汉	高三(1)班	全国中学生学科奥林匹克竞赛(江苏赛区)暨第31届中国化学奥林匹克竞赛(江苏赛区)	江苏省一等奖
刘宗熙	高三(13)班	全国中学生学科奥林匹克竞赛(江苏赛区)暨第31届中国化学奥林匹克竞赛(江苏赛区)	江苏省一等奖
江宇豪	高三(1)班	全国中学生学科奥林匹克竞赛(江苏赛区)暨第31届中国化学奥林匹克竞赛(江苏赛区)	江苏省一等奖
施啸天	高三(1)班	全国中学生学科奥林匹克竞赛(江苏赛区)暨第31届中国化学奥林匹克竞赛(江苏赛区)	江苏省二等奖
刘　晨	高三(1)班	全国中学生学科奥林匹克竞赛(江苏赛区)暨第31届中国化学奥林匹克竞赛(江苏赛区)	江苏省二等奖
胡镇坤	高三(1)班	全国中学生学科奥林匹克竞赛(江苏赛区)暨第31届中国化学奥林匹克竞赛(江苏赛区)	江苏省二等奖
方宇辰	高三(1)班	全国中学生学科奥林匹克竞赛(江苏赛区)暨第31届中国化学奥林匹克竞赛(江苏赛区)	江苏省二等奖
方晓源	高三(1)班	全国中学生学科奥林匹克竞赛(江苏赛区)暨第31届中国化学奥林匹克竞赛(江苏赛区)	江苏省二等奖
邹开元	高二(13)班	全国中学生学科奥林匹克竞赛(江苏赛区)暨第31届中国化学奥林匹克竞赛(江苏赛区)	江苏省三等奖

续表

姓名	班级	类别	获奖情况
周凌川	高三(1)班	全国中学生学科奥林匹克竞赛(江苏赛区)暨第31届中国化学奥林匹克竞赛(江苏赛区)	江苏省三等奖
袁　硕	高三(1)班	全国中学生学科奥林匹克竞赛(江苏赛区)暨第31届中国化学奥林匹克竞赛(江苏赛区)	江苏省三等奖
许明杰	高二(13)班	全国中学生学科奥林匹克竞赛(江苏赛区)暨第31届中国化学奥林匹克竞赛(江苏赛区)	江苏省三等奖
邬睿楠	高二(13)班	全国中学生学科奥林匹克竞赛(江苏赛区)暨第31届中国化学奥林匹克竞赛(江苏赛区)	江苏省三等奖
林扬捷	高三(1)班	全国中学生学科奥林匹克竞赛(江苏赛区)暨第31届中国化学奥林匹克竞赛(江苏赛区)	江苏省三等奖
李裕琛	高二(13)班	全国中学生学科奥林匹克竞赛(江苏赛区)暨第31届中国化学奥林匹克竞赛(江苏赛区)	江苏省三等奖
李晨昕	高三(1)班	全国中学生学科奥林匹克竞赛(江苏赛区)暨第31届中国化学奥林匹克竞赛(江苏赛区)	江苏省三等奖
龚　玥	高三(1)班	全国中学生学科奥林匹克竞赛(江苏赛区)暨第31届中国化学奥林匹克竞赛(江苏赛区)	江苏省三等奖
冯　华	高三(1)班	全国中学生学科奥林匹克竞赛(江苏赛区)暨第31届中国化学奥林匹克竞赛(江苏赛区)	江苏省三等奖
陈苏越	高三(1)班	全国中学生学科奥林匹克竞赛(江苏赛区)暨第31届中国化学奥林匹克竞赛(江苏赛区)	江苏省三等奖

2017 年信息学学科获奖情况如表 14 所示。

表 14　2017 年信息学学科获奖情况表

姓名	班级	类别	获奖情况
顾语涵	高三(13)班	全国青少年信息学奥林匹克联赛	全国三等奖
顾语涵	高三(13)班	全国中学生学科奥林匹克竞赛(江苏赛区)暨全国青少年信息学奥林匹克联赛竞赛	江苏省一等奖
崔泽昂	高三(5)班	全国中学生学科奥林匹克竞赛(江苏赛区)暨全国青少年信息学奥林匹克联赛竞赛	江苏省一等奖
崔泽昂	高三(5)班	全国中学生学科奥林匹克竞赛(江苏赛区)暨全国青少年信息学奥林匹克联赛竞赛(提高组)	江苏省二等奖
陈雨凡	高三(2)班	全国中学生学科奥林匹克竞赛(江苏赛区)暨全国青少年信息学奥林匹克联赛竞赛	江苏省三等奖
吴天辰	高二(8)班	全国中学生学科奥林匹克竞赛(江苏赛区)暨全国青少年信息学奥林匹克联赛竞赛(提高组)	江苏省三等奖
戴宏康	高二(1)班	全国中学生学科奥林匹克竞赛(江苏赛区)暨全国青少年信息学奥林匹克联赛竞赛(提高组)	江苏省三等奖

2018 年获奖情况

2018 年数学学科获奖情况如表 15 所示。

表 15　2018 年数学学科获奖情况表

姓名	班级	类别	获奖情况
翁浩儒	高三(5)班	2018 全国高中数学联合竞赛	全国二等奖
陆维颖	高三(1)班	2018 全国高中数学联合竞赛	全国三等奖
薛一凌	高三(1)班	2018 全国高中数学联合竞赛	全国三等奖

2018 年物理学科获奖情况如表 16 所示。

表 16　2018 年物理学科获奖情况表

姓名	班级	类别	获奖情况
曹关皓	高三(1)班	第 35 届全国中学生物理竞赛	全国二等奖
陈相林	高三(1)班	第 35 届全国中学生物理竞赛	全国二等奖
孙越扬	高二(3)班	第 35 届全国中学生物理竞赛	全国二等奖
何夏麟	高二(1)班	第 35 届全国中学生物理竞赛	全国二等奖
金子昊	高二(4)班	第 35 届全国中学生物理竞赛	全国三等奖
汪敬凯	高三(2)班	第 35 届全国中学生物理竞赛	全国三等奖
姚仕骐	高二(2)班	第 35 届全国中学生物理竞赛	全国三等奖
朱尧天	高二(1)班	第 35 届全国中学生物理竞赛	全国三等奖
冯文韬	高三(5)班	第 35 届全国中学生物理竞赛	全国三等奖

2018 年生物学科获奖情况如表 17 所示。

表 17　2018 年生物学科获奖情况表

姓名	班级	类别	获奖情况
焦　宸	高三(3)班	全国中学生学科奥林匹克竞赛(江苏赛区)暨第二十七届全国中学生生物学联赛	江苏省一等奖
邓道璐	高二(9)班	全国中学生学科奥林匹克竞赛(江苏赛区)暨第二十七届全国中学生生物学联赛	江苏省二等奖
丁江豪	高三(10)班	全国中学生学科奥林匹克竞赛(江苏赛区)暨第二十七届全国中学生生物学联赛	江苏省二等奖
李悦慷	高二(5)班	全国中学生学科奥林匹克竞赛(江苏赛区)暨第二十七届全国中学生生物学联赛	江苏省二等奖

续表

姓名	班级	类别	获奖情况
王世玥	高三(7)班	全国中学生学科奥林匹克竞赛(江苏赛区)暨第二十七届全国中学生生物学联赛	江苏省二等奖
吴昕睿	高三(1)班	全国中学生学科奥林匹克竞赛(江苏赛区)暨第二十七届全国中学生生物学联赛	江苏省二等奖
翁浩儒	高三(5)班	全国中学生学科奥林匹克竞赛(江苏赛区)暨第二十七届全国中学生生物学联赛	江苏省二等奖
孙之冰	高三(1)班	全国中学生学科奥林匹克竞赛(江苏赛区)暨第二十七届全国中学生生物学联赛	江苏省二等奖
傅鹿溪	高三(1)班	全国中学生学科奥林匹克竞赛(江苏赛区)暨第二十七届全国中学生生物学联赛	江苏省二等奖
周璐佳	高二(5)班	全国中学生学科奥林匹克竞赛(江苏赛区)暨第二十七届全国中学生生物学联赛	江苏省三等奖
张兆鑫	高三(7)班	全国中学生学科奥林匹克竞赛(江苏赛区)暨第二十七届全国中学生生物学联赛	江苏省三等奖
徐宇轩	高三(4)班	全国中学生学科奥林匹克竞赛(江苏赛区)暨第二十七届全国中学生生物学联赛	江苏省三等奖
吴陈婧玥	高二(1)班	全国中学生学科奥林匹克竞赛(江苏赛区)暨第二十七届全国中学生生物学联赛	江苏省三等奖
张　骏	高三(1)班	全国中学生学科奥林匹克竞赛(江苏赛区)暨第二十七届全国中学生生物学联赛	江苏省三等奖

2018 年化学学科获奖情况如表 18 所示。

表 18　2018 年化学学科获奖情况表

姓名	班级	类别	获奖情况
刘宗熙	高三(13)班	第 31 届中国化学奥林匹克竞赛(初赛)	全国二等奖
斯柏汉	高三(1)班	第 31 届中国化学奥林匹克竞赛(初赛)	全国二等奖
张云轩	高三(13)班	第 31 届中国化学奥林匹克竞赛(初赛)	全国二等奖
曹　睿	高二(3)班	第 32 届中国化学奥林匹克竞赛(初赛)	全国二等奖
高　铭	高二(3)班	第 32 届中国化学奥林匹克竞赛(初赛)	全国二等奖
马　良	高三(3)班	第 32 届中国化学奥林匹克竞赛(初赛)	全国二等奖
许明杰	高二(13)班	第 32 届中国化学奥林匹克竞赛(初赛)	全国三等奖
周子涵	高三(5)班	第 32 届中国化学奥林匹克竞赛(初赛)	全国三等奖

2018 年信息学科获奖情况如表 19 所示。

表 19　2018 年信息学科获奖情况表

姓名	班级	类别	获奖情况
陈泽恩	高二(11)班	2018 年全国青少年信息学奥林匹克联赛竞赛	江苏省二等奖
陈子恒	高二(1)班	2018 年全国青少年信息学奥林匹克联赛竞赛	江苏省二等奖
戴宏康	高三(1)班	2018 年全国青少年信息学奥林匹克联赛竞赛	江苏省二等奖
吴雁玲	高二(7)班	2018 年全国青少年信息学奥林匹克联赛竞赛	江苏省二等奖

续表

姓名	班级	类别	获奖情况
姜令闻	高二(1)班	2018年全国青少年信息学奥林匹克联赛竞赛	江苏省二等奖
沈至涵	高二(2)班	2018年全国青少年信息学奥林匹克联赛竞赛	江苏省三等奖
杨　凯	高三(13)班	2018年全国青少年信息学奥林匹克联赛竞赛	江苏省三等奖
花颢源	高二(8)班	2018年全国青少年信息学奥林匹克联赛竞赛	江苏省三等奖

2018年语文学科获奖情况如表20所示。

表20　2018年语文学科获奖情况表

姓名	班级	类别	获奖情况
李雨萱	高二(9)班	2018年第五届“北大培文杯”青少年创意写作大赛	二等奖
杭晨旖	高一(10)班	2018年第五届“北大培文杯”青少年创意写作大赛	二等奖
陈简柠	高一(13)班	2018年第五届“北大培文杯”青少年创意写作大赛	三等奖
杨苏晋	高一(5)班	2018年第五届“北大培文杯”青少年创意写作大赛	三等奖
邱子吁	高一(2)班	2018年第五届“北大培文杯”青少年创意写作大赛	三等奖
金世辰	高三(3)班	第三届“扬子晚报杯”全国中小学作文大赛(高中组)	二等奖
季俊如	高三(3)班	第三届“扬子晚报杯”全国中小学作文大赛(高中组)	二等奖
金世辰	高三(3)班	第三届“扬子晚报杯”全国中小学作文大赛(高中组)	二等奖
李子千	高三(6)班	第三届“扬子晚报杯”全国中小学作文大赛(高中组)	二等奖

续表

姓名	班级	类别	获奖情况
唐一冰	高三(1)班	第三届“扬子晚报杯”全国中小学作文大赛(高中组)	二等奖
章嘉芮	高三(2)班	第三届“扬子晚报杯”全国中小学作文大赛(高中组)	三等奖
倪泽昊	高二(3)班	第三届“扬子晚报杯”全国中小学作文大赛(高中组)	优秀奖
张欣颖	高二(3)班	第三届“扬子晚报杯”全国中小学作文大赛(高中组)	优秀奖
张宇航	高二(5)班	第十四届全国中小学生创新作文大赛总决赛(高中组)	二等奖
郑一昊	高三(9)班	第十六届“叶圣陶杯”全国中学生新作文大赛	决赛一等奖
倪泽昊	高三(3)班	第十六届“叶圣陶杯”全国中学生新作文大赛	决赛一等奖
陈昱多	高三(12)班	第十六届“叶圣陶杯”全国中学生新作文大赛	决赛一等奖
詹　雪	高三(2)班	第十六届“叶圣陶杯”全国中学生新作文大赛	决赛二等奖
杨若仪	高三(2)班	第十六届“叶圣陶杯”全国中学生新作文大赛	决赛二等奖
沈加淳	高三(3)班	第十六届“叶圣陶杯”全国中学生新作文大赛	决赛二等奖
戚煜格	高三(13)班	第十六届“叶圣陶杯”全国中学生新作文大赛	决赛二等奖
夏依文	高三(10)班	第十六届“叶圣陶杯”全国中学生新作文大赛	决赛三等奖
司　辰	高三(6)班	第十六届“叶圣陶杯”全国中学生新作文大赛	决赛三等奖
金俊言	高三(2)班	第十六届“叶圣陶杯”全国中学生新作文大赛	二等奖

续表

姓名	班级	类别	获奖情况
杨若仪	高三(2)班	第十六届“叶圣陶杯”全国中学生新作文大赛	一等奖
杨紫瑄	高三(3)班	第十六届“叶圣陶杯”全国中学生新作文大赛	二等奖
张思群	高三(3)班	第十六届“叶圣陶杯”全国中学生新作文大赛	二等奖
司浣妍	高三(6)班	第十六届“叶圣陶杯”全国中学生新作文大赛	二等奖
赵　宇	高三(7)班	第十六届“叶圣陶杯”全国中学生新作文大赛	二等奖
郑致成	高三(5)班	第十六届“叶圣陶杯”全国中学生新作文大赛	二等奖
陈　诺	高三(12)班	第十六届“叶圣陶杯”全国中学生新作文大赛	二等奖
张雪儿	高三(11)班	第十六届“叶圣陶杯”全国中学生新作文大赛	二等奖
孙心彤	高三(12)班	第十六届“叶圣陶杯”全国中学生新作文大赛	二等奖
吴函霓	高三(10)班	第十六届“叶圣陶杯”全国中学生新作文大赛	二等奖
田雨竹	高三(10)班	第十六届“叶圣陶杯”全国中学生新作文大赛	二等奖
袁　则	高三(13)班	第十六届“叶圣陶杯”全国中学生新作文大赛	二等奖
贾书怡	高三(9)班	第十六届“叶圣陶杯”全国中学生新作文大赛	二等奖
刘文嘉	高三(9)班	第十六届“叶圣陶杯”全国中学生新作文大赛	二等奖
张　昊	高三(1)班	第十六届“叶圣陶杯”全国中学生新作文大赛	三等奖

续表

姓名	班级	类别	获奖情况
周爱雨	高三(2)班	第十六届“叶圣陶杯”全国中学生新作文大赛	三等奖
王　鑫	高三(1)班	第十六届“叶圣陶杯”全国中学生新作文大赛	三等奖
施奕昕	高三(3)班	第十六届“叶圣陶杯”全国中学生新作文大赛	三等奖
李世语	高三(3)班	第十六届“叶圣陶杯”全国中学生新作文大赛	三等奖
季俊如	高三(3)班	第十六届“叶圣陶杯”全国中学生新作文大赛	三等奖
严　皓	高三(6)班	第十六届“叶圣陶杯”全国中学生新作文大赛	三等奖
潘玉婷	高三(10)班	第十六届“叶圣陶杯”全国中学生新作文大赛	三等奖
祝琳婧	高三(10)班	第十六届“叶圣陶杯”全国中学生新作文大赛	三等奖
熊雪宁	高三(13)班	第十六届“叶圣陶杯”全国中学生新作文大赛	三等奖
陈婧怡	高三(13)班	第十六届“叶圣陶杯”全国中学生新作文大赛	三等奖
汪馨怡	高三(11)班	第十六届“叶圣陶杯”全国中学生新作文大赛	三等奖
程雨菲	高三(11)班	第十六届“叶圣陶杯”全国中学生新作文大赛	三等奖
杨小萱	高三(11)班	第十六届“叶圣陶杯”全国中学生新作文大赛	三等奖
张沁仪	高三(12)班	第十六届“叶圣陶杯”全国中学生新作文大赛	三等奖
丁圣宇	高三(12)班	第十六届“叶圣陶杯”全国中学生新作文大赛	三等奖

续表

姓名	班级	类别	获奖情况
王　露	高三(12)班	第十六届"叶圣陶杯"全国中学生新作文大赛	三等奖
孔苏扬	高三(5)班	第十六届"叶圣陶杯"全国中学生新作文大赛	三等奖
苏雪阳	高三(12)班	第十六届"叶圣陶杯"全国中学生新作文大赛	三等奖
孔德越	高三(5)班	第十六届"叶圣陶杯"全国中学生新作文大赛	三等奖
刘文文	高三(12)班	第十六届"叶圣陶杯"全国中学生新作文大赛	三等奖
刘书缘	高三(5)班	第十六届"叶圣陶杯"全国中学生新作文大赛	三等奖
杨天歌	高三(13)班	第十六届"叶圣陶杯"全国中学生新作文大赛	三等奖
孙丹宁	高三(9)班	第十六届"叶圣陶杯"全国中学生新作文大赛	三等奖
陈　卓	高三(9)班	第十六届"叶圣陶杯"全国中学生新作文大赛	三等奖
徐浩然	高三(9)班	第十六届"叶圣陶杯"全国中学生新作文大赛	三等奖
龚　玥	高三(1)班	第十六届"叶圣陶杯"全国中学生新作文大赛	优胜奖
徐芊怡	高三(2)班	第十六届"叶圣陶杯"全国中学生新作文大赛	优胜奖
唐一冰	高三(1)班	第十六届"叶圣陶杯"全国中学生新作文大赛	优胜奖
林扬捷	高三(1)班	第十六届"叶圣陶杯"全国中学生新作文大赛	优胜奖
翟羽佳	高三(2)班	第十六届"叶圣陶杯"全国中学生新作文大赛	优胜奖

续表

姓名	班级	类别	获奖情况
胡雪凝	高三(3)班	第十六届“叶圣陶杯”全国中学生新作文大赛	优胜奖
徐蔚沁	高三(10)班	第十六届“叶圣陶杯”全国中学生新作文大赛	优胜奖
陈泽郡	高三(10)班	第十六届“叶圣陶杯”全国中学生新作文大赛	优胜奖
魏安麒	高三(10)班	第十六届“叶圣陶杯”全国中学生新作文大赛	优胜奖
祁雨欣	高三(10)班	第十六届“叶圣陶杯”全国中学生新作文大赛	优胜奖
陈　可	高三(5)班	第十六届“叶圣陶杯”全国中学生新作文大赛	优胜奖
金　鑫	高三(12)班	第十六届“叶圣陶杯”全国中学生新作文大赛	优胜奖
李璐含	高三(12)班	第十六届“叶圣陶杯”全国中学生新作文大赛	优胜奖
高睿泽	高三(12)班	第十六届“叶圣陶杯”全国中学生新作文大赛	优胜奖
李　让	高三(12)班	第十六届“叶圣陶杯”全国中学生新作文大赛	优胜奖
崔永媛	高三(12)班	第十六届“叶圣陶杯”全国中学生新作文大赛	优胜奖
高帆帆	高三(12)班	第十六届“叶圣陶杯”全国中学生新作文大赛	优胜奖
余清玥	高三(12)班	第十六届“叶圣陶杯”全国中学生新作文大赛	优胜奖
吴与童	高三(13)班	第十六届“叶圣陶杯”全国中学生新作文大赛	优胜奖
付一斐	高三(13)班	第十六届“叶圣陶杯”全国中学生新作文大赛	优胜奖

续表

姓名	班级	类别	获奖情况
王应中	高三(13)班	第十六届“叶圣陶杯”全国中学生新作文大赛	优胜奖
耿飞扬	高三(13)班	第十六届“叶圣陶杯”全国中学生新作文大赛	优胜奖
梁继超	高三(9)班	第十六届“叶圣陶杯”全国中学生新作文大赛	优胜奖
顾董天娇	高三(9)班	第十六届“叶圣陶杯”全国中学生新作文大赛	优胜奖
郭玉雯	高三(9)班	第十六届“叶圣陶杯”全国中学生新作文大赛	优胜奖
沈沫妍	高三(9)班	第十六届“叶圣陶杯”全国中学生新作文大赛	优胜奖
李菀瑄	高三(9)班	第十六届“叶圣陶杯”全国中学生新作文大赛	优胜奖
陈泽华	高二(1)班	第十六届“雨花奖”全国中小学生作文大赛	一等奖
孙　艺	高二(12)班	第十六届“雨花奖”全国中小学生作文大赛	二等奖
戴宏康	高二(1)班	第十六届“雨花奖”全国中小学生作文大赛	三等奖
严雅馨	高二(1)班	第十六届“雨花奖”全国中小学生作文大赛	三等奖
李齐眉	高二(1)班	第十六届“雨花奖”全国中小学生作文大赛	三等奖
哈露清	高二(1)班	第十六届“雨花奖”全国中小学生作文大赛	三等奖
姚曼祺	高二(3)班	第十六届“雨花奖”全国中小学生作文大赛	三等奖
金俊言	高三(2)班	“七彩语文杯”江苏省第十六届“中学生与社会”作文大赛	高中组二等奖

续表

姓名	班级	类别	获奖情况
张楚欣	高二(1)班	“七彩语文杯”江苏省第十六届“中学生与社会”作文大赛	高中组二等奖
俞昕瑶	高一(1)班	第三届两岸青少年征文大赛	高中组一等奖
曾子卿	高一(1)班	第三届两岸青少年征文大赛	高中组优秀奖
徐可萱	高一(2)班	第三届两岸青少年征文大赛	高中组优秀奖
杨苏晋	高一(5)班	第三届两岸青少年征文大赛	高中组优秀奖
陈简柠	高一(8)班	第三届两岸青少年征文大赛	高中组三等奖
杭晨旖	高一(10)班	第三届两岸青少年征文大赛	高中组优秀奖
王午豪	高一(11)班	第三届两岸青少年征文大赛	高中组二等奖
邱子吁	高一(12)班	第三届两岸青少年征文大赛	高中组三等奖
胡悦灵	高一(13)班	第三届两岸青少年征文大赛	高中组优秀奖
黄照萱	高一(13)班	第三届两岸青少年征文大赛	高中组优秀奖
胡悦灵	高一(13)班	第三届两岸青少年征文大赛	高中组优秀奖

2018 年英语学科获奖情况如表 21 所示。

表 21　2018 年英语学科获奖情况表

姓名	班级	类别	获奖情况
裴瑗欣	高一(10)班	全国中小学生新课程英语语言能力竞赛	高一年级组三等奖
许家琪	高一(11)班	全国中小学生新课程英语语言能力竞赛	高一年级组三等奖
江娅菲	高三(9)班	全国创新英语大赛	全国一等奖
陶润泽	高三(6)班	全国创新英语大赛	全国二等奖
沈欣怡	高三(9)班	全国创新英语大赛	全国二等奖
陈子涵	高三(9)班	全国创新英语大赛	全国二等奖
周雅琪	高三(9)班	全国创新英语大赛	华东赛区一等奖

续表

姓名	班级	类别	获奖情况
张易皪	高三(12)班	全国创新英语大赛	华东赛区一等奖
陈雨函	高三(13)班	全国创新英语大赛	华东赛区一等奖
王清然	高三(13)班	全国创新英语大赛	华东赛区一等奖
黄照萱	高三(13)班	全国创新英语大赛	华东赛区二等奖
李齐眉	高二(1)班	2018 年全国中学生英语能力竞赛	全国二等奖
章亦然	高二(2)班	2018 年全国中学生英语能力竞赛	全国二等奖
陶润泽	高二(6)班	2018 年全国中学生英语能力竞赛	全国二等奖
江娅菲	高二(9)班	2018 年全国中学生英语能力竞赛	全国二等奖
潘欣雅	高二(9)班	2018 年全国中学生英语能力竞赛	全国二等奖
高若菲	高二(9)班	2018 年全国中学生英语能力竞赛	全国二等奖
甘洪沛	高二(10)班	2018 年全国中学生英语能力竞赛	全国二等奖
孔繁星	高一(1)班	2018 年全国中学生英语能力竞赛	全国二等奖
向　昕	高一(1)班	2018 年全国中学生英语能力竞赛	全国二等奖
陈　曦	高一(2)班	2018 年全国中学生英语能力竞赛	全国二等奖
邢紫绫	高一(3)班	2018 年全国中学生英语能力竞赛	全国二等奖
曹　珑	高一(7)班	2018 年全国中学生英语能力竞赛	全国二等奖
许家琪	高一(10)班	2018 年全国中学生英语能力竞赛	全国二等奖

续表

姓名	班级	类别	获奖情况
李志勤	高一(11)班	2018年全国中学生英语能力竞赛	全国二等奖
张晓晨	高一(11)班	2018年全国中学生英语能力竞赛	全国二等奖
徐清珩	高一(13)班	2018年全国中学生英语能力竞赛	全国二等奖
何静娴	高一(13)班	2018年全国中学生英语能力竞赛	全国二等奖
陈雨函	高一(13)班	2018年全国中学生英语能力竞赛	全国二等奖
王心怡	高三(12)班	2018年全国中学生英语能力竞赛	全国三等奖
曾胤瑜	高二(1)班	2018年全国中学生英语能力竞赛	全国三等奖
吴昕睿	高二(1)班	2018年全国中学生英语能力竞赛	全国三等奖
陈　诚	高二(1)班	2018年全国中学生英语能力竞赛	全国三等奖
谢瀚杵	高二(1)班	2018年全国中学生英语能力竞赛	全国三等奖
王笑然	高二(2)班	2018年全国中学生英语能力竞赛	全国三等奖
谷欣怡	高二(9)班	2018年全国中学生英语能力竞赛	全国三等奖
夏依文	高二(10)班	2018年全国中学生英语能力竞赛	全国三等奖
赵郁蘅	高二(12)班	2018年全国中学生英语能力竞赛	全国三等奖
李兆林	高一(1)班	2018年全国中学生英语能力竞赛	全国三等奖

续表

姓名	班级	类别	获奖情况
陈昊阳	高一(1)班	2018年全国中学生英语能力竞赛	全国三等奖
李文哲	高一(2)班	2018年全国中学生英语能力竞赛	全国三等奖
阮晏如	高一(2)班	2018年全国中学生英语能力竞赛	全国三等奖
陈宇航	高一(6)班	2018年全国中学生英语能力竞赛	全国三等奖
王斯琦	高一(9)班	2018年全国中学生英语能力竞赛	全国三等奖
王　溪	高一(10)班	2018年全国中学生英语能力竞赛	全国三等奖
李树蓉	高一(10)班	2018年全国中学生英语能力竞赛	全国三等奖
陈映彤	高一(10)班	2018年全国中学生英语能力竞赛	全国三等奖
陈单霆	高一(10)班	2018年全国中学生英语能力竞赛	全国三等奖
黄思遥	高一(12)班	2018年全国中学生英语能力竞赛	全国三等奖
冯高泽	高一(13)班	2018年全国中学生英语能力竞赛	全国三等奖
陈安妮	高一(13)班	2018年全国中学生英语能力竞赛	全国三等奖
叶桉桐	高一(13)班	2018年全国中学生英语能力竞赛	全国三等奖
翁宇珊	高一(13)班	2018年全国中学生英语能力竞赛	全国三等奖
王清然	高一(13)班	2018年全国中学生英语能力竞赛	全国三等奖

媒体相关报道

下面摘选了部分媒体报告(见图 1 至图 15)。

教育展台

07

一个校长的教育情怀

——南京市中华中学的德育创新之路

图 1 《中国教育报》:一个校长的教育情怀

图 2　《南京日报》：中华中学：塑造理想人格，让青春获得最大值

图 3　《现代快报》：我们在爱的家园里成长

A7 专版

百年名校 中华中学

守正

创新

大道之行 守正创新

图4 《南京日报》:大道之行　守正创新

教育的名义·筑梦未来

南京市中华中学:

中华中学给你一个非凡的青春

这里是创造奇迹的地方

奇迹背后的秘密

不懈追求,在砥砺中前行

优秀的教师队伍是学生卓越的根本保证

孜孜不倦,在奋斗中闪光

图5 《扬子晚报》:中华中学给你一个非凡的青春

T5　名校在践行 南京市中华中学　现代快报

南京市中华中学

精心琢磨　玉汝于成

校长说理想

我们在行动

精益求精·中华"提效年"　减耗增效:优化"教",提升"学"

因材施教·中华"最强者"　华星班:为顶级名校输送优质生源

张弛有道·中华"时间表"

学生:理解彼此,共同前行

班主任:陪伴是最基本的责任

图 6　《现代快报》:南京市中华中学:精心琢磨　玉汝于成

扬子晚报　T5

未来 不仅为高考 还有 诗和远方

中华中学:

凤凰于飞　翙翙其羽

图 7　《扬子晚报》:中华中学:凤凰于飞　翙翙其羽

A4 专版

中华中学

行者常至 为者常成

这里是学子成才的摇篮

中华中学

图 8 《南京日报》：中华中学：行者常至　为者常成

图 9　多家媒体报道我校寄宿制

金35 名校在践行 南京市中华中学

南京市中华中学

一所高情商的都市寄宿制学校

图 10　《现代快报》：南京市中华中学：一所高情商的都市寄宿制学校

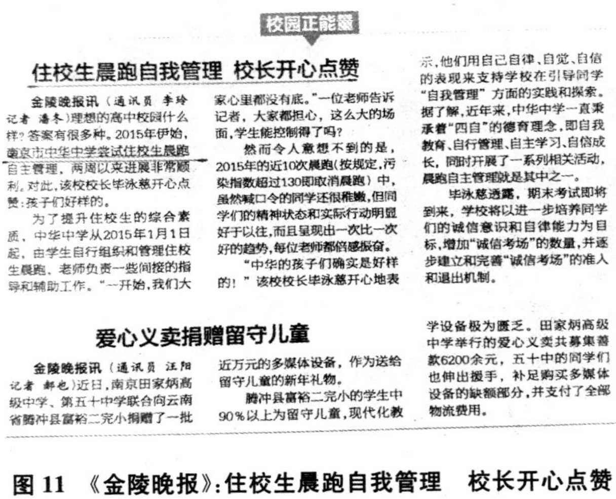

校园正能量

住校生晨跑自我管理 校长开心点赞

金陵晚报讯（通讯员 李玲 记者 潘冬）理想的高中校园什么样？答案有很多种。2015年伊始，南京市中华中学尝试住校生晨跑自主管理，两周以来进展非常顺利。对此，该校校长毕泳慈开心点赞：孩子们好样的。

为了提升住校生的综合素质，中华中学从2015年1月1日起，由学生自行组织和管理住校生晨跑，老师负责一些间接的指导和辅助工作。"一开始，我们大家心里都没有底。"一位老师告诉记者，大家都担心，这么大的场面，学生能控制得了吗？

然而令人意想不到的是，2015年的近10次晨跑（按规定，污染指数超过130即取消晨跑）中，虽然喊口令的同学还很稚嫩，但同学们的精神状态和实际行动明显好于以往，而且呈现出一次比一次好的趋势，每位老师都倍感振奋。

"中华的孩子们确实是好样的！"该校校长毕泳慈开心地表示，他们用自己自律、自觉、自信的表现来支持学校在引导同学"自我管理"方面的实践和探索。据了解，近年来，中华中学一直秉承着"四自"的德育理念，即自我教育、自行管理、自主学习、自信成长，同时开展了一系列相关活动，晨跑自主管理就是其中之一。

毕泳慈透露，期末考试即将到来，学校将以进一步培养同学们的诚信意识和自律能力为目标，增加"诚信考场"的数量，并逐步建立和完善"诚信考场"的准入和退出机制。

爱心义卖捐赠留守儿童

金陵晚报讯（通讯员 汪阳 记者 郝也）近日，南京田家炳高级中学、第五十中学联合向云南省腾冲县富裕二完小捐赠了一批近万元的多媒体设备，作为送给留守儿童的新年礼物。

腾冲县富裕二完小的学生中90％以上为留守儿童，现代化教学设备极为匮乏。田家炳高级中学举行的爱心义卖共募集善款6200余元，五十中的同学们也伸出援手，补足购买多媒体设备的缺额部分，并支付了全部物流费用。

图 11　《金陵晚报》：住校生晨跑自我管理　校长开心点赞

金陵晚报

2015年6月23日 星期二

中华中学的四大“亮点”

图 12 《金陵晚报》：中华中学的四大“亮点”

全球1007个城市
南京经济竞争力排第45

买灵芝 就认大品牌
中科灵芝孢子胶囊

特大优惠

买12送3
买20送6

学霸变身“生活小能手” 比拼叠被子

扬子晚报讯（通讯员 徐珊珊 实习生 周欣 记者 李晨 摄影 刘莉）“快为女同学们加油呀，高一（7）班的男生快叠好了！”昨天，南京市中华中学高一年级的同学迎来了一场生活技能大PK！叠被子、叠校服、洗袜子……平时埋头学习的同学们换了一个姿态，瞬间变身“生活小能手”，忙得不亦乐乎。

本次比赛最激动人心的环节当属动手能力比赛。比赛分为叠校服、叠被子、洗袜子、急救技能测试、钉纽扣5项测试。据了解，作为南京市德育示范

图 13 多家媒体报道我校住校生技能大赛(1)

图 14　多家媒体报道我校住校生技能大赛(2)

图 15　多家媒体报道我校住校生技能大赛(3)